Kunst-Epochen · Frühchristliche und byzantinische Kunst

KUNST-EPOCHEN

Frühchristliche und byzantinische Kunst
Kunst des frühen Mittelalters
Romanik
Gotik
Trecento und Altniederländische Malerei
Renaissance
Manierismus
Barock
Klassizismus und Romantik
19. Jahrhundert
20. Jahrhundert I
20. Jahrhundert II

Philipp Reclam jun. Stuttgart

KUNST-EPOCHEN

Band 1

Frühchristliche und byzantinische Kunst

Von Susanna Partsch

Philipp Reclam jun. Stuttgart

Mit 24 Abbildungen

RECLAMS UNIVERSAL-BIBLIOTHEK Nr. 18168

Umschlagabbildung: Taufe Christi im Jordan. Ausschnitt aus dem Kuppelmosaik des Baptisteriums der Arianer in Ravenna, nach 493
Gesamtherstellung: Reclam, Ditzingen. Printed in Germany 2004
RECLAM, UNIVERSAL-BIBLIOTHEK und
RECLAMS UNIVERSAL-BIBLIOTHEK sind eingetragene Marken der Philipp Reclam jun. GmbH & Co., Stuttgart
ISBN 3-15-018168-4

www.reclam.de

Inhalt

Anhang

EINFÜHRUNG

In keiner anderen römischen Kirche wird die Gleichzeitigkeit von Christentum und anderen Religionen in der Spätantike so manifest wie in *S. Clemente*, diesem zwischen *Kolosseum* und *Lateransbasilika* gelegenen von außen eher unscheinbar wirkenden Bauwerk. Unter der heutigen Kirche aus dem 12. Jahrhundert mit späteren Umbauten befinden sich zwei Geschosse, die die früheren Nutzungen vor Augen führen. Ganz unten haben sich Reste zweier Häuser aus dem ersten nachchristlichen Jahrhundert erhalten. Das antike *Nymphaeum* in einem der beiden Häuser wurde im 3. Jahrhundert in einen Mithras-Tempel mit Altar und umlaufenden Bänken für rituelle Bankette umgebaut. Die Anhänger des Mithras-Kultes nutzten noch weitere Räume, bis Ende des 4. oder Anfang des 5. Jahrhunderts das Mithras-Heiligtum gewaltsam zerstört wurde – wahrscheinlich von konkurrierenden Christen.

Die Räume wurden aufgeschüttet und als Fundamente für eine Kirche genutzt. Diese Kirche war dem hl. Clemens geweiht, dem dritten der legendären Päpste, die auf Petrus folgten. Die Kirche wurde mehrfach umgebaut und mit Fresken ausgestattet, bis auch sie als Fundament für eine neue Kirche diente, die man im 12. Jahrhundert baute und im 18. Jahrhundert barockisierte. In ihrer Apsis befindet sich ein Mosaik mit Christus am Kreuz, eingebunden in Akanthusranken. Darunter kommen von beiden Seiten je sechs Schafe auf das Agnus Dei, das apokalyptische Lamm, zu. Die Mosaiken auf Goldgrund, in denen noch zahlreiche Szenen zu finden sind, die auf ein höchst komplexes ikonographisches Programm hindeuten, sind eine bewusste Rückbesinnung auf frühchristliche Mosaiken wie sie sich ab dem 5. Jahrhundert in

Rom erhalten haben. Diese Rückbesinnung knüpft an die einstige Größe Roms an, die wiederzuerlangen höchstes Ziel war.

Damit ist auf den Mauern einer frühchristlichen Anlage eine Kirche errichtet worden, deren Ausstattung wiederum an das Frühchristentum erinnerte. Inwieweit sich das Wissen um die Technik des Mosaiklegens erhalten hatte oder ob byzantinische Künstler den Auftrag für die Mosaikausstattung erhielten, lässt sich heute nicht mit Sicherheit beantworten. Wahrscheinlich handelte es sich bei den Ausführenden jedoch um byzantinische Künstler, da sie immer wieder nach Italien gerufen wurden, speziell um Mosaiken auszuführen. Meist waren es nur wenige, die die einheimischen Künstler anleiteten. Und in den bekannten Zentren wie Venedig und in Sizilien wurde gleichzeitig das Dekorationsprogramm übernommen. Das war in Rom nicht der Fall. Wahrscheinlich war nach all den Jahrhunderten die Konkurrenz immer noch zu groß. Denn Byzanz, dieses so mächtige Reich, verstand sich als das römische Weltreich. Für die Byzantiner war das antike Römische Reich nie untergegangen, lediglich das Zentrum hatte sich von Rom nach Konstantinopel verschoben.

Diese Sichtweise konkurrierte mit derjenigen der Westeuropäer. Für sie befand sich das Zentrum der weltlichen Macht im Norden. Der Kaiser herrschte vornehmlich in Deutschland. Die kirchliche Macht war jedoch in Rom geblieben und hatte sich wieder konsolidiert. Der Papst hatte sogar einen der Ehrentitel der römischen Imperatoren übernommen. Er nannte sich »Pontifex maximus«, in der genauen Übersetzung »Größter Brückenbauer« oder »Oberster Pfadbahner«. Wie dieser Begriff zur Bezeichnung des obersten Priesters wurde, ist nicht geklärt, er ging dann aber zunächst auf den Imperator, später auf den Papst über.

In der Zeit der Entstehung des Apsismosaiks von *S. Clemente* standen sich zwei christliche Mächte gegenüber, eine westliche und eine östliche, die beide für sich die Nachfolge des Römischen Reichs beanspruchten. Das mag einer der Gründe dafür sein, dass bis heute in allgemeinen Überblicken über Kunst und Geschichte, die im westlichen Europa verfasst werden, Byzanz meist nur sehr summarisch abgehandelt wird. Andererseits erfährt Byzanz eine bemerkenswerte Rezeption, in der die Aura des Märchenhaften und gleichzeitig des orientalisch Grausamen immer mitschwingt: so wird zum Beispiel in einer Fernsehsendung *(Rückkehr nach Byzanz)*, die den Anspruch einer Dokumentation suggeriert, bereits mit der geheimnisvoll getragenen Stimme des Sprechers das Märchenhafte, das Fremdartige manifest. In einem strategischen Computerspiel, das mit historischen Szenarien arbeitet, sind die Byzantiner eines von 13 »mittelalterlichen« Völkern. Als defensives Volk können sie starke Wälle errichten. Ihre Spezialität sind gepanzerte Reiter, die den Gegner erbarmungslos niederreiten. Und weil der Verlust der Anatolischen Hochebene den Nachschub an Pferden und Reitern verhinderte, musste die byzantinische Kultur untergehen. Diese Vermittlung von Historie – das Computerspiel mit Lerneffekt – schafft es ›spielend‹, Kindern, Jugendlichen, aber auch Erwachsenen Vorurteile einzuprägen, die die Grausamkeit der Byzantiner als Selbstverständlichkeit voraussetzen. Und so wirkt es denn auch glaubhaft, wenn in einer Folge der bekannten Krimiserie *Tatort* zwei kleine byzantinische Elfenbeintäfelchen Auslöser für drei Morde sind.

Es erweist sich als schwer, das Geschichtsbild zu ändern. Trotz neuer Erkenntnisse durch intensive Forschung, trotz existierender Universitätsinstitute für frühchristliche Kunst und Byzantinistik, trotz zahlreicher Kunstwerke in Rom, Ravenna, Istanbul und Griechenland, die Scharen von kunstbegeisterten Touristen anlocken, bleiben die Zusammenhänge im Dunklen. Man hat das Gefühl, als habe die Zuschüttung der frühen Kirche von *S. Clemente*, die Veränderung anderer frühchristlichen Kirchen in Rom, auch die Geschichte begraben, andererseits die Eroberung Konstantinopels 1453 das byzantinische Reich endgültig untergehen lassen. In jedem populären Kunstgeschichtswerk wird die Antike ausführlicher behandelt, als Frühchristentum und Byzanz zusammen, obwohl auch damals Grundlagen entstanden, die unsere Kultur und unser Denken bis heute geprägt haben.

Die Ausbreitung des Christentums war Voraussetzung für die neuen künstlerischen Äußerungen in West und Ost, wobei eine Grenzziehung zwischen Frühchristentum und Byzanz nicht möglich – und vielleicht sogar der falsche Ansatz – ist. Das zeigt sich besonders deutlich in der frühen Zeit, vom 4. bis zum 6. Jahrhundert. Die Zentren der Macht waren oft auch Zentren der Kunst. Allerdings unterschieden sich die Bedingungen, unter denen an den einzelnen Orten Kunstwerke entstanden. Hinzu kommen die Besonderheiten der frühchristlichen und byzantinischen Kunst, wie die Entwicklung von der Basilika zur Kreuzkuppelkirche oder das mittelbyzantinische Dekorationssystem, das – wie die gotische Kathedrale im Westen – ein Gesamtkunstwerk darstellt. Der Blick nach Westen ist bei der Betrachtung byzantinischer Kunst ebenso hilfreich wie umgekehrt. Nur so erkennt man die Einflüsse auf die Entwicklung der abendländischen Kunst. Im Westen hat sich aus der Altartafel das Bild entwickelt, das den wesentlichen Bestandteil unseres Kunstbegriffs ausmacht. Doch die Entstehung der Altartafel ist ohne die Existenz der byzantinischen Ikone und ihrer Verbreitung auch im Westen undenkbar.

Das Christentum – eine neue Religion

»Ziehet in die ganze Welt und verkündet die frohe Botschaft der gesamten Schöpfung. Wer glaubt und getauft wird, der wird gerettet werden, wer aber nicht glaubt, der wird verurteilt werden.« So lautet der Missionsbefehl, den der auferstandene Jesus seinen Jüngern erteilte, wie ihn der Evangelist Markus im Neuen Testament (Mk 16,15–16) überliefert hat. Doch schon bald verschob sich der Glaubensinhalt von der Botschaft hin zum Botschafter. Die Christen hatten mit einer schnellen Wiederkehr des Messias gerechnet. Doch mussten sie sich auf eine längere Wartezeit einstellen. Da ihre Gemeinden ständig wuchsen, brauchten sie neue Organisationsformen. Die Entscheidung, dass auch Nichtjuden und damit nicht Beschnittene getauft werden konnten, entsprach dem Missionsbefehl, der von »der ganzen Welt« spricht. Darüber hinaus wurde das Christentum so zu einer eigenständigen Religion, die sich vom Judentum distanzierte. Nur unter dieser Voraussetzung konnten die Christen die Zerstörung des Tempels von Jerusalem durch die Römer im Jahr 70 unserer Zeitrechnung hinnehmen. Andererseits verloren sie dadurch aber auch die Privilegien, die die Juden bei den Römern genossen. Jetzt konnten sie zu Sündenböcken erklärt und verfolgt werden wie zum Beispiel unter Nero, der die Christen für den Brand Roms im Jahre 64 verantwortlich machte, um den gegen ihn selbst gerichteten Verdächtigungen ein Ende zu machen (vgl. Materialien, Text 1).

Die schnelle Ausbreitung des Christentums führte auch zu unterschiedlichen Auffassungen innerhalb der Gemeinden. Der »reinen Lehre« standen abweichende Meinungen, Häresien, gegenüber. Um diesen entgegentreten und die Gemeinden führen zu können, wurden Hierarchien mit dem Bischof an der Spitze geschaffen. Die Versammlung der Bischöfe, die Synode, entschied über anstehende Glaubensfragen.

Doch Juden und Christen stellten neben der offiziellen römischen Religion der antiken Götterverehrung nur zwei von vielen Religionen dar, die nicht nur in Konkurrenz zueinander standen, sondern sich auch gegenseitig anregten. Allerdings gab es einen Unterschied: Das Christe tum war die einzige Religion mit absolutem Wahrheitsanspruch und Ausschließlichkeitscharakter. Das machte die Gläubigen einerseits zu willkommenen Opfern für Verfolgungen, andererseits diffamierten sie dadurch auch immer wieder Andersdenkende in den eigenen Reihen. Und so kam es bereits unter Konstantin zum Donatisten- und Arianerstreit, beides Konflikte, die der Kaiser vergeblich versuchte, mit Synoden zu lösen. Andererseits führten die Anerkennung der Christen und der gleichzeitige Versuch, ihre Schwierigkeiten mit staatlicher Hilfe zu beseitigen, zu einer Verquickung von Staat und Kirche. Das hatte zur Folge, dass die Bischöfe weltliche Aufgaben übernahmen und die Herrscher in kirchlichen Machtbefugnissen mitreden konnten. Aus diesen Vermischungen resultierten schließlich Investiturstreit und Fürstbischöfe im Westen, der Kaiser als dem Patriarchen übergeordneter Herrscher im Osten.

Durch das Toleranzedikt von 313, mit dem das Christentum anerkannt wurde (vgl. Materialien, Text 4), breitete sich die neue Religion schneller aus, denn nun waren ihre Anhänger keinen Verfolgungen mehr ausgesetzt. Dem Versuch von Kaiser Julian, der von 361 bis 363 regierte, dem Heidentum wieder zu seinem Recht zu verhelfen, war kein Erfolg beschieden. Im Gegenteil: Das Christentum wurde zur bald von oben verordneten Massenbewegung. Erleichtert wurde der Übertritt durch die Vereinnahmung heidnischer Riten und Bräuche, aber auch jener anderer Kulte. So war der 25. Dezember der höchste Feiertag der Mithras-Anhänger, bevor er zum Geburtsdatum Christi wurde.

Das Christentum hat sich schnell ausgebreitet. Von der Anerkennung dieser Religion durch Konstantin bis zu dem Zeitpunkt, als sie im ganzen Römischen Reich Staats- …wurde, vergingen nur noch knapp 70 Jahre. Die …n West und Ost und damit auch Unterschie- …nst, in der Art des Ausdrucks, fanden erst zu …ren Zeitpunkt statt.

Frühchristentum und Byzanz – Versuch einer Definition

Nicht nur die Anerkennung des Christentums, sondern vor allem die Spendenbereitschaft Konstantins brachte es mit sich, dass plötzlich Kunstwerke in großem Stil geschaffen wurden, die eine neue Botschaft vermitteln sollten. Doch die spätantiken römischen Künstler besaßen nur ein Formenrepertoire, dass sie den Angehörigen aller Religion gleichermaßen zukommen ließen. Beispiele dafür finden sich noch heute vor allem im Nahen Osten, wo sich in den Synagogen von Hamat und Ma'on-Nirim, der Armenischen Kapelle von Jerusalem oder der Marienkirche des *Katharinenklosters* auf dem Sinai Mosaiken aus dem 6. Jahrhundert erhalten haben, die formal und inhaltlich vergleichbar sind. Eine neue, eigenständige, christliche Kunst hat sich erst allmählich entwickelt und hat auch immer wieder Anleihen bei antiken Darstellungsweisen gemacht. Frühchristliche Kunstwerke waren bald überall dort zu finden, wo die neue Religion hatte Fuß fassen können. Wichtige Zentren waren Rom, Ravenna, Thessaloniki und Konstantinopel.

Doch mit eben dieser Auflistung tritt ein erstes Problem auf. Kann die Kunst Konstantinopels zur frühchristlichen gerechnet werden oder muss sie von Anfang an als byzantinisch bezeichnet werden? Und was ist mit Ravenna, wo der byzantinische Kaiser Justinian und seine Frau Theodora in der Kirche *S. Vitale* an prominenter Stelle künstlerisch gezeigt werden? Wie müssen wir diese Mosaiken bezeichnen? Als byzantinisch oder als frühchristlich? Beide Lesarten finden sich in der kunsthistorischen Literatur.

Eine Abgrenzung ist auch deshalb schwierig, weil der eine Begriff zeitlich definiert ist, der andere topographisch. Das Frühchristentum umfasst den Zeitraum von der ersten christlichen Kunst im 3. oder 4. Jahrhundert bis zum 6. oder 7. Jahrhundert in den christianisierten Gebieten. Diese deckten sich aber in großem Maße mit den Gebieten, die wir heute als Byzanz bezeichnen. Doch auch eine exakte Bestimmung des byzantinischen Reiches ist problematisch.

Die Gründung Konstantinopels im Jahr 324 wird heute oft als die gleichzeitige Gründung eines neuen Staates dargestellt, eben Byzanz. Doch hat man das damals anders verstanden: der Name »Byzanz« (oder richtig Byzantion) war der antike Name einer kleinen Stadt, die strategisch günstig an der Meerenge zwischen Europa und Asien lag, dem Bosporus. Diese ›Brücke‹ zwischen Orient und Okzident wurde von Konstantin zu einer großen Residenzstadt ausgebaut, der er seinen Namen gab: Konstantinopel. Die Menschen, die in diesem östlichen Teil des Römischen Reiches auf beiden Seiten des Bosporus lebten, nannten sich selbst Rhomäer, also Römer. Ihr Herrschaftsgebiet war nichts anderes als das Römische Reich. Das heißt, es gab keine byzantinische Neugründung. Die von uns heute als Byzantiner bezeichneten Menschen begriffen sich selbst von Anfang an als Römer. Deshalb wird auch häufig von Ostrom gesprochen, wenn Konstantinopel oder das byzantinische Reich gemeint sind.

Wichtig zu wissen ist außerdem, dass die Byzantiner nie den Anspruch auf die sehr bald verlorene Westhälfte des Reiches aufgegeben haben. Es gab also keinen Anfang, keine Gründung eines Reichs, es gab nur die Gründung einer Stadt. Das Gründungsdatum variiert allerdings: Grundsteinlegung war 324, die Einweihung sechs Jahre später, 330.

Es werden jedoch auch noch andere Daten genannt wie die Reichsteilung unter Theodosius 395 oder die Regierung Justinians im 6. Jahrhundert, der noch einmal West- und Ostrom vereinte. Erst nach der Völkerwanderungszeit und erneuten Konsolidierung Roms auf der einen Seite und dem Bilderstreit auf der anderen gab es klar getrennte Bereiche, die auch eine unterschiedliche Kunstentwicklung zur Folge hatten: In Ostrom, dem byzantinischen Reich, ist die Darstellung des Gottessohns, seiner Lebensgeschichte und die der Heiligen ähnlich hierarchisch aufgebaut wie die Gesellschaft. Eine solche, strengen Regeln gehorchende Kunst, die sich nur wenig ändert, kennt der Westen nicht. Dieses byzantinische Reich, das unter Justinian noch einmal Weltreich gewesen war, schrumpfte ständig. Vom Osten wie vom Westen bedroht, verlor es 1204 sogar seine Hauptstadt an die Venezianer, die hier ihren Kreuzzug beendeten. Erst 1261 konnten die byzantinischen Kaiser wieder in Konstantinopel einziehen. Im 15. Jahrhundert bestand der Staat dann fast nur noch aus dieser Hauptstadt, der einzigen wirklichen Großstadt des Mittelalters, bis 1453 deren einstmals unbezwingbare Mauern fielen. Allerdings hatten sie immerhin noch zwei Monate Stand gehalten, bis die Belagerer sie bezwungen hatten. Das war das Ende des byzantinischen Reichs. Mehr als 1000 Jahre lagen zwischen der Gründung der Stadt durch Konstantin und der Eroberung durch die Osmanen.

Konstantin der Große und das Neue Rom

Diokletian hatte mit einem ausgeklügelten System von Tetrarchen die Konkurrenz der Regierenden untereinander möglichst ausschließen wollen: den zwei Augusti standen zwei Caesaren zur Seite, die bei der Abdankung der Augusti in deren Stellung aufrückten und zwei neue Caesaren bestimmten. Auf Diokletian und Maximian, als Augusti folgten 305, als beide abgedankt hatten, die Caesaren Constantius und Galerius. Neue Caesaren wurden aber nicht – wie erwartet – Maxentius, der Sohn Maximians, und Konstantin, der Sohn des Constantius, weil damit die

Familie des Letzteren mit Vater und Sohn stärker vertreten gewesen wäre, sondern Severus und Maximinus Daia. Doch die Rivalitätskämpfe, die hatten vermieden werden sollen, brachen umso heftiger aus.

Nach dem Tod des Constantius 306 ließ sich Konstantin vom Heer seines Vaters zum Augustus ausrufen, akzeptierte dann allerdings die Rolle des nachrückenden Caesaren, in die er stillschweigend gedrängt wurde. Nach verschiedenen Kämpfen, Ansprüchen, Einmischungen der alten Augusti, griff Konstantin den sich in Rom verschanzten Maxentius an. Die legendäre Schlacht an der Milvischen Brücke von 312 gewann Konstantin. Sein früherer Mitstreiter und späterer Rivale Maxentius war im Tiber ertrunken. Wichtig bei dieser Schlacht (und der späteren Legendenbildung) ist die ›Unterstützung‹, die Konstantin von der überirdischen Macht Gottes erfahren hatte. Denn spätere Chronisten erzählten, dass in der Nacht vor der eigentlich aussichtslosen Schlacht Christus dem Konstantin im Traum erschienen sei, ihm das Chi Ro-Monogramm gezeigt und dazu die berühmten Worte gesprochen habe: »Unter diesem Zeichen wirst du siegen«. Konstantin hielt sich daran und allen Voraussagen zum Trotz siegte er. Die Anerkennung der Christen war damit vorprogrammiert. 313 wurde sie im so genannten *Toleranzedikt von Mailand* (vgl. Materialien, Text 4) besiegelt. Dem war allerdings 311 bereits ein erstes Toleranzedikt vorausgegangen, erlassen von Kaiser Galerius, das in Nikomedia veröffentlicht worden war.

Die Taktik, immer nur einen Rivalen zu bekämpfen und mit den anderen Bündnisse einzugehen, hatte sich bewährt. Konstantin setzte diese Politik fort, bis er sein Ziel erreicht hatte, allein über das ganze Reich zu herrschen. Dadurch wurden die Christen auch im Ostteil des Reiches anerkannt. Allerdings befanden sie sich bereits im Meinungsstreit. Denn der ägyptische Presbyter Arius hatte die Wesensgleichheit von Gott und Christus bestritten, indem er postuliert hatte, dass Christus ein Geschöpf Gottes sei und damit nicht gleichrangig. Die sich selbst als rechtgläubig (orthodox) bezeichneten Christen lehnten diese These aufs Schärfste ab. Konstantin, auf Aussöhnung bedacht, versuchte zu vermitteln, doch die Fronten hatten sich verhärtet und auch die Synode von Nikäa 325 brachte keine Einigung. Noch lange schwelte der Konflikt zwischen den Arianern und den orthodoxen Christen der Ostkirche. Und dieser Konflikt hatte auch Folgen für die Kunst.

Ein Jahr zuvor hatte sich Konstantin zur Neugründung von Konstantinopel entschlossen. Ausschlaggebend dafür war die Belagerung des antiken Städtchens Byzantion, hinter dessen Mauern sich sein Mitkaiser und Widersacher Licinius verschanzt hatte. Bei dieser letztlich erfolgreichen Operation war ihm nicht nur die strategisch günstige Situation an Marmarameer und Bosporus aufgefallen, sondern auch die Lage allgemein: Noch in Europa gelegen, stellte die Stadt an der Meerenge die ideale Verbindung nach Asien dar, was auch bedeutete, über den asiatischen Teil Ostroms besser herrschen zu können und gleichzeitig zu demonstrieren, dass West- und Ostrom eine Einheit darstellten.

Im Vergleich zu anderen Städten legte Konstantin einen erstaunlich großen Umfang fest (s. Abbildung S. 34f.). Innerhalb der Mauern entstanden in kürzester Zeit das *Hippodrom*, der *Kaiserpalast*, die Bischofskirche *Hagia Eirene* und die *Apostelkirche*. In ihr oder einem Vorgängerbau, einem Mausoleum, ließ sich der Kaiser bestatten.

Die große Bedeutung Konstantins liegt in der Anerkennung der Christen, mit der seine Kirchengründungen in Rom, Konstantinopel, aber auch andernorts wie Trier verbunden war. Seine Einmischung in inhaltliche Konflikte trieb aber auch die Kirchenspaltung voran, ebenso wie die Gründung Konstantinopels mehrere hundert Jahre später zur endgültigen Trennung von Ost- und Westrom führte.

Noch war das Reich vereint, auf Konstantin folgten nach seinem Tod 337 die bereits zu seinen Lebzeiten zu Mitregenten erhobenen Söhne, die wieder zu zweit über Ost und West regierten. Doch auch hier blieben Konflikte nicht aus.

Theodosius regierte Ende des Jahrhunderts wieder allein über das riesige Reich. Während seiner Regierungszeit wurde das Christentum Staatsreligion, die heidnischen Opfer und Riten verboten. In der weisen Voraussicht, dass es schwierig sei, das große Reich allein zu regieren, teilte er es für seine Söhne auf. Diese waren jedoch noch Kinder, andere regierten für sie und, was Theodosius nicht beabsichtigt hatte, es blieb bei dieser Reichsteilung. Justinian gelang es im 6. Jahrhundert nur kurzfristig, West- und Ostrom wieder zu vereinen. Denn die Reichsteilung war im Prinzip nicht mehr rückgängig zu machen. Die getrennten Wege wurden später noch einmal deutlich besiegelt, als der Papst Karl den Großen im Jahr 800 zum Kaiser krönte.

Justinian, der letzte Herrscher über das römische Weltreich

Justinian war es nicht vorbestimmt, Kaiser zu werden und schon gar nicht, über das gesamte römische Weltreich zu herrschen. Der Bauernsohn aus der Nähe von Skopje hatte der Protektion seines Onkels Justinus seine umfassende Bildung zu verdanken. Justinus war in der kaiserlichen Palastgarde zum Kommandeur aufgestiegen und dann (mit einigen Manipulationen) zum Kaiser gewählt worden. Schon Jahre früher hatte er Justinian nach Konstantinopel geholt und ihm die Ausbildung zukommen lassen, die ihm selbst fehlte. Nach seiner Wahl zum Kaiser setzte er Justinian zu einem seiner wichtigsten Berater ein, erhob ihn dann sogar zum Mitregenten und bereitete ihm damit den Weg zur Kaiserwürde. Drei Jahre zuvor hatte der Onkel dem Neffen geholfen, die ehemalige Schauspielerin Theodora zu heiraten. So wurden 527 ein Bauernsohn und eine Schauspielerin Kaiser und Kaiserin.

Dieser Kaiser hatte keine größeren Usurpationsgelüste als andere, sondern er war in der Situation, dass sich in Westrom kein Mitkaiser mehr befand. In Italien stritten sich die Ostgoten um die Thronfolge, Nordafrika war in der Hand der Wandalen. Doch als es schien, dass Justinians großer Feldherr Belisar nicht nur Nordafrika, sondern auch Italien unter Kontrolle habe, fielen – wahrscheinlich durch die Ostgoten auf den Plan gerufen – die Perser von Osten her in Byzanz ein, sodass auch hier eine Grenzsicherung vonnöten war.

Zahlungen an die Perser und ein erneuter Italienfeldzug führten kurzzeitig zum Wiederaufleben des großen Römischen Reiches. Doch langfristig gesehen war dies eine Illusion. Dieser Idee eines beständigen Weltreiches entgegengesetzt, gelang es Justinian auf anderen Gebieten, allumfassend zu wirken, wodurch sein Name auch heute noch positiv erinnert wird. So beauftragte er die besten Rechtsgelehrten, eine systematisch geordnete Sammlung aller Gesetze herauszugeben. Dieser *Corpus Iuris Civilis* hieß auch nach dem Kaiser *Codex Iustinianus*. Er wurde für die europäische Rechtsgeschichte von großer Bedeutung.

Nicht so erfolgreich war Justinian bei dem Versuch, Monophysiten und Orthodoxe miteinander zu versöhnen. Immerhin teilte sich das Kaiserpaar selbst in die zerstrittenen Lager: Theodora vertrat die monophysitische Seite, Justinian die orthodoxe. Dieser bereits lange währende Konflikt entzündete sich wieder an der Frage nach der Natur Christi. Diesmal ging es aber nicht um die Wesensgleichheit mit Gott, sondern darum, ob Christus nur eine Natur besaß, eine Gottmenschliche (diese Ansicht vertraten die Monophysiten) oder zwei, nämlich eine göttliche und eine menschliche. Das meinten die Orthodoxen. Auf der Synode von Chalkedon im Jahr 451 wurde die orthodoxe Meinung als verbindlich erklärt. Das hinderte die Monophysiten aber nicht daran, ihren Standpunkt weiter zu verteidigen. Es kam zu Konflikten, zu kriegerischen Auseinandersetzungen, zu Kompromissen. Und auch Justinian gelang es nicht, eine friedliche Lösung herbeizuführen.

Rückblickend gilt wohl der Bau der *Hagia Sophia* als sein rühmlichstes Werk, diese riesige Kirche, die fast tausend Jahre der größte Sakralraum der Christenheit blieb und erst von *St. Peter* in Rom übertrumpft wurde, als sie selbst schon Moschee geworden war.

Justinians Herrschaft umschloss noch einmal Ost- und Westrom, die Mosaiken in Ravenna, die unter seiner Ägide entstanden, sind dafür ein beredtes Beispiel. Das Ende seiner Herrschaft ist jedoch nicht das Ende dieses komplexen Miteinanders von West und Ost, denn Byzanz hatte weiterhin den Anspruch, das römische Weltreich zu repräsentieren. Obwohl dies Ansinnen spätestens um 800 ein Anachronismus wurde, blieb Byzanz auch später in Italien präsent, in Venedig und Sizilien zumal, wo enge Handelsbeziehungen dazu führten, Kirchen weiterhin von byzantinischen Künstlern ausstatten zu lassen.

Doch Justinians Nachfolger waren erst einmal damit beschäftigt, die Grenzen zu sichern. In den nächsten 300 Jahren verloren sie nicht nur Westrom – also vor allem Italien –, sondern auch Syrien, Palästina und – das war eine existentielle Katastrophe – Ägypten, die Kornkammer von Byzanz. Denn zu den Persern kamen jetzt im Osten als viel größere Bedrohung die Araber hinzu, auf dem Balkan drangen die Bulgaren immer weiter vor. Wie es den Byzantinern in dieser Zeit gelungen ist, das Reich nicht vollkommen zu verlieren, war damaligen Geschichtsschreibern ein ähnliches Rätsel wie heutigen Wissenschaftlern. Doch es gelang, auch wenn das Reich kleiner geworden war. Am Ende dieser Phase stand die Konsolidierung, die Blüte des byzantinischen Reiches. Doch bis dahin musste noch ein anderes Problem gelöst werden, das mit dem Arianismus seinen Anfang genommen hatte und nun im Bilderstreit endete. Immer wieder ging es dabei um die Frage nach der Natur Christi und um seine potentielle Wesensgleichheit mit Gott.

Bilderstreit ohne Bildersturm

Es ist schwierig, Legenden entgegenzuwirken, zumal, wenn sie über Jahrhunderte gepflegt wurden. Und so wird trotz besseren Wissens bis heute in vielen Abhandlungen über die byzantinische Geschichte und deren Kunst der Bilderstreit als ein Bildersturm dargestellt, bei dem nicht nur Kunstwerke zerstört, sondern auch die Anhänger des Bilderkults, die Ikonodulen, reihenweise umgekommen sein sollen. Diese Auffassung wurde dadurch genährt, dass die Ikonodulen nach dem Ende des Bilderstreits alle Schriften der Ikonoklasten, also der Bilderfeinde, zerstörten. Als Quellen blieben nur die Schriften der Ikonodulen. Sie waren nicht nur einseitig, sie übertrieben auch maßlos.

Neue Forschungen bezweifeln den immer wieder dargestellten und betonten Dogmatismus der Ikonoklasten, aus dem angeblich unbeschreibliche Grausamkeiten erwuchsen. Ebenso wird die Theorie in Frage gestellt, dass das Bilderverbot aufgrund der Expansionserfolge der Moslems entstanden war. Anders ausgedrückt: Die bilderfeindlichen Byzantiner erkannten angeblich in den Erfolgen der Moslems eine Belohnung Gottes dafür, dass sie das Verbot Gottes, sich ein Bildnis zu machen, mit ihrem Bilder[illegible] bot in die Tat umgesetzt hätten. Folgerichtig [illegible] selber nur auch dieses Bilderverbot befolgen, [illegible] weiter durch die Expansion anderer bestraft zu [illegible]

Dieses Argument mag innerhalb der länger anhaltenden Auseinandersetzung irgendwann auch benutzt worden sein, ausschlaggebend war es jedoch nicht. Hier spielten ganz andere Beweggründe eine Rolle: Abgesehen davon, dass sich das byzantinische Reich damals in ziemlicher Bedrängnis befand und von allen Seiten von äußeren Feinden bedroht wurde, kam 726 noch ein Seebeben von ungewöhnlicher Stärke hinzu. Dem Ausbruch des Vulkans auf der Insel Thera (Santorini) folgte eine riesige Flutwelle, die Asche wurde bis fast nach Konstantinopel geschleudert. Diese Naturkatastrophe galt als Fingerzeig Gottes. Der damalige Kaiser Leon III. ließ daraufhin das Christusbild am Kaiserpalast entfernen und dafür ein Kreuz dort anbringen. Doch das, was lange als Bilderfeindlichkeit angesehen wurde, kann man auch positiv deuten. Leon besann sich mit dieser Tat auf Konstantin den Großen, der mit dem Kreuzeszeichen gesiegt hatte.

Die neue Verehrung des Kreuzes wurde von einigen Theologen unterstützt. Sie erteilten der kultischen Bilderverehrung eine Absage. Dabei werden sie sicher auch mit dem zweiten Gebot argumentiert haben, wie es in der Bibel im 2. Buch Mose (20,4) steht: »Du sollst dir kein Bildnis machen, kein Abbild von dem, was im Himmel droben oder unten auf Erden oder im Wasser unter der Erde ist.« Doch war das, wenn überhaupt, nur ein Argument unter vielen. Denn die Diskussion um die Darstellbarkeit Gottes rief auch wieder die Arianer und Monophysiten auf den Plan, die allerdings verschieden argumentierten Die einen bezweifelten nach wie vor die Wesensgleichheit von Christus und Gott, die anderen plädierten für seine Gottmenschlichkeit. Beide Theorien unterstützten das Bilderverbot.

Unbestritten gab es eine heftig geführte Kontroverse. Und es gab auch Konzile, Gesetze und Erlasse. Doch die mageren Fakten, die wir besitzen, sprechen nicht vom Bildersturm, von brutaler Zerstörung, von Folter, Mord und Totschlag, sondern lediglich von der Anbringung des

Kreuzes an der Chalke, dem Hauptportal des *Kaiserpalasts* in Konstantinopel im Jahr 726. Ob sich bereits früher ein Kreuz an dieser Stelle befunden hat und dann von einem Christusbild ersetzt wurde, weiß man nicht. Dieses Christusporträt wurde jedenfalls wieder angebracht, als unter Kaiserin Eirene die Bilderverehrung erneut eingeführt wurde. Dem folgte ein weiteres Bilderverbot. Wieder kam das Kreuz an die Chalke. Mit der endgültigen Wiedereinführung des Bildkultes 843 wurde auch das Christusbild an der Chalke erneuert.

Dieses eine Beispiel kann noch durch andere ergänzt werden. Doch meist hatte die Beseitigung oder Erneuerung von Bildern rein praktische Gründe: Das Marienbild in der Apsis der Eirenenkirche musste nach einem Erdbeben entfernt werden und wurde nun 741 aus verständlichen Gründen durch ein Kreuz ersetzt. Andererseits sind die Mosaiken in den drei frühchristlichen Kirchen von Thessaloniki erhalten geblieben. Sie wurden nicht zerstört.

Eines hatte der Bilderstreit jedoch geschafft. Die kontrovers geführte Diskussion über die Bilder hatte zur Folge, dass diesen ein theologisches Fundament gegeben wurde und damit eine Festlegung auf Typen und Programme. Ohne den Bilderstreit hätte es vielleicht weder das mittelbyzantinische Dekorationssystem noch die Ikone als verehrungswürdigen Gegenstand, als Kultbild gegeben, sondern die Kunst hätte sich auch in Byzanz freier entfalten können. Doch das sind Spekulationen.

Der Bilderstreit war unter anderem auch der späte Ausbruch eines Konflikts zwischen ehemaligen Juden und Angehörigen anderer Religionen. Die frühen Christen hatten den Bildkult abgelehnt. Aus der jüdischen Tradition kommend, hatte das Bilderverbot etwas Selbstverständliches. Außerdem erinnerte die Darstellung Gottes zu sehr an pagane Götterverehrung. Mit der Tolerierung durch Konstantin hatten sich jedoch viele Menschen bekehren lassen, die, aus der hellenistisch-römischen Tradition kommend, nach dem Bild verlangten. Der späte Versuch, diese Tradition zu brechen, war zum Scheitern verurteilt. Das Bild blieb fester Bestandteil der Liturgie, wahrscheinlich auch befördert durch die westliche Entscheidung für das Bild.

Unsere Beschäftigung mit dem Bilderstreit, die dazu führt, dieser relativ kurzen Zeitspanne ein ganzes Kapitel zu widmen, rührt eher aus der Rezeption, denn aus der wirklichen historischen Bedeutung. Das hat Peter Schreiner in seinem 1988 erschienenen Aufsatz hervorragend formuliert: »Obwohl ein normaler und konsequenter Schritt im Denken der christlichen Theologie, gewann der Bilderstreit, umhüllt von Legenden, schon für die Byzantiner den Charakter einer gigantischen und außerordentlichen Erscheinung. Die Nachwelt vollends, bis in unsere Tage, sah in ihm eine hydraköpfige Krise, eine Verirrung menschlichen Denkens und Handelns, eine Scheide zwischen ›orientalischer‹, sogar ›asiatischer‹, und ›europäischer‹ Gesinnung – wie falsch auch immer man diese Begriffe interpretierte –, und machte ihn somit zu einer Epoche von welthistorischer Bedeutung.«

Konsolidierung und Machtverlust bis zum Ende

Die Zeit nach 843 erscheint relativ ruhig, auch wenn es natürlich hier und da Machtkämpfe, Grenzstreitigkeiten, Eroberungen und Einbußen gab. Griechenland gelangte wieder unter byzantinische Herrschaft. Bulgarien schloss sich den orthodoxen und nicht den katholischen Christen an. Oberhaupt der Kirche war für sie somit der Patriarch von Konstantinopel und nicht der Papst. Das relativ freundschaftliche Verhältnis zu Byzanz wurde allerdings durch die zeitweise gelungenen Versuche der Byzantiner, das Reich zu unterwerfen, getrübt.

Ob die relative Beständigkeit, ja, der Ausbau der Macht, wirklich an der Stärke der Byzantiner lag oder eher an der Schwäche der Nachbarn, ist heute schwer zu entscheiden, da die einzigen Quellen, auf die wir uns stützen können, byzantinische Chroniken sind, die von der eigenen Größe berichten. Die Zeit der Konsolidierung, die auch mit einer kulturellen Blüte einherging, fand jedoch ein Ende, als die Dynastie der Makedonier nicht mehr regierte.

Obwohl es immer noch den Anspruch der Kaiserwahl gab, hatte sich längst auch in Byzanz die dynastische Idee durchgesetzt. Die Kaiserwahl war zur Formalie geworden, die Gesellschaft verlangte nach einer starken Dynastie, die sie in den Makedoniern über einen Zeitraum von knapp 200 Jahren hatte. In den nächsten 15 Jahren dominierten Machtkämpfe um die Kaiserwürde innerhalb des Adels. Vier Kaiser lösten einander ab. Auch durch diese innenpolitischen Probleme wurde die Gefahr von außen viel zu spät erkannt: Die aus Zentralasien kommenden Seldschuken fielen in Kleinasien ein. 1071 fand die große Schlacht bei Mantzikert statt, bei der sogar der Kaiser gefangen genommen wurde. Große Teile Kleinasiens, vor allem die anatolische Hochebene, waren für immer verloren.

Im selben Jahr 1071 bedrohten von Westen her die Normannen das byzantinische Reich. Sie eroberten nicht nur die Teile Unteritaliens, die sich immer noch unter byzantinischer Herrschaft befunden hatten, sondern versuchten auch, auf dem Balkan Fuß zu fassen. Doch das gelang ihnen langfristig nicht. Eine weitere westliche Bedrohung holten sich die Byzantiner selbst ins Land, als sie den Westen um Unterstützung gegen die Seldschuken baten. Das westliche Heer kam, aber anders als gedacht, denn die ›Lateiner‹ wollten nicht nur den Byzantinern helfen, sondern vor allem das Heilige Land von den Arabern befreien. Diese Okkupationsversuche gefielen den Byzantinern gar nicht, da sie im Osten keine neue Macht wünschten, die auch sie selbst bedrohte. Doch allen Verträgen zum Trotz errichteten die Kreuzfahrer vier lateinische Staaten. Damals entstand im Westen das veränderte Byzanzbild, mit dessen Vorurteilen wir heute noch zu kämpfen haben.

Dieses Byzanzbild erleichterte es dann auch den Venezianern, auf dem vierten Kreuzzug ihre Mitstreiter dazu zu bewegen, Konstantinopel einzunehmen. 1204 fiel die Stadt für ein halbes Jahrhundert in westliche Hände. Doch davor hatte es unter den Komnenen wieder eine Zeit der Erstarkung und der kulturellen Blüte gegeben. Es scheint, als habe seit der Dynastie der Makedonier eine gewisse Gesetzmäßigkeit geherrscht, die sich als Wellenbewegung darstellt: Eine Dynastie baute sich auf, hielt sich eine gewisse Zeit und endete aufgrund fehlender (oder ermordeter) Erben. Dem folgte eine Bedrohung von außen, seien es die Seldschuken 1071, die Venezianer 1204 oder dann die Osmanen 1453. Immer gab es dazwischen auch eine Aufwärtsbewegung in der Kultur, die – was die Kunst betrifft – mit dem Namen der herrschenden Dynastie belegt wurde. So unterscheiden sich die makedonische Renaissance, der Komnenenstil und der palaiologische deutlich voneinander. Doch – um im Bild zu bleiben – jede Welle nahm auch ein Stück Land mit, Byzanz wurde immer kleiner. Bereits im 14. Jahrhundert begann eine Selbstzerstörung, die von den Osmanen nur deshalb nicht genutzt wurde, weil sie sich gegen die Truppen des mongolischen Herrschers Tamerlan (Timur Lenk) zur Wehr setzen mussten. Schon da war Byzanz mehr oder minder lediglich auf Konstantinopel reduziert. 1453 lösten die Osmanen die Byzantiner endgültig ab, nur wenig später fiel auch das Königreich Mistra auf der Peleponnes. Der Westen hatte trotz eindringlicher Bitten nicht geholfen.

Zentren der Macht und Zentren der Kunst

Die Größe des Imperium Romanum hatte es nötig gemacht, mehrere Verwaltungszentren entstehen zu lassen. Spätestens Diokletians Tetrarchenmodell hatte dazu geführt, dass die Augusti und ihre Caesaren an verschiedenen Orten residierten. Damit war Rom nicht mehr das alleinige Zentrum der Macht. Dort, wo sich die Macht befindet, ist aber auch die Kunst zu Hause, und so gab es jetzt, durch die Verteilung der Macht auf verschiedene Orte auch mehrere Zentren der Kunst.

Rom

Konstantin der Große war der letzte Alleinherrscher, der eine Zeit lang in Rom residiert hatte. Bevor er die Stadt verließ und ein neues Rom gründete, stiftete er die ersten Kirchenbauten der Stadt und setzte so sichtbare Zeichen eines christlichen Roms. Hinzu kam die Konstantinische Schenkung, die, wenngleich sie auch eine Fälschung war, die Legitimität für den Sitz des Papstes in Rom darstellte. Und auch wenn die Millionenstadt der Antike in den nächsten Jahrhunderten erst einmal auf einen Bruchteil ihrer einstigen Größe zusammenschrumpfte, so blieb sie doch das Zentrum der Kirche. Hier hatten die Apostel Petrus und Paulus gewirkt, hier hatten sie das Martyrium erlitten, hier waren sie begraben und hier war der Sitz des Nachfolger Petris und damit des Stellvertreter Gottes auf Erden: der Papst.

Bereits 313 stiftete Konstantin den römischen Christen Kirchen, damit sie genug Raum für ihren Gottesdienst hatten. *S. Giovanni in Laterano* und *Alt St. Peter* sind die ältesten und wohl auch berühmtesten. Doch nie hat er dem Papst die Herrschaft über sämtliche Bischofssitze und über Rom angetragen. Die so genannte *Konstantini-*

sche Schenkung war eine Fälschung des 8. Jahrhunderts, um Rom wieder zu stärken. Dennoch gab es Schenkungen, wenn auch wirtschaftlicher Art: Konstantin stiftete nicht nur Kirchen, er überließ ihnen auch Ländereien, damit sie wirtschaften konnten. Außerdem stellte er die Bischöfe in den Rang hoher Regierungsbeamter und machte sie zu seinen Beratern. Hierarchische Strukturen in der Kirche bildeten sich aus, der Bischof von Rom war bereits damals der bedeutendste der Bischöfe, wenn auch nicht de iure, so aber de facto. Den Namen ›Papst‹ erhielt er erst später.

In frühchristlicher Zeit galt Rom auch dann noch als die Metropole des Westens, als es mehrere Hauptstädte gab, die der Größe des Reichs Rechnung trugen. Die erhaltenen Kunstwerke sprechen für sich. Außer den oben erwähnten Kirchen, die beide heute in barocker Form zu sehen sind, gibt es welche, die nur zum Teil erhalten sind, andere, die ihre Ausstattung bewahren konnten. In Museen finden sich Sarkophage mit christlicher Symbolik oder mit Darstellungen biblischer Geschichten. Außer ihnen zeugen auch die Malereien in den Katakomben, den Grablegen der frühen Christen, von der vorherrschenden Kunst, die sich allerdings noch gegen antike Formulierungen wie den Konstantinbogen behaupten mussten.

Seinen Machtanspruch hat Rom nie aufgegeben, auch nicht, als der letzte weströmische Kaiser von dem Heerführer und Germanen Odoaker im 5. Jahrhundert abgelöst wurde. Belisar, der Feldherr Justinians, suchte den Kontakt zum Papst, bevor er Rom einnahm und wieder unter römische Herrschaft brachte, die da bereits auch die byzantinische war. Rom blieb damals noch unter byzantinischem Einfluss, was vor allem in der Kunst deutlich wird. Politisch jedoch entfernten sich West- und Ostrom mit der Zeit immer weiter voneinander, bis der Papst mit der Krönung Karls des Großen die endgültige Trennung vollzog, die nicht wieder rückgängig gemacht wurde. Im

Jahr 800 war der Papst stark genug, um Konstantinopel, dem Kaiser und dem Patriarchen die Stirn zu bieten. Er krönte den neuen Kaiser des Imperium Romanum mit eben dem Titel, den auch der byzantinische Kaiser für sich beanspruchte. Die Macht Roms wuchs wieder. Das Christentum war etabliert. Byzanz und die Kunstäußerungen des Ostreiches drangen zwar nach Venedig, Süditalien und Sizilien vor, aber nicht mehr nach Rom.

Ravenna

In seinen *Wanderjahren in Italien* beschreibt Ferdinand Gregorovius sehr treffend die Bedeutung Ravennas, wie sie sich ihm 1863 darstellte: »Die Städte Italiens stellen fast durchweg die zwei großen Epochen der Geschichte dieses Landes in ihren Denkmälern dar: das römische Altertum und das christliche Mittelalter. Nur Ravenna ist das Monument des Überganges aus der einen Epoche in die andere, und deshalb von unvergleichlichem Wert. Das römische Kaisertum in der Zeit seines Falles unter die Germanen, die erste Gründung des germanischen Königtums in Italien auf den Trümmern jenes Römerreiches, die sechzigjährige Herrschaft der Ostgoten und die folgende, zwei Jahrhunderte umfassende Despotie der Byzantiner, alle diese Epochen haben in jener einen Stadt ihr Theater gehabt und noch zahlreiche Denkmäler ihrer Geschichte in ihr zurückgelassen. Wer nach Ravenna kommt und diese Monumente so alter Zeit sieht, Grabmäler des fünften und sechsten Jahrhunderts, Kirchen strahlend von Musiven ebenderselben Zeit, wird von ihnen fast so ergriffen wie von den Resten Pompejis. Und in der Tat, Ravenna ist das Pompeji der gotischen und byzantinischen Epoche.« (Gregorovius, S. 5)

Nachdem das früh christianisierte Mailand, in dem das Toleranzedikt von 313 formuliert und veröffentlicht wurde, in der zweiten Hälfte des 4. Jahrhunderts zur Hauptstadt des Westteils des römischen Reiches geworden war, wurde es 402 von Ravenna abgelöst. Die »Stadt in den Sümpfen« lag strategisch günstig am Meer und anders als Mailand abgelegen von den großen Straßen. Durch ihren bereits unter Augustus errichteten Hafen konnten die Einwohner Ravennas Kontakt mit Konstantinopel halten. Die Flüsse, die die Stadt umgaben, aber auch die Sümpfe, machten es ihnen außerdem relativ leicht, sich Eroberer vom Hals zu halten. Und so blieb die Stadt von Überfällen und Plünderungen weitgehend verschont. Auch das ist ein Grund, weshalb sich die Monumente aus frühchristlich-byzantinischer Zeit erhalten haben.

Bereits 44 n. Chr. hat hier der hl. Apollinaris ein Bistum gegründet, 400 Jahre lang wurden sämtliche ravennatischen Kirchenführer heilig gesprochen. Und so nimmt es nicht Wunder, dass die Zeugnisse weltlicher und kirchlicher Macht kaum voneinander zu trennen sind. Sie sind verbunden mit den drei Herrschernamen Galla Placidia, Theoderich und Justinian. Galla Placidia, die Tochter von Kaiser Theodosius und Stiefschwester des Honorius, regierte von 425 bis zu ihrem Tod 450 für ihren Sohn Valentinian von Ravenna aus das weströmische Reich. Neben den rein sakralen Bauten, die unter ihrer Ägide entstanden, ist ihr Mausoleum Zeichen weltlicher Macht und christlicher Demut. Auch unter Theoderich wurden Sakralbauten errichtet, doch sein Mausoleum ist rein weltlicher Natur. Nach dem Tod von Theoderich nahmen die Feldherren von Justinian die Stadt ein. Und auch, wenn Kaiser und Kaiserin nie in Ravenna gewesen sind, ihre Porträts an prominenter Stelle in *S. Vitale* sind bis heute Zeugnisse der gottesfürchtigen Herrscher.

Anders als Rom oder auch Mailand ist Ravenna heute eine kleine Provinzstadt, der niemand ihre einstige Pracht ansieht. Auch die Kirchen wirken von außen bescheiden. Erst im Innern entfalten sie mit den glitzernden Goldmosaiken ihre Wirkung. Die, wie Gregorovius es so richtig formuliert hat, nur in der »Zwischenzeit« wichtige Stadt versank bald wieder in der Bedeutungslosigkeit. Anders als in Rom, wo die großen Konstantinischen Stiftungen immer wieder verändert wurden, bis von ihrem ursprünglichen Aussehen (fast) nichts mehr vorhanden war, blieben die ravennatischen Monumente von der Zeit unberührt sich selbst überlassen.

Eine ähnliche Bedeutung besaß Trier, die wohl älteste Stadt auf deutschem Boden. Die augusteische Gründung erhielt größere Bedeutung, als sie unter Diokletian zu einer der vier Hauptstädte des Reiches avancierte. Doch erst Konstantin ließ die Mauer bauen, die die Stadt umschloss und von der heute noch die *Porta Nigra* zeugt. Mit 60 000 Einwohnern war Trier eine Großstadt, in der sich außer dem Kaiserpalast, dem Amphitheater, den Thermen und den Villen vor der Stadtmauer auch zahlreiche Kirchen befanden, dazu die Münze. Das bevorzugte Angriffsziel der Germanen wurde mehrfach in Schutt und Asche gelegt. Auf dieser Asche – und nicht mehr als römische Stadt mit schachbrettartigen Straßenzügen – entstand die merowingische, später mittelalterliche Stadt, der die Größe der römischen Gründung fehlte und die eher dörflich-ländlichen Charakter besaß. Vergleichbar mit Ravenna war auch Trier eine »Zwischenzeitmetropole«, früh christianisiert, die aber bald an die Peripherie gedrängt wurde, wo sie sich auch heute noch befindet.

Konstantinopel

Anders als Ravenna oder Trier ist Konstantinopel bis heute eine Weltstadt geblieben – wenn auch seit der Eroberung von 1453 unter den Namen Istanbul, Stambul und Konstantinopel. Erst seit 1930 heißt die Stadt offiziell nur noch Istanbul.

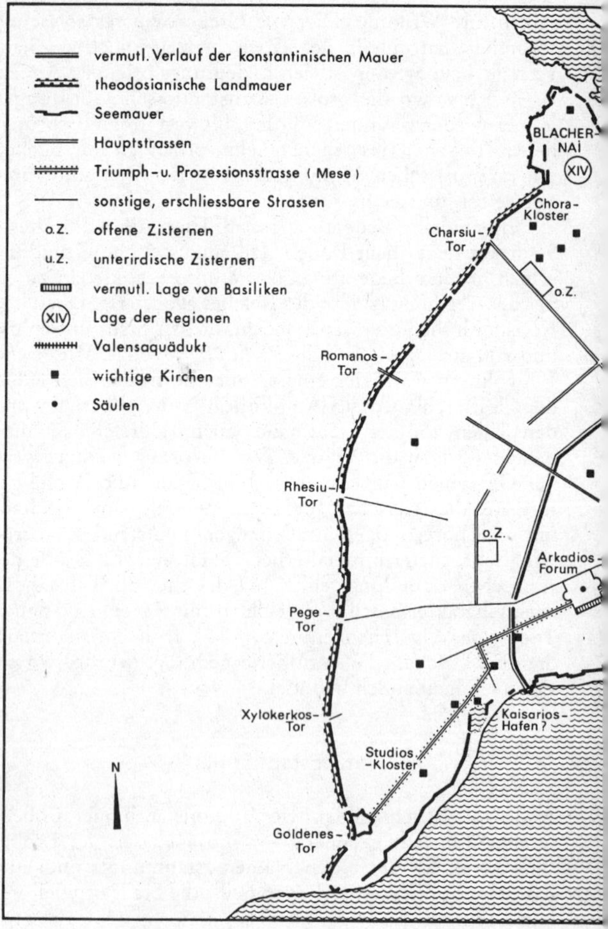

vermutl. Verlauf der konstantinischen Mauer
theodosianische Landmauer
Seemauer
Hauptstrassen
Triumph- u. Prozessionsstrasse (Mese)
sonstige, erschliessbare Strassen
o.Z. offene Zisternen
u.Z. unterirdische Zisternen
vermutl. Lage von Basiliken
XIV Lage der Regionen
Valensaquädukt
wichtige Kirchen
Säulen
N
BLACHERNAI
XIV
Chora-Kloster
Charsiu-Tor
o.Z.
Romanos-Tor
Rhesiu-Tor
o.Z.
Arkadios-Forum
Pege-Tor
Xylokerkos-Tor
Kaisarios-Hafen?
Studios-Kloster
Goldenes-Tor

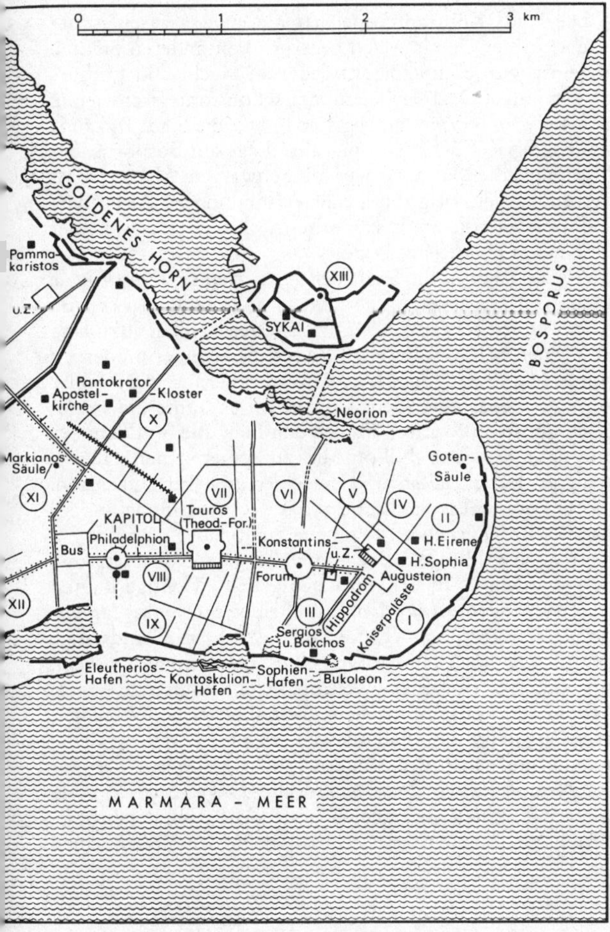

0
1
2
3 km
GOLDENES HORN
BOSPORUS
XIII
SYKAI
Pamma-
karistos
u.Z.
Pantokrator
-Kloster
Apostel-
kirche
X
Neorion
Markianos
Säule
Goten-
Säule
XI
VII
VI
V
IV
II
KAPITOL
Tauros
(Theod.-For.)
Philadelphion
Bus
Konstantins-
u.Z.
H.Eirene
H.Sophia
VIII
Forum
Augusteion
XII
IX
III
Hippodrom
Kaiserpaläste
I
Sergios
u.Bakchos
Eleutherios-
Hafen
Kontoskalion-
Hafen
Sophien-
Hafen
Bukoleon
MARMARA - MEER

Die Stadt Konstantinopel hat nie eine »Zwischenzeit« erlebt, in der sie als Machtzentrum von anderen Städten abgelöst wurde, um später wieder an Macht und Einfluss zu gewinnen. Dazu lag sie immer schon strategisch viel zu günstig. Um 660 v. Chr. gegründet, war die Stadt Byzantion lange griechische Kolonie. Ihre Lage am Bosporus, der Meerenge, die Marmarameer mit Schwarzem Meer verbindet und gleichzeitig die ideale Verbindung zu Asien darstellt, machte die Stadt schon in griechischer Zeit zu einer blühenden Handelsmetropole.

Als Konstantin die Stadt belagerte, weil sich sein Rivale Licinius hinter ihren Mauern verschanzt hatte, war sie von einem seiner Vorgänger, Septimus Severus, nicht allzu lang zuvor neu befestigt und den Bedürfnissen einer modernen römischen Stadt mit *Hippodrom*, Thermen und einer Agora angepasst worden. Konstantin erkannte die strategisch günstige Position. Er ließ den Plan, die bis dahin bevorzugte Residenz Nikomedia zu seiner neuen Hauptstadt zu küren, fallen und entschied sich für Byzantion. Ab 324 wurde die Stadt, die 330 in Konstantinopel umbenannt wurde, erneuert. Die neue Stadtmauer umfasste ein viermal so großes Areal wie die alte. Dieses Gebiet wurde – wie Rom – in 14 Bezirke eingeteilt. Wichtige Bauten waren *Akropolis*, *Kaiserpalast* und ein vergrößertes *Hippodrom*. Bereits unter Theodosius wurde die landseitige Stadtmauer noch einmal weiter ins Landesinnere verlegt. Bis heute verläuft dort die europäische Stadtgrenze.

Von der konstantinischen Gründung oder Weihe am 11. Mai 330 bis zum Fall der Mauern am 29. Mai 1453 entstanden innerhalb der Mauern großartige Werke der Architektur wie der *Kaiserpalast*, die *Hagia Sophia*, viele weitere Kirchen, aber auch Paläste. Aus dem 5. Jahrhundert hat sich eine Statistik erhalten, in der die einzelnen

---

Abb. S. 34/35: Konstantinopel, Plan der Stadt

Bauten aufgeführt sind. Demzufolge gab es damals fünf kaiserliche Paläste, 14 Kirchen (später waren es 500), acht öffentliche Bäder, zwei Basiliken, vier Foren, zwei Theater, vier Häfen, vier Zisternen, 322 Straßen, 4388 palastartige Häuser, 153 Privatbäder.

Auch wenn die Stadt vom Umfang her nicht wuchs, so entstanden innerhalb der Mauern doch immer wieder neue Gebäude, vor allem Kirchen. Die öffentlichen Versorgungsanlagen wie Wasserleitungen, Zisternen usw. blieben über die Jahrhunderte erhalten. Sie mussten zwar gepflegt werden, aber sie reichten von ihrer Größe her aus. Als die Kreuzfahrer 1204 die Stadt eroberten, staunten sie über die Pracht und den Reichtum. Eine Großstadt dieses Ausmaßes kannte man im europäischen Mittelalter nicht. Doch bildete sie auch im byzantinischen Reich eine Ausnahme.

Die günstige Lage und der Reichtum hatten aber auch Nachteile. Die Stadt war umkämpft, die kriegerischen Auseinandersetzungen rissen kaum ab. Die Geschichte von Byzanz und damit von Konstantinopel kann auch als eine Geschichte der ununterbrochenen Kriege gelesen werden. Umso erstaunlicher ist das Durchhaltevermögen der Byzantiner. 1204 wurde die Stadt zum ersten Mal eingenommen. Noch einmal konnte sie zurückgewonnen werden, bis sie 1453 an die Osmanen fiel und dann fast 500 Jahre, bis 1923, Hauptstadt der Türkei blieb.

Die byzantinischen Kaiser haben ihre Hauptstadt nicht verlassen. Sie haben nicht innerhalb des Reiches neue, andere Hauptstädte gegründet. Konstantinopel besaß die unumschränkte Vormachtstellung. Es gab andere Städte im Reich, die eine gewisse Bedeutung besaßen oder erlangten wie Thessaloniki oder Nikäa (das heutige Iznik). Doch an die Größe und die Macht von Konstantinopel reichte keine andere Stadt heran. Eine große Rolle spielte dabei sicher auch, dass die Stadt den Sitz des Kaisers und des Patriarchen vereinte. Diese Verbindung wurde dazu noch durch die größte Kirche der Christenheit sichtbar gemacht, die *Hagia Sophia*.

Griechenland

Griechenland in den heutigen Grenzen hat nur bedingt mit dem antiken Hellas zu tun. Zu diesem gehörten die Küsten Kleinasiens, Nordafrikas, die Cyreneika, all das, was dann später Teil des Römischen Reichs wurde. Und in diesem Römischen Reich schritt die Christianisierung schnell voran. Der Apostel Paulus reiste nach Philippi, Athen und Korinth, seine Briefe an die dortigen Gemeinden zeigen die frühe Christianisierung wenigstens von Teilen der Bevölkerung. Auch nach Thessaloniki hat Paulus geschrieben. Das war die Hauptstadt Makedoniens, um 300 wurde sie Kaiserresidenz. Ähnlich wie in Ravenna befinden sich hier erstaunlich viele Zeugnisse frühchristlicher Kunst, die nicht später erneuert worden sind, sondern Bestand hatten. Andernorts ist aus der frühen Zeit wenig zu finden, entweder weil spätere Um- und Neubauten die alte Substanz zerstörten oder aber auch, weil die paganen Heiligtümer noch viel zu wichtig waren.

Doch auch sie wurden später christlich besetzt. Überall auf den großen Tempelbezirken finden sich Kirchen, sei es die *Johannesbasilika* in Ephesos oder die Kirche in Olympia, die nur durch wenige Eingriffe aus der Werkstatt des Phidias entstand, also dort, wo der berühmte griechische Bildhauer die große Zeusstatue angefertigt hat. Wahrscheinlich ist es nur dem Umstand, dass aus der Werkstatt eine Kirche wurde, zu danken, wie viel von ihr heute noch erhalten ist.

Das Festland des heutigen Griechenlands gehörte ebenso zu Byzanz wie Kreta und die anderen Inseln, war aber natürlich auch vor Übergriffen nie sicher. Nach 1204, als Konstantinopel in der Hand der Kreuzfahrer war, eroberten die Franken auch griechische Besitztümer. Überall entstanden kleine, unabhängige Königreiche, die auch nach dem endgültigen Fall von Konstantinopel 1453 fortlebten. Und als die Türken nach und nach das griechische

Festland eroberten, wobei einige Inseln unter venezianischer Herrschaft blieben, gelang es ihnen nicht, die Bevölkerung zu islamisieren. Das ist wohl auch ein Grund, weshalb sich die wichtigsten Monumente der mittelbyzantinischen Periode, die uns heute bekannt sind, dort erhalten haben: *Hosios Lukas*, *Daphni* und die *Nea Moni* auf Chios. Von ihnen wird noch ausführlich die Rede sein.

Doch entstanden in Kleinasien auch Enklaven, die christlich blieben. Beispiel ist einmal die Hafenstadt Trabson (Trapezunt), die über das Schwarze Meer Kontakt zu Russland hielt und von dort immer unterstützt wurde. Aber auch Kappadokien, eine eigentümliche Landschaft aus Tuffgestein mitten in Anatolien, blieb christlich. Hier hatte man die Kirchen nicht gebaut, sondern aus dem Tuff gekratzt. Noch heute kann man in diesem Gebiet von Tal zu Tal fahren und die zahlreichen, meist mit Fresken ausgestatteten Kirchen besuchen. Viele von ihnen dienten später, als der Islam sich dann doch durchgesetzt hatte, als Taubenschläge und haben so mit dem Freskenschmuck überdauert.

Peripherie

Die frühe Christianisierung von Nordafrika, Ägypten, Syrien und anderen Ländern brachte Kunstwerke hervor, die ab dem 7. Jahrhundert entweder zerstört wurden oder verfielen, weil sich dort die islamisierten Araber festsetzten. Dennoch gab und gibt es bis heute auch dort Christen wie zum Beispiel die syrisch-orthodoxen, die auch noch Klöster auf heutigem türkischen Boden besitzen. Bis auf die kurze Zeit des Frühchristentums, als sich alle Kunstäußerungen aus römischem Kulturgut entwickelten, haben sich in den verschiedenen Ländern unterschiedliche Stile ausgeprägt oder besser, geographisch bedingte Spezifika herausgebildet. So sind sich die Kirchenbauten Armeniens und Georgiens ähnlich, grenzen sich dabei aber von denjenigen der Kernländer ab. Beide Länder reichten früher weit nach Kleinasien und in das Gebiet des heutigen Iran. Die ehemalige armenische Hauptstadt Ani liegt heute direkt an der türkisch-armenischen Grenze, die berühmte Kirche von Aght'amar steht auf einer Insel im ostanatolischen Vansee in der Nähe des Ararat. Dort soll Noah in seiner Arche wieder Land gesehen haben. Das jedenfalls wird in der Bibel geschildert. Georgische Kirchen findet man heute noch in abgelegenen Gebieten der Türkei, vor allem aber im Iran, einmal an der nördlichen Grenze, dann aber auch in heute kurdischem Gebiet.

Zur Peripherie, die künstlerisch von Byzanz beeinflusst ist, gehören zahlreiche Länder. Manche von ihnen gab es damals schon, andere gehörten zum Kernland so wie große Teile des Balkan. Vor allem im heutigen Mazedonien finden sich noch bedeutende byzantinische Kirchen, speziell in der Umgebung von Ohrid. Serbien hingegen strebte immer wieder Autarkie an. Dennoch war der Einfluss von Byzanz auch dort groß, obwohl sich immer mal wieder christliche Kunstäußerungen des Westens mit hineinmischten.

Als Peripherie kann man ebenfalls Russland bezeichnen, das erst im 10. Jahrhundert christianisiert wurde und sich für den orthodoxen Glauben entschied. Damit übernahmen die Russen auch die byzantinische Kunst, vor allem die Ikonenverehrung. Russische Ikonen wurden später ein Exportartikel in den Westen und sie wurden auf ganz andere Art Anfang des 20. Jahrhunderts Anreger und Auslöser für die gegenstandslose Kunst der Klassischen Moderne.

Russlands Geschichte und die Entwicklung der russischen Kunst ist so komplex, dass sie hier nur am Rande behandelt werden kann. Und auch bei den anderen ›peripheren‹ Gebieten ist es schwierig, mit ein oder zwei Beispielen ihren Charakteristika gerecht zu werden. Merkwürdig bleibt dennoch, dass mit dem Fall von Konstantinopel auch in der Peripherie die Kunst stagnierte. Die Ikonen, sowohl auf Kreta als auch in Russland, haben keine so entscheidende Entwicklung mehr vollzogen als in der Zeit, als der christliche Staat, von dem die Impulse ausgegangen waren, noch existierte. Es scheint, als ob hier eine Lebensader durchschnitten worden ist und sich damit auch die Kunst nicht mehr verändern konnte.

Es hat nach 1453 zwar durchaus noch in Gebieten, in denen der orthodoxe Glaube weiterlebte, Maler, Bildhauer und Architekten gegeben, die die alten Traditionen pflegten, doch kamen sie über regionale Kunstäußerungen mit provinziellem Charakter kaum hinaus. Denn sie waren nicht im Stande, Entwicklungen voranzutreiben, sie konnten nur noch bewahren. Dass dies in Enklaven wie dem Berg Athos so war, ist nachvollziehbar. Doch auch in so großen Ländern wie Russland stagnierte die Kunst bis ins 18. Jahrhundert hinein.

GATTUNGEN

Architektur

Das Problem, das sich bei der byzantinischen Architektur wahrscheinlich in noch größerem Maße stellt als bei der mittelalterlichen, ist der Befund. So besaß Konstantinopel über 500 Kirchen und Klöster. Davon sind lediglich 30 erhalten geblieben – und dennoch machen die Kirchen das Gros der heute erhaltenen Bauwerke aus byzantinischer Zeit aus. Und so schrieb auch Cyril Mango in seinem 1986 in deutscher Sprache erschienenen Buch über byzantinische Architektur: »Man kann es dem Uneingeweihten kaum übelnehmen, wenn er meint, die Byzantiner hätten nichts als Kirchen gebaut; dabei haben sie vielerlei andere Bauwerke errichtet, Häuser und Paläste, Bäder, Zisternen, Befestigungsanlagen und Brücken.«

Von diesen profanen Werken haben sich aus frühbyzantinischer (oder spätantiker) Zeit einige erhalten. Und erst in letzter Zeit wurde begonnen, die profane nicht herrschaftliche Architektur zu untersuchen. Vieles ist noch nicht geklärt und so bleiben doch hauptsächlich die Kirchen als Beispiele für eine byzantinische Architektur. Allgemein lässt sich jedoch sagen, dass es von Ursprung und Aufbau her zwei Typen von Städten gab: zum einen antike, zum anderen byzantinische Gründungen. In den antiken Gründungen wurden allmählich die heidnischen Kultbauten durch christliche Kirchen ersetzt. Die Tempel wurden dabei zu Steinbrüchen, entweder für Kirchen oder für Befestigungsanlagen. Öffentliche Bäder und Theater wurden weiter betrieben, die Theater allerdings wegen ihrer unzüchtigen Vorstellungen sehr zum Ärger des Klerus, der, wo immer es ihm gelang, sie schließen ließ. Andererseits sorgte jetzt die Kirche für Krankenhäuser, Heime für Arme und Waisen, Herbergen für die Pilger.

Diese alten Städte hielten sich in der Regel bis zu den großen Einfällen erst der Perser, dann der Araber im 7. Jahrhundert. Damals wurden viele Orte aufgegeben, die Bevölkerung zog sich in die Berge zurück. Doch gab es auch Städte wie Ephesos. Sie schrumpften zwar, blieben aber bestehen.

Die byzantinischen Gründungen waren meist ziemlich kleine künstliche Gebilde, die nie lange besiedelt waren. So gründete Justinian eine Stadt zu Ehren seines Heimatorts. Dieses Justiniana Prima, das heute Caričin Grad heißt, war lediglich 500 Meter lang und 100 Meter breit, also nicht viel größer als der frühchristliche Klosterkomplex von Qal'at Sim'ân im heutigen Syrien, der 400 mal 100 Meter maß. Außer Kirchen und einem Bischofspalast befand sich noch ein Bad in dieser auf einem antiken Grundriss errichteten Stadt, deren ländliche Bevölkerung die Einrichtungen wahrscheinlich gar nicht zu schätzen wusste. Wie lange die Stadt lebendig war, ist unklar, wahrscheinlich aber nicht länger als 100 Jahre, bevor sie in die Bedeutungslosigkeit zurückfiel. Ein ähnliches Schicksal erlitten auch die anderen byzantinischen Neugründungen. Einzige Ausnahme war Konstantinopel.

Basilika und Kreuzkuppelkirche

Die erhaltenen Monumente im westlichen und östlichen Teil des Römischen Reiches haben zu der Meinung geführt, die frühchristlich-westliche Form des Kirchenbaus sei die Basilika, wohingegen in Byzanz bereits in früher Zeit der Zentralbau dominiert habe. Diese These ist durch archäologische Funde inzwischen umstritten, denn es gab sowohl im Westen als auch im Osten beide Bautypen. Ebenso fraglich ist die These, dass die sakrale Basilika in

Rom entstanden ist. Sie könnte ebenso gut erstmals – und vor 313 – im Nahen Osten gebaut worden sein. Bis heute besteht über diese Fragen keine Klarheit. Hinsichtlich des funktionalen Ansatzes hatten Zentralbau und Basilika keine unterschiedlichen Aufgaben, obwohl es verlockend ist, die große Basilika als Gemeindekirche sehen zu wollen, wohingegen der Zentralbau eher als Memorial- und Grabeskirche diente. Doch gibt es zu viele Gegenbeispiele, um diese immer wieder geäußerte Behauptung aufrecht zu erhalten. Doch was kann dann über die Entwicklung des Kirchenbaus in früher Zeit überhaupt gesagt werden?

Nach Anerkennung der Christen wollte Konstantin offensichtlich ihre Präsenz auch architektonisch sichtbar machen und stiftete wohl unter anderem aus diesem Grund mehrere Kirchen in Rom. Ob nun bei diesen ersten Kirchenbauten östliche Vorbilder eine Rolle spielten oder die Entscheidung für die Basilika römischen Ursprungs ist, sei dahingestellt. Die Basilika war in römischer Zeit eine Halle, die mehrere Funktionen besitzen konnte. Sie war Markthalle, Gerichtshof, Wandelgang, Empfangsraum, Audienzhalle, diente also Handlungen, bei denen eine größere Ansammlung von Menschen zugegen war. Nur eines war sie nicht: heidnischer Kultraum. Aus diesem Grund konnte sie auch Kirche werden, ohne alte Traditionen zu beschwören und Gefahr zu laufen, dass sie für andere kultische Handlungen ›missbraucht‹ würde.

Die kirchliche Form der Basilika wurde gegenüber der römischen Halle dahingehend modifiziert, dass es sich bei ihr immer um einen mehrschiffigen Raum mit erhöhtem Mittelschiff handelt, der Fenster besitzt. Zwingend war ebenfalls die Apsis, das Querhaus war nicht unbedingt vorgeschrieben. Der Schnittpunkt von Langhaus und Querschiff konnte überkuppelt sein. Darunter oder dahinter befand sich der Hochaltar.

Die Breite des Langhauses richtete sich nach der Möglichkeit, das Dach zu decken, das heißt auch nach der

Länge der Balken für den Dachstuhl. Holz war gerade im Ostteil des Reiches Mangelware, weshalb dort Gewölbe favorisiert wurden. Und so hat sich hier auch später der überkuppelte Zentralbau durchgesetzt, wie er aus Palästen bekannt war. Dort hatte man ihn als Audienzhalle genutzt. Etliche dieser Zentralbauten sind später in Kirchen umgewandelt worden, wie zum Beispiel *Hagios Georgios* in Thessaloniki.

Ende des 5. Jahrhunderts entstand in Syrien eine Memorialkirchen, die beides vereinte: Basilika und Zentralbau. In dem bereits erwähnten Qal'at Sim'ân wurde um die Säule des Styliten Simeon ein Heiligtum gebaut. Von einem wahrscheinlich überkuppelten Oktogon, in dessen Mitte sich die Säule befindet, auf der der Stylit vierzig Jahre gestanden hatte, gingen vier Basiliken aus, die zusammen ein Kreuz bildeten. Um einen Zentralbau – das Oktogon – versammelten sich gleich vier Basiliken. Sie bildeten mit ihrer Kreuzesform natürlich auch wieder einen Zentralbau, griffen dabei aber auf bekannte Formen zurück.

Es ist verlockend, hier den Ursprung der Kreuzkuppelkirche finden zu wollen. Doch könnte auch die Apostelkirche in Konstantinopel das entscheidende Vorbild gewesen sein. Man weiß es nicht und kann lediglich feststellen, dass sich im Kirchenbau parallel die Basilika und der Zentralbau entwickelten, die funktional nicht gebunden waren. Erst später wurde im Westen die basilikale Form bevorzugt, während im Osten mit der Kreuzkuppelkirche seit Ende des 8. Jahrhunderts eine neue Form ausgebildet wurde, die weite Verbreitung fand. Jetzt erst kann von der Differenzierung gesprochen werden, die im Grundriss das lateinische beziehungsweise das griechische Kreuz zugrunde legt und damit den Symbolcharakter besitzt, der ihm im Frühchristentum noch nicht zu Eigen ist. Die Kreuzkuppelkirche war auch Voraussetzung für das Dekorationssystem, das in nachikonoklastischer Zeit verpflichtend wurde, sei es in Mosaik oder als Malerei.

Hier liegt einer der gravierenden Unterschiede zwischen West und Ost: Während die lateinische Basilika auf Außenwirkung bedacht ist, sind die byzantinischen Kirchen im Außenbau kaum beeindruckend. Der Eindruck ihrer Größe entfaltet sich erst im Innern, vor allem, wenn für die Ausstattung das teure Goldmosaik gewählt wurde.

In spätbyzantinischer Zeit war das Reich aufgesplittert in viele kleine, relativ autonome Fürstentümer, was sich auch in der Architektur zeigte. Nun gab es keine klar vorgegebenen Richtlinien mehr, der Einfluss der Franken, also der westlichen Länder, machte sich durch die Kreuzritter bemerkbar, der der Türken durch die Nachbarschaft, in der jetzt die Byzantiner an vielen Stellen Kleinasiens lebten, oft als Enklaven oder sogar bereits unter türkisch-osmanischer Herrschaft stehend.

Skulptur

Der Übergang von Spätantike zu Frühchristentum lässt sich vielleicht am besten in der Skulptur greifen und zwar vor allem bei den figürlichen Sarkophagen. Voraussetzung dafür war, dass sich im zweiten nachchristlichen Jahrhundert das römische Bestattungswesen änderte. Bislang waren die Toten verbrannt und in Urnen beigesetzt worden, nun wurde die Erdbestattung vorgezogen. Die Gründe dafür sind noch nicht bekannt, die Folge war eine größere Anfertigung von Sarkophagen.

Die meisten Menschen ließen sich in einfachen Erdgräbern bestatten, die mit Ziegeln abgedeckt wurden. Wohlhabendere Römer leisteten sich Mausoleen, in denen gemauerte Steinkisten standen oder aber – noch prächtiger – mit figürlichen Reliefs verzierte Sarkophage.

Für die Christen war aufgrund des Glaubens Erdbestattung eine feste Bedingung. Und für sie galt dasselbe wie für die andersgläubigen Römer: Die meisten erhielten einfache Erdgräber, wenige wohlhabende Christen gaben Sarkophage in Auftrag. In der frühen Zeit ist es schwer, diese christlichen Grabstätten zu identifizieren, da sie weder ein eindeutiges Bildprogramm besitzen noch die Inschriften so formuliert sind, dass man sie sicher bestimmen kann. Denn Formeln wie »… wurde bei Gott aufgenommen« kommen auch schon in antiker Zeit vor. Sie wurden zwar von den Christen übernommen, aber ohne andere Hinweise können diese wenigen Worte keinen Aufschluss über den Glauben des Verstorbenen geben. Ebenso schwierig ist es, *Schafträger* oder Fischer immer christlich zu interpretieren, da sie in der Antike zur bukolisch-maritimen Symbolik dazugehörten (vgl. Materialien, Text 3).

Sie wurden in die christlichen Darstellungsweisen integriert und als *Guter Hirte* beziehungsweise *Menschenfischer* uminterpretiert. Das hatte zur Folge, dass die Forschung über lange Zeit in jedem *Schafträger* in den römischen Katakomben den *Guten Hirten* erkannte. So kam es zu der irrtümlichen Annahme, dass schon bald nach der Christianisierung erste christliche Malereien in den römischen Katakomben ausgeführt worden wären und auch auf den Sarkophagen zahllose christliche Darstellungen zu finden seien.

Doch erst nach der Mitte des 3. Jahrhunderts können etliche dieser figürlichen Reliefs eindeutig identifiziert werden, entweder weil auf ihnen das Chi Ro-Monogramm angebracht ist, oder weil eine ganze biblische Geschichte erzählt wird wie auf dem Sarkophag des Junius Bassus.

In der Kleinkunst wurde das *Konsulardiptychon* übernommen und in den sakralen Bereich übertragen wie zum Beispiel das Konstantinopler Elfenbeindiptychon, das Christus und Maria zeigt, um 550 entstand und heute in den Berliner Museen aufbewahrt wird. Die Elfenbeindiptychen waren in der Spätantike kostbare Umhüllungen für

Urkunden oder Schreibtafeln. Auf den Innenseiten waren die beiden geschnitzten Elfenbeindeckel mit Wachs überzogen, in das man hineinritzen konnte. Außen war meist der Gebende in Relief dargestellt. Die Tafeln unterschieden sich in dem Bild nicht oder kaum. Diese Diptychen wurden bei Amtseinführungen hoher Persönlichkeiten in großen Mengen hergestellt und an andere hohe Würdenträger verteilt. Die deshalb so genannten *Konsulardiptychen* wurden oft später in liturgischen Zusammenhängen wieder verwendet, wodurch sich etliche erhalten haben. Bald aber verwendete man sie auch mit christlichen Motiven wie das oben erwähnte Berliner Diptychon. Eine Mischform waren die Diptychen, die weiterhin Zeichen imperialer Macht darstellten, gleichzeitig aber auch Hinweise auf die Gläubigkeit des Besitzers enthielten.

In spätantiker Zeit wurde für diese Diptychen und Pyxiden (Dosen) eine große Menge Elfenbein aus Indien und Afrika importiert. Behauptungen, wonach der afrikanische Elefant dickere Stoßzähne habe als der indische, sind inzwischen als haltlos erkannt worden. Die Größe der Zähne variiert aber, wodurch die Dosen (Pyxiden) unterschiedliche Durchmesser haben können. Sie wurden aus dem hohlen Teil der Zähne hergestellt, der massive hingegen konnte schräg geschnitten werden, wodurch man größere Teile erhielt. Dennoch sind Tafeln wie das so genannte *Barberini-Dyptichon* (s. Abbildung S. 139) aus fünf Teilfeldern zusammengesetzt, weil sie insgesamt jedes Elefantenzahnmaß überschreiten.

Relief und Kleinkunst finden sich auch in der späteren byzantinischen Zeit, Großplastiken jedoch nicht, sei es, weil es sie wirklich nicht gegeben hat, sei es, weil diese nun für die Türken den größten Frevel darstellten und zerstört wurden. Im Unterschied zu kleinen Plastiken konnte man diese ja auch nicht verstecken. In den byzantinischen Kirchen nicht nur der Frühzeit haben sich zwar auf Kapitellen oder über die ganze Säule verteilt kunstvolle skulptierte Ornamente erhalten, aber keine Figuren aus Stein. Ausnahmen sind die Bauplastik an armenischen Kirchen wie derjenigen von Aght'amar im Vansee, im Gebiet der heutigen Osttürkei gelegen. Diese Bauplastik ist durchaus mit der westlichen vergleichbar. Die relativ wenigen rundplastischen Figuren mögen eine Folge des Bilderstreits gewesen sein oder aber Ausdruck der Abgrenzung von der Antike. Das lässt sich heute nicht mehr nachvollziehen. Denkbar sind beide Möglichkeiten.

Mosaik

Die Geschichte des Mosaiks ist sehr alt. Erste Funde sind aus Mesopotamien bekannt. Im Frühchristentum und vor allem in Byzanz wurde jedoch die römische Spielart des Mosaiks weiterentwickelt. Die Römer hatten begonnen, Bilder aus kleinen zurechtgeschnittenen Marmorsteinen, so genannten *Tesserae*, zu legen. Mit der Zeit wurden diese Steine dann noch kleiner. Und so unterscheidet man zwischen dem *Opus tesselatum*, das aus größeren, würfelförmig geschnittenen Steinen besteht und dem *Opus vermiculatum*, bei dem die Steine kleiner sind und sich vor allem durch verschiedene Formen für differenziertere Bildgestaltungen eignen. Bei ihnen konnten bis zu 30 Steinchen (oder »Würmchen«) auf einem Quadratzentimeter Platz finden. Bald wurden auch andere Materialien wie Perlmutter, glasierter Ton und später dann auch verschiedenfarbige Glassteinchen verwendet. Die Steine wurden entweder direkt in den Kitt gedrückt oder aber mit der vorderen Seite nach unten auf Leinwände vormontiert und dann komplett an die Wand oder auf den Fußboden gebracht. Letztere Technik war vor allem bei kleinen Einzelbildern üblich, die sich dann zu einer größeren Gesamtkomposition fügten.

In frühchristlicher Zeit wurde das Fußbodenmosaik im sakralen Bereich bald vollständig vom Wand- und Gewölbemosaik abgelöst. Jetzt wurde vor allem mit Glasmosaiken gearbeitet, bei denen größere Farbnuancen möglich waren. Zu den Goldtesserae, bei denen in das Glas Blattgold eingeschmolzen wurde, kamen die Silbertesserae hinzu, die auf dem Gold eine enorme Leuchtkraft besaßen.

Die Mosaiken der *Hagia Sophia* aus justinianischer Zeit wurden teilweise so schräg eingesetzt, dass sie das Licht reflektieren konnten und dadurch die dunkleren Partien der Kirche beleuchteten. Allein die damaligen Mosaiken in Kuppeln und Gewölben bestanden – ohne die andersfarbigen mitzuzählen – aus etwa einhundertfünfzig Millionen Goldtesserae mit einem Gesamtgewicht von tausend Tonnen.

Bereits früh erkannte man die Möglichkeit, Glas und Naturstein miteinander zu verwenden, um eine noch bessere Farbnuancierung zu erhalten. Dieses Verfahren, das vor allem bei der Modulierung der Gesichter verwendet wurde, blieb die gesamte byzantinische Zeit über bestehen.

Die Mosaikikone besteht aus noch kleineren Steinchen. Hier sind es aber vor allem edle Steine wie Lapislazuli oder Malachit, außerdem verschiedene Marmorsorten und weniger Glastesserae, die nicht in feinen Mörtel, sondern in eine Mischung aus Harz und Wachs gedrückt werden, die auf ein Stück Holz aufgetragen wurde, das durch einen Rahmen begrenzt ist.

Wandmalerei

Alternativ zur Mosaikkunst stattete man in Frühchristentum und Byzanz Kirchen mit Wandmalereien aus, die häufig, aber nicht immer, in Freskotechnik ausgeführt wurden. Das heißt, die Farbe wird auf den nassen (al fresco) Putz gemalt, wodurch sich Farbe und Putz verbinden und die Farbe nicht abblättern kann wie bei der al-secco-Methode, bei der die Farbe auf den abgebundenen Putz aufgetragen wird. Doch sind die Fresken nicht so beständig wie das Mosaik. Hinzu kommt, dass die Moslems die Mosaiken oft einfach unter Putz und Farbe verbargen, die Wandmalereien jedoch mit der Spitzhacke traktierten, damit der Putz darauf hielt. Dadurch konnten zwar etliche Wandmalereien wieder freigelegt werden, sie sind allerdings durch diese regelmäßigen Löcher stark versehrt.

Wandmalereien sind sehr viel billiger, da das Material nicht so kostspielig ist und auch für die Ausführung weniger Zeit benötigt wird. Und so wurden sehr viel mehr Kirchen mit Wandmalereien ausgestattet als mit Mosaiken. Dennoch werden bei den Werkbeispielen mehr Mosaikausstattungen als Wandmalereien behandelt, weil Innovationen meist in den wohlhabenderen Zentren stattfanden und dort wieder genug Geld vorhanden war, um die haltbarere Mosaikausstattung zahlen zu können.

Ikonen

Ikonen, auf Holz gemalte Heiligenbilder, werden eher mit Russland als mit Byzanz assoziiert, denn von dort aus wurden im 19. Jahrhundert die ersten Ikonen in den Westen importiert, als wertvolles Kunst- nicht als Kultobjekt. Gleichzeitig begannen sich auch die Wissenschaftler in West und Ost mit der Geschichte der Ikone zu beschäftigen und stießen dabei zwangsläufig auf Byzanz. Doch erst der Zufallsfund im *Katharinenkloster* auf dem Sinai 1950, der anfänglich ›nur‹ zweihundert, später etwa dreitausend Ikonen zutage brachte, ermöglichte es, mehr Klarheit über die Geschichte der Ikonenmalerei zu gewinnen. Andererseits belegt der Fund in diesem abgelegenen Kloster, das nie zerstört wurde, dessen Umfassungsmauern noch aus der Zeit Justinians stammen, dessen trockenes und warmes Klima zum Erhalt der Malereien auf Holz beigetragen hat und immer noch trägt, wie groß der Verlust sein muss, wie viele Ikonen früher in den verschiedenen Klöstern angefertigt, in Auftrag gegeben, aufbewahrt und verehrt worden sind.

Das Wort ›Ikone‹ stammt aus dem Griechischen. ›Eikon‹ heißt ›Bild‹, ›Abbild‹, ›Bildnis‹. In der Ostkirche wurde es zum Begriff für das Kultbild, sei es gemalt, als Mosaik, gewirkt, skulptiert, aus Glasfluss, in Metall getrieben. Die Ikone musste auch nicht beweglich sein, sondern konnte genauso gut mit der Architektur eine Einheit bilden wie zum Beispiel in den Dekorationssystemen mittelbyzantinischer Kirchen.

Vorläufer der Ikone ist wohl das römisch-ägyptische Mumienporträt oder Totenbild. Zum Gedächtnis an den Toten oder die Tote wurde es in einer Enkaustik genannten Wachs-Tempera-Malerei meist auf den Sarg, also auf Holz gemalt. Erhalten haben sich diese Porträts lediglich im trockenen Klima Ägyptens, deshalb ist das Wissen über die Verbreitung dieser Malerei nicht sehr groß. Die Porträts, die ein authentisches Bild der Toten überlieferten, hielten die Erinnerung an sie wach, waren also eine Memorie. Ebenso lebten die Heiligen, die auf den Ikonen dargestellt sind, in ihren Bildern, sie repräsentierten den Heiligen selbst, waren also von sich aus im Stande, dem Anbetenden zu helfen. Christus, Maria, die wichtigsten Heiligen wie Petrus, Paulus oder Johannes der Täufer waren an ihrer Physiognomie zu erkennen, die anderen wurden durch ihre beigefügten Namen kenntlich gemacht.

Doch die frühen Ikonen standen nicht nur in der Tradition der Totenbilder, sondern auch in der der Götterbilder und Herrscherporträts. Das ließ einerseits die Möglichkeit der unterschiedlichen Erscheinungsformen, also auch der oben erwähnten Materialien zu, andererseits rief ihre Existenz deshalb bei den Christen, für die nicht Tradition, sondern Erneuerung im Vordergrund stand, Ablehnung hervor. Die Übernahme von Bildformulierungen, die an die alten Götter erinnerten, ist wohl auch eine Ursache, weshalb der Bilderstreit Breitenwirkung haben konnte.

Nach dem Bilderstreit erhielt die Ikone ihren festen Platz in der Kirche. Sie gehörte mit zum Dekorationssystem, bildete aber auch mit dem später Ikonostas genannten Templum die Abschrankung zum Allerheiligsten und war gleichzeitig darüber hinaus Objekt individueller Verehrung. Jetzt war sie zum Kultbild geworden. Und jetzt wurde sie auch zum Abbild der- oder desjenigen Heiligen, den sie darstellte.

Spätestens damals wurden verbindliche Typen festgelegt, die meisten von ihnen waren in der Frühzeit des christlichen Bildkultes entwickelt worden, oft sind die Prototypen verloren gegangen. So wissen wir, dass es eine Darstellung Christi gegeben haben muss, mit Bart und länglichem Gesicht, auf die sich bereits Bilder wie die Sinai-Ikone aus dem 6. oder 7. Jahrhundert beziehen (s. Abbildung S. 211). Und so sind nicht nur Christus und Maria, sondern auch die bekanntesten Heiligen an ihrer Physiognomie zu erkennen. Sie brauchen keine Attribute oder gar Beischriften. Sie verändern über Jahrhunderte ihr Aussehen nicht und werden so zu Vertrauten.

In der Folgezeit verlor die Ikone dann auch die Unnahbarkeit, die Heiligen nahmen menschlichere Züge an, das Narrative trat immer stärker in den Vordergrund. 1453 hatte mit dem Fall der Mauern von Konstantinopel die Entwicklung ein Ende, obwohl auf Kreta eine große Schule der Ikonenmalerei weiter existierte ebenso wie auf dem Berg Athos. Mit dem Ende des byzantinischen Reiches war auch die Entwicklung seiner Kunst abgeschlossen, auch wenn der orthodoxe Glauben in vielen Ländern bis heute Bestand hat.

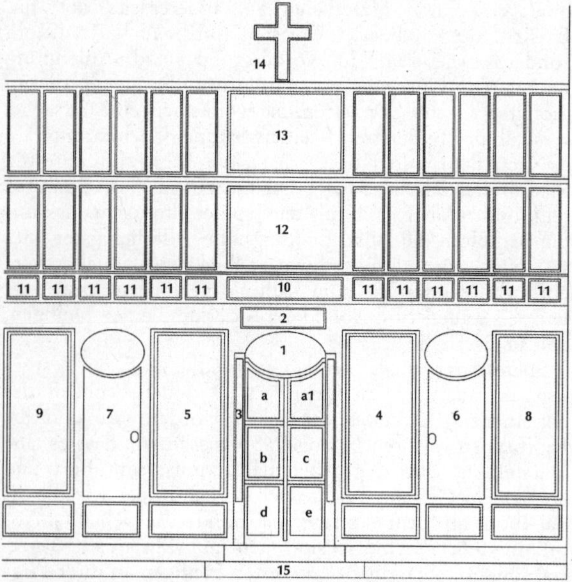

Schema einer Ikonostasis

1 Königstür: a Verkündigungsengel; a1 Gottesmutter; b Evangelist Johannes; c Evangelist Matthäus; d Evangelist Markus; e Evangelist Lukas – 2 Abendmahl – 3 Chrysostomus – 4 Christus der Weltenherr – 5 Gottesmutter mit Kind – 6/7 Heilige Engel oder Diakone – 8/9 Andere Heilige (Patrone) – 10 Deesis: Christus, von fürbittenden Heiligen umgeben – 11 Die Hochfeste des Kirchenjahres – 12 Alttestamentliche Propheten umgeben die Mutter »des Zeichens« (Jes 7,14) – 13 Die alttestamentlichen Erzväter umgeben die Dreifaltigkeit, wie sie in der Gestalt der drei Engel bei Abraham erschienen ist – 14 Gemaltes Kreuz – 15 Ambo

Die Konservierung alter Traditionen hatte schließlich auch zur Folge, diese festhalten zu wollen. Und aus diesem Geist heraus ist wahrscheinlich das berühmte *Malerbuch vom Berg Athos* entstanden, das nicht, wie Adolphe Napoléon Didron vermutete, als es ihm 1839 überreicht wurde und für ihn eine Offenbarung darstellte, byzantinischen Ursprungs war, sondern erst aus dem 18. Jahrhundert stammte. Dieser Fund und seine Interpretation (vgl. Materialien, Text 15) hat lange zu einem falschen Bild der byzantinischen Kunst beigetragen.

Wie sehr sich die Ikone aus der antiken Tradition heraus entwickelt hat, zeigt das Beispiel der Marienverehrung, die nahtlos an die antike Verehrung von Göttermutter und Gottesgebärerin anknüpft. So kann die Darstellung der *Maria mit Kind* auf frühen Ikonen direkt mit *Isis*-Darstellungen verglichen werden, wie sie sich in Ägypten erhalten haben.

Andererseits ist die Entwicklung des europäischen Tafelbildes seit dem 13. Jahrhundert ohne die Ikone nicht denkbar. Erste italienische Beispiele können direkt mit zeitgleichen Ikonen verglichen werden. Und die Forschung ist sich bis heute nicht einig darüber, ob die ersten italienischen Tafelbilder vielleicht sogar von byzantinischen Künstlern gemalt wurden. Giotto steht jedenfalls für die Überwindung der *maniera greca*, dem Stil, in dem Giottos Lehrer Cimabue (das berichtet zumindest Giorgio Vasari) noch gemalt hatte.

Ein anderer Weg führt – wie bereits erwähnt – von der Ikone in Russland zur abstrakten Kunst. Anfang des 20. Jahrhunderts suchten Künstlerinnen und Künstler im vorrevolutionären Russland nach Möglichkeiten, sich von der europäischen Orientierung weg auf eigene Traditionen zu besinnen, dabei aber etwas zu schaffen, das einer neuen Gesellschaft dienen könne. So malte Kasimir Malewitsch 1914/15 das *Schwarze Quadrat*, hängte es bei seiner ersten Präsentation 1915 in die Ecke eines Raumes oben unter die Decke, also genau dahin, wo in jedem Haus in Russland die Ikone hing und nannte es die »nackte, ungerahmte Ikone meiner Zeit«. Und Natalia Gontscharowa benannte als Inspirationsquelle ihrer Kunst Byzanz.

Die Ikone ist also nicht nur aus Traditionen entstanden, die übernommen und ins Christentum integriert wurden, sondern auch sie hat wieder Traditionen geschaffen, die die abendländische Kultur maßgeblich beeinflusst haben. Der Westen entwickelte aus ihr das Tafelbild, aus dem unsere Bilderkultur bis hin zum profanen Leinwandbild entstanden ist. Dann aber war es wiederum die Ikone, die den Anstoß gab, eben dieses Leinwandbild mit seiner Darstellung der inszenierten Wirklichkeit durch das gegenstandslose Bild abzulösen.

Exkurs: Das mittelbyzantinische Dekorationssystem – ein Gesamtkunstwerk

Die Macht der Bilder ist ein Thema, das die Geschichte der Kunst zu allen Zeiten betrifft. Dieser Macht waren sich auch Ikonoklasten wie Ikonodulen gleichermaßen bewusst, weshalb es überhaupt zu dem Streit über die Bilder kommen konnte. Nach seinem Ende mussten nun aber die Ikonodulen dem Bild seinen Platz innerhalb der Liturgie zuweisen. Die Verehrung von Christus, Maria und den Heiligen im Bild blieb nicht nur auf die Ikonen beschränkt, sondern schloss auch ein Gesamtprogramm mit ein, das einen bestimmten Kirchentypus, die Kreuzkuppelkirche, voraussetzte. Insofern wurde die Einheit von Kirche und Ausstattung zum Gesamtkunstwerk, sei die Ausstattung gemalt oder in Marmor und Mosaik ausgeführt. Letzteres war natürlich kostspieliger, hatte aber auch größere Chancen, die Zeit zu überdauern. Drei Kirchen in Griechenland haben sich erhalten, deren Ausstat-

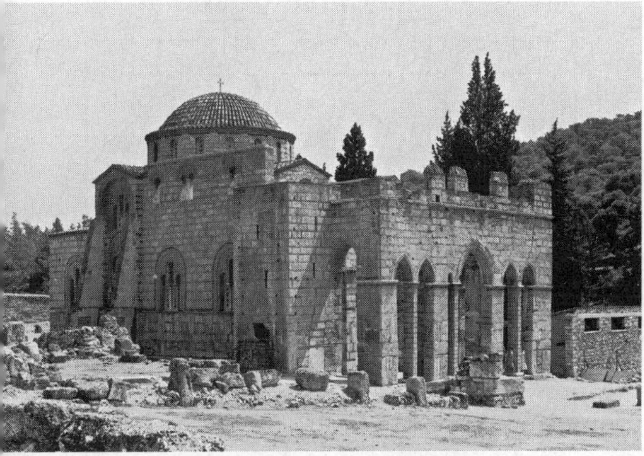

Daphni, Klosterkirche (um 1080)
Außenansicht
Foto: Susanna Partsch, München

tung zu großen Teilen intakt geblieben ist. Bei ihnen ist ein übergeordnetes System erkennbar, das in Details voneinander abweichen kann, im Prinzip aber mehr Konstante als Variable aufweist. Es handelt sich um die Kirche *Hosios Lukas* bei Delphi (um 1025), die *Nea Moni* auf Chios (um 1050) und *Daphni* (um 1080) am Stadtrand von Athen.

Das Kreuz der Kuppelkirche ist weder im Grundriss noch im Außenbau zu erkennen, denn das Kreuz ist in ein Quadrat eingeschrieben, zu dem noch eine Vorhalle hinzukommt. Die Außenmauern der Kirchen bilden ein Längsrechteck, der eigentliche Kirchenraum jedoch das Quadrat. Hinter der meist kreuzgewölbten Vorhalle, dem

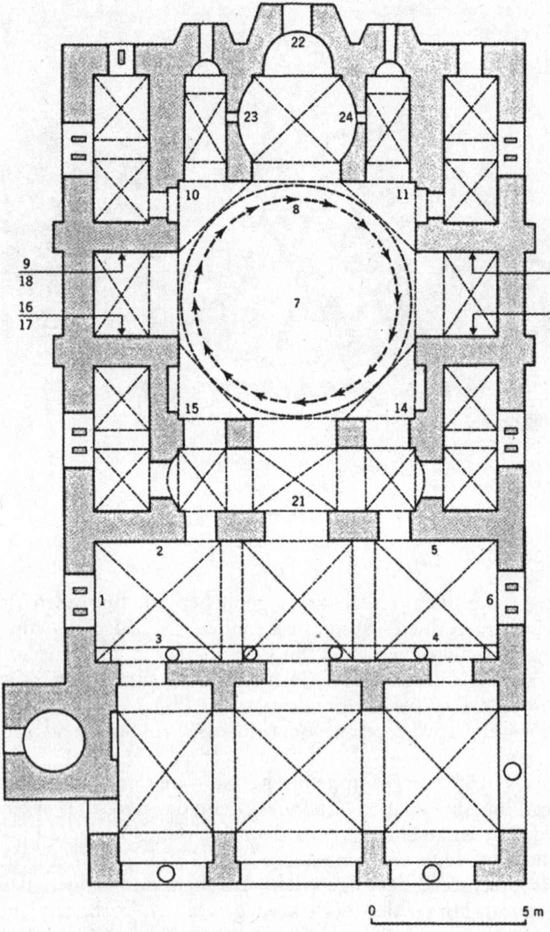
22
23
24
10
8
11
9
18
12
19
16
17
7
13
20
15
14
21
2
5
1
6
3
4
0
5 m

Narthex (es können auch zwei sein, Exonarthex und Endonarthex), wird der Kirchenraum von einer Kuppel dominiert, die meist auf vier Pfeilern (oder Säulen) ruht. Trompen oder Pendentifs in der Gewölbezone leiten über zu den tragenden Wänden. Apsis, Lünetten, Trompen und manchmal weitere Kuppeln, meist aber Kreuzgratgewölbe, bilden die Gewölbezone, in der das Kreuz erfahrbar wird. Die Wandzonen darunter öffnen sich meist in Arkaden und ergänzen den kreuzförmigen Hauptraum durch Nebenräume.

Der strenge Aufbau des Raums korrespondiert mit der programmatischen Anlage der Dekoration: In der Kuppel befindet sich das Bild Christi als Weltenherrscher, der *Pantokrator.* Nur noch in *Daphni* erhalten, sieht man Kopf, Oberkörper und seine Hände. Die linke hält die Bibel umfangen, die rechte hat er in einem (noch) unbestimmten Gestus erhoben. Christus blickt quasi ›von oben‹ aus dem Himmel in die Kirche hinein. Unter ihm, noch in der Kuppel, zwischen den Fenstern, sind Propheten aufgereiht, der himmlische Hofstaat, der ihn begleitet. Die Fenster in der Kuppel bilden eine Lichtschranke, die zusammen mit dem Goldgrund den Eindruck erweckt, als würde die Kuppel über der Kirche schweben. Das wichtigste an der Erscheinung des Pantokrators in der zu

---

Daphni, Klosterkirche (um 1080)
Grundriss

Mosaiken: 1 Fußwaschung, 2 Letztes Abendmahl, 3 Verrat durch Judas, 4 Gebet von Joachim und Anna, 5 Darstellung der Theotokos im Tempel, 6 Priestersegen, 7 Pantokrator, 8 Propheten, 9 Geburt der Jungfrau Maria, 10 Verkündigung, 11 Geburt, 12 Anbetung Christi durch die Weisen, 13 Darstellung im Tempel, 14 Taufe, 15 Verklärung, 16 Auferweckung des Lazarus, 17 Einzug in Jerusalem, 18 Kreuzigung, 19 Anastasis, 20 Der ungläubige Thomas, 21 Entschlafen der Theotokos, 22 Theotokos, 23 Erzengel Michael, 24 Erzengel Gabriel

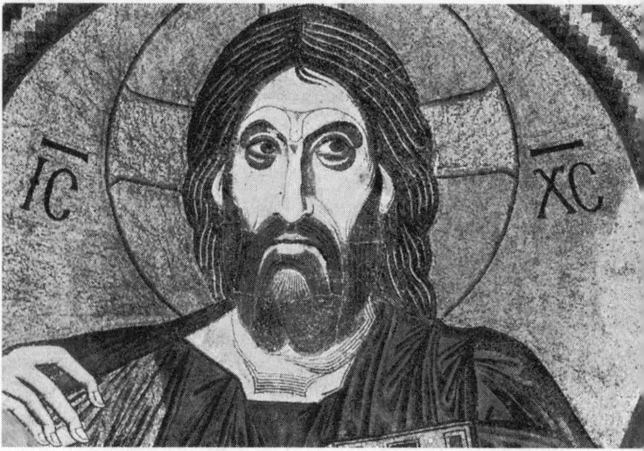

Daphni, Pantokrator (um 1080)
Foto: Susanna Partsch, München

schweben scheinenden Kuppel sind jedoch die Augen dieses Gottes, die den Besucher in jeden Winkel der Kirche verfolgen, nie ist er unbeobachtet. Der Glaube, dass Gott alles sieht, ist hier bildlich so hervorragend umgesetzt, dass auch der heutige aufgeklärte Besucher sich der von ihm ausgehenden Suggestivkraft nicht entziehen kann.

In die Apsis gehört die Gottesgebärerin, die *Theotokos*, Maria mit dem Kind auf dem Schoß. Im Unterschied zu dem göttlichen Christus in der Hauptkuppel wird damit an die Menschwerdung des Gottessohns erinnert. Manchmal befindet sich im östlichen Kreuzarm – und damit über der Apsis – noch eine weitere Kuppel, in der alternativ Himmelfahrt oder Pfingsten dargestellt sein können, also eine Szene, die vom Gottessohn auf Erden zum himmlischen Gott überleitet. In der Gewölbezone befinden sich die weiteren ›Festtagsbilder‹, besondere Szenen aus dem Leben Jesu.

Um die Kuppel mit dem göttlichen *Pantokrator* sind die Bilder angeordnet, die die Menschwerdung Christi betonen, also Verkündigung, Geburt, Anbetung der Magier und Präsentation im Tempel. Die Szenen der Passion sind häufig im Narthex dargestellt, da hier die Toten aufgebahrt und die Totenmessen gelesen werden. An der Stelle, wo die rituelle Fußwaschung stattfindet, ist sie oft auch als Bild zu sehen. Die wichtigsten Passionsbilder können aber auch, wie in Daphni, im Hauptraum angeordnet sein, dann allerdings in den begleitenden Kreuzarmen. Dort befinden sich an prominenter Stelle, auf der Ostwand des Nord- bzw. Südarms die Kreuzigung und die *Anastasis*. Die Fußwaschung ist dagegen wieder im Narthex dargestellt.

Nicht nur *Pantokrator* und *Theotokos*, auch die Festtagsbilder haben einen goldenen Hintergrund, denn die Geschichten aus dem Leben Christi sind göttliche Geschichten, mit einem himmlischen Anteil, auch wenn sie sich einstmals auf Erden ereignet haben. Ebenso sind die unterhalb der Festtagsbilder dargestellten Heiligen noch der himmlischen Zone zuzurechnen, auch wenn sie sich soweit nach unten begeben haben, dass die Menschen mit ihnen kommunizieren können. Die Sockelzone ist mit Marmor verkleidet – oder sollte es wenigstens sein. Doch die Marmorplatten wurden häufig entfernt und an anderer Stelle verwendet. Nur in *Hosios Lukas* hat sich die Marmorverkleidung noch erhalten.

Die durch das Dekorationssystem beschworene göttliche Hierarchie entsprach der in Byzanz bestehenden Staatshierarchie. An ihrer Spitze stand der Kaiser, vergleichbar mit dem *Pantokrator* in der Kuppel. Der Kaiser sah alles, allerdings nicht durch übermenschliche Fähigkeiten, sondern Dank seines gut funktionierenden Beamtenapparats. Die hohen Beamten sind den Propheten und

Aposteln vergleichbar, die niedrigeren den Heiligen, die, Ikonen gleich, in den Kirchen relativ weit unten dargestellt waren. Das zu regierende Volk und die Gläubigen standen auf einer Stufe, sie waren ja identisch. Und ebenso wie sie sich in ihrer Verzweiflung an einen Heiligen wenden konnten, der das Gebet dann weitergab, konnten sie bei den kleineren Beamten Beschwerden vorbringen, die diese dann im günstigen Fall an die höheren Beamten weiterleiteten.

Wichtige Fürbitter für die Menschheit, die in keinem Ausstattungsprogramm der Kirchen fehlen durften, waren Maria und Johannes der Täufer. Rechts und links vom *Pantokrator* dargestellt, meist als Büsten oder Halbfiguren, werden sie die *Deesis* genannt. Doch auch sie konnten nicht direkt angesprochen werden, der Weg zu ihnen führte über die Vermittlung der Heiligen.

Einmal ausgebildet, hielt sich dieses Dekorationsprogramm, wobei je nach Patrozinium die Schwerpunkte wechselten. In späterer Zeit kamen mehr Szenen hinzu, die Zyklen waren nicht mehr ganz so hierarchisch aufgebaut und erhielten einen erzählenderen Charakter. Die Mariengeschichte wurde um Szenen erweitert dargestellt oder im Narthex die Geschichte des Heiligen gezeigt, dem die Kirche geweiht war. Doch trotz all dieser Differenzierungen war der ausgearbeitete Kanon Grundlage für die Kirchenausstattung, eine dem westlichen Denken fremde Struktur, die nicht Innovation, sondern Kontinuität zum Ziel hatte.

Buchmalerei

Das gebundene Buch, wie wir es kennen, ist eine relativ junge Erfindung. Man schrieb auf Ton- oder Wachstafeln, auf Einzelblätter und seit dem 2. Jahrtausend v. Chr. auf Buchrollen (*Volumen*), die aus zusammengeklebten Blättern aus Papyrus bestanden. Im 2. Jahrhundert v. Chr. kam das haltbarere Pergament hinzu. Dieses Material aus ungegerbten Tierhäuten (Schafe, Ziegen, Kälber) trat seinen Siegeszug von der an der kleinasiatischen Küste gelegenen antiken Stadt Pergamon aus an, von der sich der Name ableitet. Doch auch das Pergament wurde erst einmal zu Rollen zusammengeklebt.

Wohl kurz nach der Zeitenwende begann man, das Pergament in viereckige Blätter zu schneiden, zu binden und zum Schutz mit zwei Deckeln aus Holz zu versehen. So entstand der Name *Codex* (gespaltenes Holz) und der deutsche Name *Buch* (Buche). Dieses zwischen Holzdeckel gebundene Buch war vor allem während der Liturgie sehr viel einfacher zu handhaben als die Rolle. Denn um ein *Volumen* zu lesen, benötigt man beide Hände, das Buch kann aufgeschlagen auf einem Tisch oder Pult liegen.

Bei den Rollen wurde der fortlaufende Text unterbrochen, wenn Illustrationen hinzugefügt wurden. In den gebundenen Büchern konnte auf der einen Seite der Text stehen, auf der anderen das Bild oder Text und Bild auf einer Seite. So hat sich die Buchmalerei erst nach Aufkommen des gebundenen Buches richtig entwickelt. Auch die Holzdeckel konnten prächtig ausgestaltet, mit edlem Metall beschlagen und mit Edelsteinen verziert werden.

Die frühesten uns bekannten frühchristlichen oder byzantinischen Buchmalereien stammen aus dem 6. Jahrhundert. Sie werden meist nach ihrem Aufbewahrungsort benannt. Die zu großen Teilen 1731 durch ein Feuer zerstörte *Cotton-Genesis*, die vielleicht bereits Ende des 5. Jahrhunderts in Alexandria entstanden ist, war seit 1611 Bestandteil der großen Sammlung von Sir Robert Cotton (London, British Library, Cotton MS Otho B. IV). Die *Wiener Genesis* befindet sich seit dem 17. Jahrhundert in der kaiserlichen Hofbibliothek in Wien (Österreichische Nationalbibliothek, Cod. Vondob. theol. graec. 31) und der *Codex Purpureus Rossanensis*, ein Evangeliar des 6. Jahrhunderts aus Konstantinopel oder Antiochia, wird im erzbischöflichen Museum von Rossano (Kalabrien) aufbewahrt. Das *Rabula-Evangeliar*, heute in Florenz (Biblioteca Laurenziana, Cod.Plut.I, 56), wurde 586 von einem Mönch Rabula im heute von der Lage her unauffindbaren syrischen Kloster Zagba geschrieben. In ihm sind die Anfänge der Evangelienkonkordanzen mit Porträts der Evangelisten illustriert.

Zwischen Antike und Christentum steht eine Handschrift, die sich heute ebenfalls in Wien befindet (Österreichische Nationalbibliothek, Cod. med. gr. I). Sie kann um 512 datiert werden, da durch eine Widmungsinschrift die Stifterin, Prinzessin Juliana Anicia, bekannt ist. Die Nichte Valentinians III. gehörte durch ihre Abstammung noch dem alten Römischen Reich an, aufgrund ihrer Heirat jedoch zum regierenden Adel Konstantinopels. Diese Ambivalenz war damals gang und gäbe und spiegelte sich auch in der Kunst wieder. Das Buch, das die Prinzessin in Auftrag gegeben hatte, diente weder der Erbauung noch zeugte es von Frömmigkeit. Es war ein wissenschaftliches Werk mit dem Titel *De Materia Medica*, wobei es sich um das medizinische Pflanzenbuch des Arztes Dioskurides handelt, das dieser im 1. Jahrhundert nach Christus verfasst hatte. Dem Text vorangestellt sind mehrere Bildseiten, von denen vor allem das Widmungsbild (fol. 6) die künstlerische Gratwanderung zwischen Antike und Christentum zeigt. Farbgebung und Behandlung der Figuren stehen noch ganz in antiker Tradition, die Rahmung hingegen mit ihren geometrischen, abstrahierten Formen zeigt den Einfluss der christlich geprägten Neuerungen. Das Autorenbild (fol. 4) zeigt noch einmal deutlich den nahtlosen Übergang von den seit frühhellenistischer Zeit üblichen Darstellungen des Autors zu den Evangelistenporträts, die von Beginn an in der christlichen Buchmalerei zu finden sind.

Abgesehen von den wenigen frühen Buchmalereien ist aus späterer Zeit eine große Produktion von Miniaturen zu verzeichnen. Denn der christliche Glaube basiert auf dem Wort (Joh 1,1: »Am Anfang war das Wort, und das Wort war bei Gott, und Gott war das Wort.«) und damit auf dem Buch. Das Buch war integriert in die Liturgie, wobei es sich nicht um einen Buchtyp handelte, sondern um mehrere. Je nach ihrer Verwendung waren sie sehr unterschiedlich ausgestattet. Die schmucklosen Gebetshefte und -rollen hatten rein funktionalen Charakter. In den Evangeliaren sind die Berichte aus den vier Evangelien nach dem Kirchenjahr angeordnet. Sie gelten auch als sakrale Objekte, da sie das Wort Gottes überliefern. Sie werden bei Prozessionen mitgeführt, weshalb sie meist kostbare Einbände besitzen. Sie sind zumindest mit den Evangelistenporträts ausgestattet, häufig aber auch mit anderen Miniaturen, die das Leben und Wirken Jesu darstellen. Hinzu kommen Chorbücher, Psalterien und Homiliare, um nur einige weitere Buchtypen zu nennen. Je nach ihrem Gebrauch können sie mehr oder weniger prächtig verziert sein.

In der Buchmalerei spiegelt sich einmal mehr die byzantinische Kunst, wobei hier häufiger als bei Mosaiken, Wandmalereien oder Ikonen der erzählerische Charakter zum Ausdruck kommt.

WERKBEISPIELE

Architektur

Die *Hagia Sophia* – Zentrum von Staat, Religion und Kunst

Die *Hagia Sophia* in Konstantinopel ist *die* Kirche, die den byzantinischen Staat und seine Religion repräsentiert hat. Der Westen kennt keinen vergleichbaren Raum, der so eng mit der Geschichte des Staates verknüpft ist und darüber hinaus weiter bestehen konnte, als der Staat nicht mehr existierte. Denn die Eroberer übernahmen nicht nur die Stadt, sondern wandelten auch die Hauptkirche in eine Moschee um. Und damit wurde sie auch noch Vorbild für den weiteren Moscheenbau in der Türkei. Erst seit 1934 ist die *Hagia Sophia* Museum und für Gläubige und Nichtgläubige eine der berühmtesten Attraktionen des historischen Konstantinopel.

Die Geschichte der *Hagia Sophia* reicht zurück in die Anfänge der konstantinischen Stadtgründung. 360 war ein Vorgängerbau, die erste Palastkirche des oströmischen Kaisers, vollendet. Sie hieß *Megale ecclesia*, also *Große Kirche*. Doch bereits 404 fielen Teile des Baus einer Brandstiftung zum Opfer. 415 war die Kirche wiederhergestellt, die dann ein gutes Jahrhundert später, 532, bei einem Volksaufstand vollkommen niederbrannte. Der so genannte Nika-Aufstand hatte sich während eines Wagenrennens entzündet, als zum Tode verurteilte Randalierer trotz Bitten des Volkes nicht begnadigt wurden. Die Wagenrennen waren ähnlich beliebt wie heutige Fußballspiele, im Hippodrom, das etwa 50000 Menschen Platz bot, befehdeten sich die verschiedenen Gruppen (oder

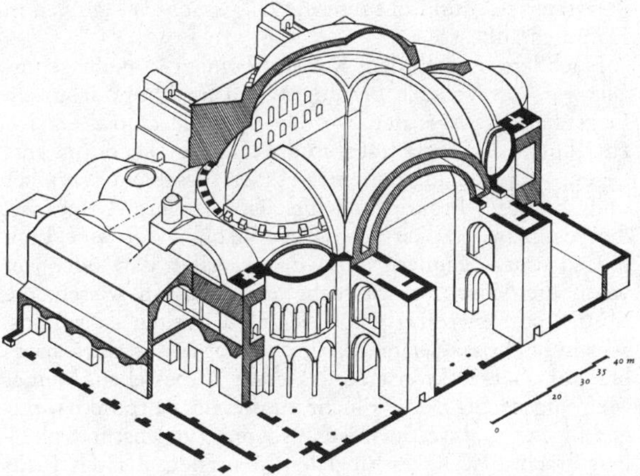

Konstantinopel, Hagia Sophia
Schemazeichnung der Konstruktion

Circus-Parteien). Ausschreitungen waren dabei keine Ausnahme. Sie richteten sich aber nicht immer nur gegen die andere Gruppe, sondern häufig auch gegen die Regierung, deren Repräsentanten – hohe Beamte und zeitweise auch der Kaiser selbst – anwesend waren. Festgenommene Rädelsführer wurden – wie im Jahr 532 – zum Tode verurteilt. In diesem Fall konnten sie aber fliehen und erhielten in einer Kirche Asyl. Der Stadtpräfekt ließ das Gebäude belagern, um ihre Flucht zu verhindern. Da es sich um Anführer beider Gruppen handelte, verbündeten sich plötzlich die gegnerischen Parteien. Diese Situation hatte es noch nie gegeben und sie war auch bald nicht mehr beherrschbar. »Sieg« (Nika) rufend zogen die Massen durch die Straßen und forderten die Absetzung des Stadtpräfekten. Nicht nur dessen Amtssitz, auch Teile des

Palastviertels – und mit ihm die *Hagia Sophia* – gingen in Flammen auf.

Nachdem es auch dem Kaiser, Justinian I., nicht gelungen war, das Volk zu beruhigen und im Hippodrom ein Gegenkaiser ausgerufen worden war, entschloss er sich zur Flucht. Doch da trat ihm die Kaiserin Theodora entgegen, so jedenfalls berichtet es der Geschichtsschreiber und Biograph Prokop und hielt eine längere Ansprache, die Justinian letztlich bewog zu bleiben: »Ob eine Frau mitten unter Männern das Wort ergreifen darf oder gar, wenn die Männer nicht mehr aus noch ein wissen, die Mutige spielen soll, darüber jetzt zu streiten ist sinnlos. Wer in höchster Gefahr ist, für den gibt es nur eines, nämlich auf die beste Weise diese Gefahr zu bestehen. Meiner Meinung nach ist eine Flucht zu diesem Zeitpunkt weniger angezeigt als je, auch wenn sie uns zunächst in Sicherheit brächte. Wenn es für jeden Menschen, der das Licht der Welt erblickt hat, unmöglich ist, dem Tod zu entgehen, muß es doch für einen, der Kaiser gewesen ist, unerträglich sein, im Exil zu leben. Ich für meine Person will nie von diesem Purpur lassen, ich will nicht den Tag erleben, an dem man mich nicht mehr mit ›Domina‹ begrüßt. Wenn du dich, mein Kaiser, in Sicherheit bringen willst, dann bitte! Dies wirft keine Probleme auf. Wir haben Geld genug, da unten ist das Meer, und da liegen die Schiffe. Aber überlege gut, ob du nicht, wenn du in Sicherheit bist, schließlich doch den Tod einer solchen Sicherheit vorziehen wirst. Was mich betrifft, ich halte mich an die alte Weisheit: Der Purpur ist ein schönes Leichentuch!« (Prokop nach Beck, S. 39)

Ob Theodora dies nun wirklich alles gesagt oder ob Prokop es ihr in den Mund gelegt hat, sei dahingestellt. Justinian blieb, ob nun von der beeindruckenden Rede seiner Frau überzeugt oder aus anderen Gründen. Sein Heerführer Belisar nutzte die Gunst der Stunde, denn das Volk beriet sich noch im Hippodrom. Mit genügend Soldaten dürfte es nicht schwer gewesen sein, die Ausgänge abzuriegeln. Bei der nun folgenden skrupellosen Niederschlagung des Aufstandes, einer fürchterlichen Metzelei, sollen etwa 30000 Menschen ums Leben gekommen sein.

Nach dieser ersten Demonstration von Gewaltbereitschaft galt es nun, die Macht wieder zu festigen und nicht zu lange die Ruinen der abgebrannten Gebäude als Memorien des Aufstandes stehen zu lassen. Dennoch ist die Geschwindigkeit, mit der der Neubau der *Hagia Sophia* in Angriff genommen wurde, atemberaubend und kann nur mit längst vorhandenen Plänen erklärt werden: Am 15. Januar 532 war die Kirche niedergebrannt, am 23. Februar wurde der Grundstein zum Neubau gelegt, knapp sechs Jahre später, am 27. Dezember 537, weihte Justinian diese Kirche, die in ihrer Größe erst 1000 Jahre später durch den Neubau von *S. Peter* in Rom übertroffen werden sollte. So verwundert es nicht, dass sich unzählige Legenden um den Bau und seine Fertigstellung ranken.

Erstaunlicherweise sind die Namen der Architekten bekannt, die für den Bau verantwortlich waren: Anthemios aus Tralles und Isidoros aus Milet. Sie sollten den Entwurf für eine Kirche liefern, »wie es sie seit Adams Zeiten nicht gegeben hatte und wie es sie niemals wieder geben würde«. Diesen angeblichen Befehl unterstützte der Kaiser, indem er 100 Vorarbeiter oder Baumeister einstellen ließ, denen jeweils 100 Arbeiter zugeordnet waren. Diese Zahlen hören sich phantastisch an, doch bedenkt man die kurze Zeitspanne von weniger als sechs Jahren, in denen der riesige Bau vollendet wurde, so ist der Arbeitseinsatz von 10000 Menschen durchaus glaubwürdig.

Baubeschreibung und Bauanalyse der *Hagia Sophia* fallen höchst unterschiedlich aus. Auch die schlagwortartige Charakterisierung als Kuppelbasilika wird inzwischen differenziert. Die lange geäußerte Vermutung, *Hagios Sergios und Bakchos*, selbst erst fünf Jahre vor der großen Palastkirche errichtet, könne als Vorgängerbau gedient haben, hält eingehenderen Untersuchungen nicht stand. Ausgrabungen von 1964 brachten die Fundamente der *Polyeuktoskirche* zu Tage, die auch als Vorgängerbau diskutiert wurde. Doch bei den wenigen erhaltenen Monumenten der Zeit und bei der Größe der *Hagia Sophia* bleibt es müßig, Vorgänger zu suchen und so konstatiert auch Cyril Mango: »Der Entwurf hatte keine nahe verwandten Vorgänger«, um dann fortzufahren, dass die einzelnen Architekturelemente, aus denen sich die Kirche zusammensetzt, damals alle gebräuchlich waren. Ungewöhnlich und außerordentlich ist lediglich die Kombination dieser Elemente und die enorme Gesamtgröße. Beides fand in der christlichen Welt keine Nachfolge, sondern erst in der islamischen, nachdem Konstantinopel von den Osmanen eingenommen war.

Außen wirkt die riesige Kirche vollkommen ›verbaut‹. Das liegt einerseits an den zahlreichen später zugefügten Strebepfeilern, andererseits aber auch an den sie umgebenden Bauten. Der westliche Besucher mag sich daran stören, dass es keine Fassade gibt, die einen bereits von außen auf das Innere einstimmt. Und der Eingang an der Südseite führt in die Vorhalle, die man zur Hälfte durchschreiten muss, bevor man zum Eingang in den Hauptraum gelangt. Das war nicht immer so, denn früher erschloss man sich die Kirche von Westen her. Durch einen großen, von Säulenhallen umgebenen Hof gelangte man seinerzeit zur Vorhalle und musste diese nur durchqueren, um zum Hauptraum zu gelangen.

Dieser Hauptraum ist durch die Verbindung von Zentral- und Longitudinalbau, durch die zahlreichen abgetrennten Kuppelräume, relativ unübersichtlich. Die Dominanz der über allem zu schweben scheinenden Kuppel wird erst im Durchschreiten des Raums wahrgenommen. Diese Kuppel war ursprünglich flacher. Nach zwei Erdbeben 553 und 558 stürzte sie ein und wurde von dem Neffen des Architekten Isidoros gleichen Namens, Isidoros aus Milet d. J., beim Wiederaufbau steiler angelegt, nachdem er die Strebepfeiler verstärkt hatte. Auch wenn später an dieser Kuppel Reparaturen nötig waren, im Prinzip existiert sie heute noch in ihrer aus dieser Zeit datierenden Architektur.

Der Durchmesser der Kuppel beträgt 33 Meter, ihre Scheitelhöhe etwas mehr als 55 Meter. Der gesamte Bau ist knapp 81 Meter lang und 70 Meter breit. Damit übertrifft er um ein Vielfaches den ehemaligen Tempel in Jerusalem, dessen Maße aus der Bibel (1. Kön 6,7) bekannt sind: 35 Meter lang, 10 Meter breit und 15 Meter hoch. Doch die *Hagia Sophia* übertrifft auch das *Pantheon*, den römischen Tempel mit der gewaltigen Kuppel. Die Kuppel des *Pantheon* besitzt zwar mit 43 Metern Durchmesser eine größere Spannweite, doch passt der gesamte Tempel in die Kirche hinein, wie Adolf Behne bereits 1938 festgestellt hat.

Nicht die Kunsthistoriker, aber die Baugeschichtler und Architekten gehen davon aus, dass die Kuppel des *Pantheon* Vorbild für die *Hagia Sophia* gewesen sein dürfte. Doch beim *Pantheon* wölbt sich die Kuppel über einem Zylinder, in der *Hagia Sophia* leiten Pendentifs, also Eckzwickel in Form von sphärischen Dreiecken, vom Quadrat der Stützen zum Rund der Kuppel über. Da die vier mächtigen Wandpfeiler allein niemals die riesige Kuppel hätten halten können, folgt ihnen ein System von Kuppeln und Pfeilern, die den Raum unübersichtlich machen. Viele der Säulen und Pfeiler haben sich unter dem Gewicht der Kuppel geneigt, vieles erweckt in dieser Kirche den Eindruck schief zu sein, was nicht daran liegt, dass zu schnell gebaut worden ist und der Zement noch nicht abgebunden war, wie einige Kunsthistoriker vermuten. Die großen Pfeiler bestehen – zumindest bis zur Höhe der Emporen – aus Hausteinen, nicht aus Ziegeln und Mörtel, den üblichen byzantinischen Baumaterialien. Doch sowohl die Hausteine als auch die Ziegel sind hinter der Marmorverkleidung und den Goldmosaiken nicht zu erkennen.

Die riesige Kuppel hingegen ist aus Ziegelsteinen gebaut, nicht aus römischem Beton (oder besser *Opus caementicum*) wie das *Pantheon*. Allerdings ist die Theorie, die unterschiedlichen Materialien hätten große Auswirkungen auf das Tragverhalten gehabt, falsch, da auch der Beton der Pantheonkuppel keine große Zugfestigkeit besaß.

Die erste Kuppel der *Hagia Sophia* muss der des *Pantheons* noch ähnlicher gewesen sein, obwohl auch diese schon eine Pendentifkuppel war, ein Prinzip, das wohl in Byzanz entwickelt wurde und vielleicht sogar bei der *Hagia Sophia* erstmals zur Anwendung kam.

Auch die frühere Kuppel besaß die immer wieder als wagemutig bezeichneten Fenster. Gerade sie beweisen, wie genau die Baumeister die Statik des *Pantheons* kannten. Denn die Kuppel des *Pantheons* verhält sich nicht wie ein Monolith, sondern wie eine Reihe einzelner Keilstücke, verursacht durch meridionale Risse, die sich von oben nach unten durch die Kuppel ziehen. Um diese Risse zu vermeiden, fügten die Baumeister der *Hagia Sophia* die Fenster am unteren Kuppelrund ein. Nebeneffekte waren eine aufregende Lichtführung und die optische Täuschung einer schwebenden Kuppel. Die Durchfensterung wurde erst in jüngster Zeit als Vorsichtsmaßnahme und nicht als Risiko erkannt. Ebenso atemberaubend schien die Durchfensterung der (nicht tragenden) Wände.

Doch trotz dieses Wissens, trotz zahlreicher Bauanalysen, trotz verschiedener Versuche, den byzantinischen Architekten mathematische Berechnungen nachzuweisen (zuletzt die *Zirkulation des Quadrats* von Volker Hoffmann) und trotz der bei den Restaurierungen des 19. Jahrhunderts gewonnenen Erkenntnisse geben auch heute noch Bau- und Architekturhistoriker zu, dass die »tragende Struktur aus Bögen, Halbkuppeln und Pfeilern« nicht nur bemerkenswert ist, sondern dass es auch schwierig ist, »ihr Tragverhalten im Einzelnen nachzuvollziehen, nicht nur wegen der komplexen, gegenseitigen Abhängigkeit von Kuppel, Halbkuppeln, Bögen und Pfeilern, sondern auch wegen der großen, in manchen Fällen sogar für das bloße Auge sichtbaren Verformungen innerhalb des Baus [...] Die Neigung der Pfeiler ist in den unteren Bereichen stärker, was darauf hinweist, dass die oberen Bereiche vermutlich ins Lot gebracht wurden, nachdem unten bereits Verformungen eingetreten waren.« (Mark, S. 161)

Immer noch im Vergleich mit der Kuppel des *Pantheons* war der Aufbau einer Rippenkuppel innovativ. Er zeigt zugleich die Auseinandersetzung der Baumeister mit vorhandenen Formen und die Suche nach besseren statischen Möglichkeiten. Denn bei dieser Rippenkuppel wurde »zum ersten Mal eine große Anzahl von Fensteröffnungen zwischen den Rippen – und vor dem Kuppelfuß – eingeschnitten [...] die zur Verringerung der Kuppelmasse beitragen, da die Bogen über den Fenstern den Druck der darüberliegenden Mauermasse seitlich in die Richtung der Rippen ableiten. Die Schale ist so dünnwandig, dass sie sich selbst nicht tragen konnte, aber die vorgesetzten Rippen geben ihr die notwendige Festigkeit.

Der Grundsatz der modernen Baukonstruktionen, mit dem geringsten Masseaufwand die größtmögliche Festigkeit zu verbinden, wurde hier bereits zum ersten Mal verwirklicht.« (Mislin, S. 147ff.)

Die Kuppel des *Pantheons* ist ein Bauelement mit Vorbildfunktion. Andere Vorbilder kann man in Kirchen Konstantinopels finden, aber auch in Rom. Neben dem *Pantheon* werden immer wieder die *Maxentiusbasilika* und der so genannte *Minerva Medica Tempel*, ein Nymphaeum in den Gärten des Kaisers Licinius genannt. Die Baumeister modifizierten die verschiedenen Elemente ebenso wie die Kuppel, um eine möglichst große Effektivität zu erreichen. Und so entstand dieses singuläre Bauwerk, dessen Größe (»größer als der Tempel in Jerusalem« wird als ausdrücklicher Wunsch Justinians genannt) eine vorher nicht gekannte Demonstration von Macht darstellte. Außerdem verschmolzen mit der Verbindung von Longitudinal- und Zentralbau kaiserliche und kirchliche Formen miteinander und drückten damit die beiden Funktionen aus, die die *Hagia Sophia* besaß, nämlich gleichzeitig Palast- und Patriarchenkirche und damit das Haus der weltlichen und der kirchlichen Macht zu sein.

Obwohl zahlreiche Fenster zugemauert wurden, um die Statik zu verbessern, obwohl der Goldmosaikschmuck nicht mehr vollständig erhalten ist, obwohl die kostbare bewegliche Ausstattung der Kirche vollkommen verloren gegangen ist, hat sich die *Hagia Sophia* den Charakter eines gewaltigen Monuments bewahrt. Allein die Größe ist überwältigend. Die mächtigen Pfeiler sind mit verschiedenfarbigen, besonders schönen Marmorplatten verkleidet. Die Wandfelder zwischen den Pfeilern sind oberhalb der Emporen – heute nur noch zum Teil – durchfenstert, darunter öffnen sie sich in von Säulen getragenen Bogenreihen zu den Seitenschiffen und den darüber liegenden Emporen. Bögen und Gewölbe der Seitenschiffe sind mit Goldmosaiken verkleidet, die von ornamentalem Schmuck, grünen Ranken und Blättern und immer wieder von Kreuzen durchzogen sind. Die marmornen Säulen tragen kunstvoll durchbrochene Kapitelle, auf denen die Bögen ruhen.

Die riesige Kuppel funkelte früher ebenfalls golden. In die Goldmosaiken war ein gewaltiges Kreuz eingebunden. Später wurde es durch das machtvolle Bild des *Pantokrators* ersetzt, der dann dem Bilderverbot der Moslems zum Opfer fiel. Doch viele Mosaiken wurden nach 1453 einfach übertüncht und konnten wieder freigelegt werden wie die Maria mit Kind in der Apsis. Diese fast fünf Meter große *Theotokos* (Gottesgebärerin) wird von zwei Erzengeln begleitet, die in den Gewändern von höfischen Funktionären die Insignien der Weltherrschaft tragen, heute aber nur noch rudimentär erhalten sind. Die begleitende Inschrift betont, dass diese Bilder nach dem Ikonoklasmus angebracht wurden: »Die Bilder, die die irrenden [Bilderfeinde] von hier entfernt hatten, wurden von den frommen Kaisern wiederhergestellt.« Außer dieser Inschrift kennen wir auch noch das Datum der Weihe, den 29. März 867. Das war der Tag des Fests der Orthodoxie, an dem 843, also 24 Jahre zuvor, die Bilder wieder eingeführt worden waren. Die Inschrift, die wahrscheinlich von dem Patriarchen Photios stammt, der auch die Einweihungsrede hielt (vgl. Materialien, Text 12), will glauben machen, dass sich in der Apsis in vorikonoklastischer Zeit bereits eine Maria mit Kind befunden habe, doch war dort ebenso wie in der Kuppel ein großes Kreuz dargestellt, dessen Ausbruch heute noch zu sehen ist.

Andere Mosaiken in der *Hagia Sophia*, die seit den dreißiger Jahren von amerikanischen Forschern freigelegt worden sind, spiegeln die wechselnde Macht von Kaiser und Patriarch: So befindet sich in der Lünette über dem Portal, das in die Vorhalle führt, ein Mosaik, auf dem zu Seiten der thronenden Maria mit Kind zwei Kaiser zu sehen sind. Linker Hand von der Gottesmutter reicht ihr Kaiser Konstantin der Große die von ihm gegründete und nach ihm benannte Stadt, rechter Hand präsentiert Justinian I. das Modell der Kirche. Ende des 10. Jahrhunderts entstanden, stellt das Mosaik also keine zeitgenössischen Stifter dar. Es demonstriert aber an exponierter Stelle, dass allein den Kaisern – oder der Institution des Kaisers – die Existenz nicht nur der Kirche, sondern der ganzen Stadt zu verdanken ist.

Über dem mittleren Portal, durch das man von der Vorhalle in den Kirchenraum gelangt, dem so genannten Kaiserportal, ist ein Kaiser in Proskynese, im Kniefall mit verhüllten Händen, vor dem thronenden Christus gezeigt, der von Medaillons der Muttergottes und eines Erzengels begleitet wird. Vermutlich handelt es sich um den 912 verstorbenen Kaiser Leon VI., dessen häufige Ehen den Patriarchen dazu veranlasst hatten, ihm den Zutritt zur Kirche zu verwehren. Nachdem er die ihm auferlegte Buße akzeptiert hatte, durfte der Kaiser zwar wieder am Gottesdienst teilnehmen, aber nicht an der dem Kaiser zustehenden Stelle. Vermutlich hatte der Kaiser vor der offiziellen Christusikone in der Kirche eben den Kniefall machen müssen wie er im Mosaik dargestellt ist, denn das Christusbild ist dasjenige dieser Ikone, das seither das offizielle byzantinische Christusbild war.

Das Mosaik entstand wohl erst um 920, als sich Kirche und Staat wieder versöhnt hatten. Da eine Inschrift mit dem Namen des Kaisers fehlt, ist hier nicht (nur) der Fehltritt eines Kaisers dargestellt. Mit dem Mosaik wird schlicht an den Kaiser appelliert, sich seiner Demut vor Gott zu erinnern. Die Darstellung eines solchen Inhalts war nur in der kurzen Zeit möglich, als der Patriarch mächtiger war als der Kaiser.

Auf der Südempore befinden sich zwei weitere Kaiserbilder. Auf dem früheren bringen die Kaiserin Zoë und ihr Gemahl, der Kaiser Konstantin IX. Monomachos, dem thronenden Christus ihre Gaben dar. Zoë folgte 1028 in Ermangelung eines männlichen Erben ihrem Vater auf den Thron. Mit ihrem ersten Mann, Romanos III. Argyros (gest. 1034) vermachte sie der *Hagia Sophia* eine große jährliche Zuwendung. Aus diesem Anlass entstand das Mosaik. Mit ihrem dritten Mann, Konstantin IX., einem der größten Auftraggeber für Mosaiken, der unter anderem auch die *Nea Moni* auf Chios ausstatten ließ, überließ Zoë der *Hagia Sophia* eine noch größere Summe Geld. Mittels dieser Stiftung wurde jedoch kein neues Mosaik ausgeführt, sondern das alte verändert. Natürlich wurde die Inschrift mit dem Namen des Kaisers erneuert, dazu aber auch alle drei Köpfe. Die Erneuerung der Köpfe hat zu vielerlei Spekulationen Anlass gegeben, die als Begründungen jedoch nicht überzeugend wirken. Die Tatsache, dass das alte Mosaik erneuert wurde, sollte wahrscheinlich die Erinnerung an Romanos III. auslöschen. Die Kirche erkannte nur zwei Ehen an, eine dritte war nicht gestattet.

Und Zoë wollte bestimmt nicht dieselbe Demütigung wie Leon VI. erfahren.

Zoë und Konstantin IX. wenden sich in dem Mosaik Christus zu, aus Gestik und Mimik geht hervor, dass Geldsack und Urkunde ihm dargebracht werden. Diese Art der Darstellung war etwa hundert Jahre später nicht mehr opportun, wie das damals entstandene Mosaik zeigt, das sich ebenfalls auf der Südempore befindet und auch thematisch keine großen Unterschiede aufzuweisen hat. Auf ihm bringen Kaiser Johannes II. und die Kaiserin Eirene gemeinsam mit ihrem Sohn Alexios, der 1122 zum Mitkaiser ernannt worden war, Maria ihre Spenden dar. Doch sie wenden sich nicht zur Gottesmutter. Frontal blicken alle aus dem Bild. Nur durch eine sehr verhaltene Gestik wird deutlich, dass Geldsack und Urkunde für die Muttergottes bestimmt sind.

Das Mosaik muss wohl nach der Ernennung von Alexios zum Mitkaiser 1122 und vor dem Tod Eirenes 1134 datiert werden. Erst nach 1261 entstand das wohl berühmteste erhaltene Mosaik außer der thronenden Maria in der Apsis: die *Deesis*, die sich ebenfalls auf der Südempore befindet.

Die riesige Kirche besitzt kein übergreifendes Mosaikprogramm, sondern einzelne Mosaiken, die in keinen größeren Zusammenhang eingebunden sind. Es wäre wohl auch schwierig gewesen, in einem so großen Bau die Prinzipien des mittelbyzantinischen Dekorationssystems zu verwirklichen. In der Erbauungszeit, lange vor dem Ikonoklasmus, wurde kein einziges figürliches Mosaik ausgeführt. Die Goldmosaiken waren – wie heute noch in den Gewölben und Bogenlaibungen – von Ranken durchzogen und immer mal wieder von Medaillons unterbrochen, in denen Kreuze dargestellt waren. Das größte Kreuz prangte in der Kuppel, ein weiteres in der Apsis. Sie wurden erst nach 843, also nach Wiedereinführung der Bilder, durch die *Theotokos* in der Apsis und den machtvollen

Pantokrator in der Kuppel ersetzt, dessen gewaltige Ausstrahlung man sich trotz der Kenntnis von *Daphni* (s. Abbildung S. 60) nur bedingt vorstellen kann.

Die *Hagia Sophia* war also sowohl die Kirche des Patriarchen als auch die Staatskirche an sich. In ihr wurde der Kaiser gekrönt, der als Stellvertreter Christi auf Erden priesterliche Funktionen innehatte und an den großen Festtagen am Gottesdienst teilnahm. Diese Teilnahme war in ein Zeremoniell eingebunden, in dem auch bestimmte Mosaiken eine Rolle spielten. Seit Anfang des 9. Jahrhunderts empfing der Patriarch den Kaiser am südlichen Eingang des Narthex, dort, wo das Mosaik mit den beiden Gründungskaisern Konstantin und Justinian angebracht ist. Unter diesem Mosaik legte der Kaiser seine Krone ab, der Patriarch und er durchschritten den Narthex bis zum Kaiserportal. Dort befindet sich das Mosaik, auf dem der Kaiser selbst den kaiserlichen Kniefall vor Christus macht. Und genau durch dieses Portal gelangten sie in den Kirchenraum. Von hier aus begleiteten sie den Archidiakon, der das Evangelienbuch trug, bis hin zum Templon, der Schranke zwischen Kirchen- und Altarraum. Der Kaiser betrat den Altarraum und zog sich von hier aus in seinen üblichen, Mitatorion genannten, Aufenthaltsraum neben dem Altar zurück, um der Messe beizuwohnen. Zu den Hauptereignissen der Liturgie wie Friedenskuss und Kommunion kam er wieder ins Kirchenschiff zurück. Er verließ die Kirche durch eine Tür im Südosten und erhielt beim heiligen Brunnen vom Patriarchen die Krone wieder aufgesetzt. An weniger hohen Festtagen wechselte er vom Mitatorion auf die Südempore.

Die *Hagia Sophia* war das Zentrum des byzantinischen Staates. Umso erstaunlicher ist es, dass die türkischen Eroberer sie nicht zerstörten, sondern zu ihrer Hauptmoschee erklärten. Sie müssen sich einerseits so sicher gewesen sein, dass sie das Symbol der alten Macht übernehmen konnten. Andererseits hat die *Hagia Sophia* offensichtlich auch noch tausend Jahre nach ihrer Erbauung einen solch großen Eindruck gemacht, dass die Osmanen das Prinzip der Pendentifkuppel für ihren Moscheenbau übernahmen. Diese Übernahme eines sakralen Gebäudes, mitsamt der spezifischen Bauformen, ist wohl einzigartig in der Geschichte.

Die Umwandlung in ein Museum fand in einer Zeit statt, als es das Bewusstsein für Historie möglich machte, den Raum sowohl als Kirche als auch als Moschee zu verstehen. Nach wie vor sind nicht nur die freigelegten Mosaiken zu sehen, sondern auch die großen runden Tafeln mit Koransprüchen in arabischen Schriftzeichen. Der sakrale Raum verleitete den Papst bei seinem Besuch 1967 dazu, auf die Knie zu fallen und ein Gebet zu sprechen, was zu einem Eklat führte. Doch wenn man den Raum betritt, versteht man diese Geste ebenso wie man die Legende nachvollziehen kann, die erzählt, wie der Großfürst von Kiew nach dem rechten Glauben suchen ließ: Er schickte Gesandte in die religiösen Zentren und ließ sich dann berichten, was sie erlebt hatten. Die Gesandten kamen erst nach Bulgarien, wo sie von den Moscheen, der Art des Betens, vor allem aber von der Trauer, die die Menschen umgab, abgestoßen waren. Bei den Deutschen fehlte ihnen die Schönheit, in Konstantinopel aber wussten sie in dem Gotteshaus nicht, ob sie sich im Himmel oder auf Erden befänden. Ergriffen von solcher Schönheit gab ihnen der Raum das Gefühl, dass sich die Menschen dort in der Gegenwart Gottes aufhielten. Aufgrund dieses Berichts entschloss sich der Großfürst zum orthodoxen Glauben.

Rom, *S. Giovanni in Laterano*

S. Giovanni in Laterano ist der erste offizielle Kirchenbau Roms. Heutige Betrachter können sich das nur noch sehr schwer vorstellen, da die Kirche immer wieder bauliche

Veränderungen erfuhr, und dann im 17. Jahrhundert durch Francesco Borromini ein völlig neues Aussehen erhielt. Doch im Kern ist sie eine frühchristliche Basilika, die Kaiser Konstantin nach seinem Sieg über Maxentius und der Anerkennung der Christen stiftete. Ihre Form war maßgebend für die christlichen Basiliken.

Es handelte sich bei dieser wohl schon 313 begonnenen Kirche um eine fünfschiffige Basilika mit offenen, hölzernen Dachstühlen. Die Seitenschiffe waren in der Höhe gestaffelt und voneinander sowie vom Mittelschiff durch wiederverwendete Marmorsäulen geschieden. Die Wände oberhalb der Säulen waren im Mittelschiff von Fensterreihen durchbrochen. Sicher ist auch die Existenz der großen Fenster über dem im Osten gelegenen Eingang. Fraglich ist nach wie vor, ob die Kirche ein Atrium besaß und vor allem, ob sie bereits ein – wenn auch kleines – zwischen Langhaus und Apsis gelegenes Querhaus hatte. Wahrscheinlicher sind kleine Nebenräume an den äußeren Seitenschiffen, die vor allem in der früheren Literatur als Querhaus interpretiert wurden, jedoch keine Zäsur im Übergang von Langhaus zur Apsis darstellten wie das nur wenig später erbaute Querhaus von *Alt St. Peter.*

Den Namen hat das Gebiet, auf dem sich Kirche, Baptisterium und Papstpalast befanden, von den Laterani, einer Familie, die dort ansässig war, unter Nero in Ungnade fiel und aus politischen Gründen enteignet wurde. Die auf diesem Grund errichteten Kasernen beheimateten zu Zeiten Konstantins des Großen Gardetruppen, die auf Seiten von Maxentius gekämpft hatten. So verwundert es nicht, dass der Kaiser den Platz anderweitig verwendete, nachdem er die Gardetruppen hatte auflösen lassen. Es entstand hier in etwa vier Jahren die ranghöchste aller christlichen Kirchen, die Kathedrale des Bischofs von Rom. Diese älteste Papstkirche war Christus Salvator geweiht (Johannes dem Täufer als Patron wurde sie erst im Jahr 905 zugesprochen), zu ihr gehörte das Baptisterium, ein

Zentralbau, und der Papstpalast, der 1308 abbrannte. Erst nachdem der Papst aus dem Exil in Avignon zurückgekehrt war und sich im Vatikan niedergelassen hatte, wurde ein neuer Komplex errichtet.

Die Legende, hier habe der Palast Konstantins gestanden, den er dem Papst zur Verfügung stellte, als er nach Konstantinopel zog, war später Grundlage für die als Konstantinische Schenkung bezeichnete Fälschung. Wichtig bleibt, dass die *Lateransbasilika* nach wie vor die ranghöchste Kirche Roms ist und als erster Kirchenbau Roms Zeichen gesetzt hat.

Zurück zum frühchristlichen Bau. Nach der grundlegenden Umwandlung durch Francesco Borromini in den Jahren 1646–49 folgte auch innerhalb der Kunstgeschichte eine Umdeutung der Architektur. 1951 vertrat Günter Bandmann die Meinung, *S. Giovanni in Laterano* habe mit dem gesicherten Querhaus zu den »konstantinischen Prachtbasiliken« gehört und Richard Krautheimer, Erforscher römischer Kirchenbaukunst, charakterisierte nach einer eingehenden Beschreibung, die auch die kostbare Ausstattung umfasste, die konstantinische Gründung folgendermaßen: Konstantin selbst habe in der Kirche »einen kühnen Neubeginn christlicher Architektur, einen klaren Bruch mit dem unauffälligen und nachdrücklich privaten und bescheidenen Charakter der traditionellen Gemeindezentren […]« gesehen, »eine Audienzhalle Christi, des Königs, die mit den großartigsten öffentlichen Bauten an Ausstattung, Einrichtung und Ausmaßen wetteiferte […] eine in jeder Hinsicht kaiserliche Gründung«. (Krautheimer, S. 34)

Dem widerspricht unter anderen Andreas Tönnesmann, der trotz der kostbaren Ausstattung (man spricht von über sechshundert Kilogramm getriebenem Silber für die Altäre) diesen römischen Kirchenbau »nicht als bruchlose Fortsetzung imperialer Architekturtradition« verstanden wissen will, bei der lediglich die ideologischen Vorzeichen gewechselt haben. »Entwurf und Ausführung der Basiliken lassen vielmehr eine tiefe Zäsur innerhalb der antiken Architekturgeschichte deutlich werden.« (Tönnesmann, S. 27) In der römischen Architektur gab es vor dem Bau christlicher Basiliken keine kaiserlichen Großbauten, bei denen als Säulen Spolien verwendet wurden, zumal für die gleichzeitigen Kaiserthermen sehr wohl neue Steinmetzwerkstätten eingerichtet worden waren. Sie hätten auch für die neuen Kirchenbauten arbeiten können. Am Bau selbst wurde zum Beispiel gespart, indem man auf das Gebälk verzichtete. Denn über den Säulen zwischen Mittel- und Seitenschiff lag nur ein Architravprofil. Fries und Gesims fehlten, die für ein vollständiges Gebälk nötig gewesen wären. Bei den Säulenreihen zwischen den Seitenschiffen hat man sogar auf das Architravprofil verzichtet. Sie schlossen nur mit Bögen ab, was für den antiken Formenkanon unglaublich gewesen sein muss, da Bögen nur von Pfeilern getragen werden durften, nicht von Säulen. Aus all diesen Indizien geht hervor, dass der Bau dieser neuen Basilika vor allem Kosten sparend sein sollte.

Das Prinzip von Mittel- und Seitenschiffen entwickelte sich aus der Länge der zur Verfügung stehenden Deckenbalken. Die Breite des Mittelschiffs richtete sich nach der Länge der Balken, man fügte so viele Seitenschiffe hinzu wie man für die Größe des geplanten Baus brauchte. Verglichen mit anderen kaiserlichen Gebäuden fehlten den Basiliken differenzierte Kompositionen, die komplizierte gewölbte Raumfolgen beinhalteten. Man kann daraus schließen, dass hier eine »produktive Umkehr kultureller Traditionen« stattfand: »Einfachheit statt Differenzierung, Pragmatik statt Dogmatismus [...]. Gerade in Rom gehörten die Christen der konstantinischen Zeit noch nicht der gesellschaftlichen Führungsschicht an. Die Simplizität der Basiliken ließ mit aller Deutlichkeit zutage treten, daß christliche Kultur seit ihren Anfängen auch Massenkultur gewesen ist.« (Tönnesmann, S. 29)

Rom, *Alt St. Peter*

Zusammen mit *S. Giovanni in Laterano* gehörte *Alt St. Peter* sowohl zu den fünf Patriarchalbasiliken als auch zu den sieben Pilgerkirchen, zudem zu den konstantinischen Stiftungen. Der Baugrund lag außerhalb der Mauern neben dem Circus des Caligula. Dort hatte Nero um 64 oder 67/68 n. Chr. Märtyrer hinrichten lassen, die dann in der Nekropole der Via Cornelia bestattet wurden. Unter ihnen soll sich auch der Apostel Petrus befunden haben. Um 160 ließ die römische Christengemeinde eine Ädikula über seinem Grab errichten – oder über dem Grab, das man dafür hielt. Um Grab und Ädikula sollte nun eine Kirche gebaut werden, die man eher als überdachten Friedhof oder als Begräbnishalle bezeichnen könnte. Sie war dazu bestimmt, den Stellvertreter Christi auf Erden und gleichzeitig wichtigsten Märtyrer Roms zu verehren, darüber hinaus sollten in ihr aber auch andere Tote bestat-

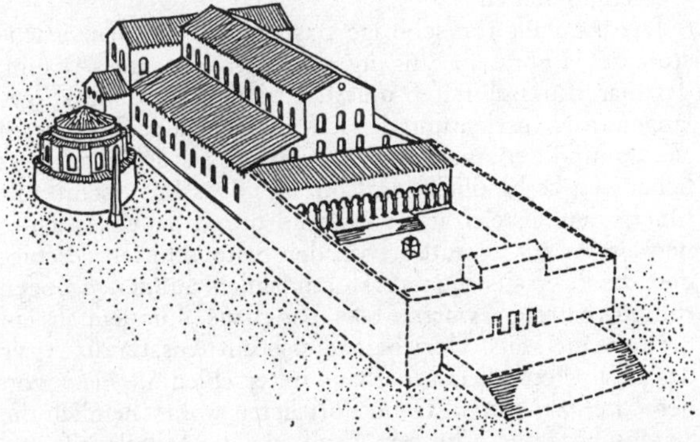

Rom, Alt St. Peter, Perspektivische Gesamtrekonstruktion

tet und traditionelle Riten wie das Gedenkmahl für die Toten abgehalten werden.

Beim Bau der Kirche stellten sich jedoch zwei Probleme. Hier befand sich nicht allein das Grab Petri, sondern zahlreiche Mausoleen vermögender römischer Bürger, die großenteils keine Christen waren. Diese Bauten mussten dem Neubau weichen. Dazu war viel Diplomatie vonnöten. Hinzu kam die Hanglage. Um am Steilhang des Vatikanischen Hügels eine Kirche bauen zu können, mussten gewaltige Erdmengen bewegt werden. Man spricht von 40000 m^3 Erde, die für die Substruktionen, also den Unterbau, aufgeschüttet und planiert wurden. Die entstandene Terrasse wurde durch Mauern abgestützt, die an einigen Stellen zehn Meter Höhe maßen. Auf dieser Terrasse erhob sich die mächtige Kirche, die mit dem Atrium 219 Meter lang war. Allein die Kirche maß wohl 123 Meter und übertraf damit um mehr als ein Drittel die Länge von *S. Giovanni in Laterano*. Nicht in der Funktion (die *Lateransbasilika* ist Bischofssitz, *St. Peter* ein Memorialbau), aber in der Architektur hatten die beiden Kirchen viele Gemeinsamkeiten.

Die ebenfalls fünfschiffige Basilika mit offenem Dachstuhl besaß vor dem Eingang im Osten ein großes Atrium, das man durchschreiten musste, um in die Kirche zu gelangen (die Ausrichtung der Kirchen mit dem Eingang im Westen und der Apsis im Osten wurde erst in mittelalterlicher Zeit verbindlich – in Rom nie). Das Mittelschiff mit Obergadenfenstern war wiederum durch Säulen, auf denen ein Architrav auflag, von den Seitenschiffen geschieden, die ihrerseits ebenfalls durch Säulen, auf denen Bögen ruhten, getrennt waren. Das Langhaus mündete in ein breites Querhaus. Dort befand sich am Ansatz zur Apsis das Grab Petri. Das Querhaus unterschied *St. Peter* von der *Lateransbasilika*. Denn dort liefen wahrscheinlich die Seitenschiffe durch bis zur Wand, nur das Mittelschiff öffnete sich in die Apsis. Hier aber endeten die Schiffe am

Querhaus, das von Norden nach Süden über die gesamte Langhausbreite nicht geschieden war. Nur die 13 Meter über das Langhaus hinaustretenden Exedren waren durch Stützen abgeteilt. Zwischen Mittelschiff und Apsis hatte sich also ein Riegel geschoben, der für den späteren basilikalen Kirchenbau richtungsweisend wurde.

Von ihrer Funktion her dienten die Seitenschiffe dem ungetauften Publikum. Nur Getaufte durften im Mittelschiff Platz nehmen. Das große Querhaus hingegen konnte Scharen von Pilgern aufnehmen, die möglichst geordnet und ohne allzu großes Gedränge am Grab Petri vorbeiziehen sollten. Erst später, wahrscheinlich im 8. Jahrhundert, wurde im Grundriss der frühchristlichen Basilika das Kreuz als symbolische Form erkannt und dementsprechend die Grundrisse angelegt. Hier jedoch waren die Funktionen entscheidend: Der ungestörte Ablauf von Prozessionen und die Beleuchtung des Hochaltars durch die Fenster in der Querhauswand spielten wahrscheinlich die größte Rolle. Noch war das Querhaus niedriger als das Langhaus, sodass sich eine Höhenstaffelung ergab, die vom 32 Meter hohen Mittelschiff über das mit 25 Metern bereits sehr viel niedrigere Querhaus hin zum niedrigsten Raumkörper, der Apsis, führte.

Über die Datierung von *Alt St. Peter* sind sich die Rom-Forscher bis heute nicht einig. Aufgrund der überlieferten Inschriften am Bau, archäologischer Funde wie Münzen und einer hypothetischen Bauanalyse ist wohl anzunehmen, dass der Baubeginn frühestens in den Jahren 319–322 stattgefunden haben kann und die Kirche wohl 329 vollendet war, also noch zur Regierungszeit Konstantins und vor der Einweihung der neuen Stadt.

Diese große Begräbnis- oder Versammlungshalle war ebenso wie die *Lateranskirche* aus wiederverwendeten Materialien, aus Spolien, zusammengesetzt. Die daraus gezogenen Schlüsse können, wie bei *S. Giovanni in Laterano* bereits gezeigt, nicht unterschiedlicher ausfallen. Doch auch diese Begräbnishalle und Memorialkirche ließ Konstantin prächtig ausstatten. Mittelpunkt war das Grab Petri mit einem Baldachin, der von gewundenen Säulen getragen wurde, die mit Weinranken geschmückt waren. Einige von ihnen wurden im Neubau wieder verwendet, stammen aber, wenn man den heutigen Führungen in *St. Peter* Glauben schenkt, aus dem Salomonischen Tempel in Jerusalem. Vergoldete Silberaltäre, eine vergoldete Kassettendecke, Mosaiken in der Apsis und Fresken im Langhaus gehörten ebenfalls zu der von den Zeitgenossen bewunderten Ausstattung, die kaum prächtiger hätte sein können. Auch hier bilden Kosten sparende Bauausführung und kostbarste Ausstattung für uns heute kaum nachvollziehbare Gegensätze.

Die dünnen Ziegelwände und die schnelle, einfache Bauweise ließen trotz Renovierungsmaßnahmen die Basilika nach über tausend Jahren baufällig werden. Ob sich ein Abriss wirklich nicht hat vermeiden lassen oder ob ein damals stärker ausgeprägtes historisches Bewusstsein dazu geführt hätte, mehr Bausubstanz zu erhalten, sind müßige Fragen. Zur Erbauungszeit war *Alt St. Peter*, ebenso wie die anderen kaiserlichen Basiliken, ein einfacher Bau, eine Halle, die Massen aufnehmen sollte. Die wirklich kaiserlichen Gebäude waren immer noch die monumentalen Profanbauten. So ließ der Kaiser die Maxentius-Basilika vollenden, große Thermen errichten und den heute noch erhaltenen Konstantin-Bogen aufstellen, dessen ikonographisches Programm den Spagat zwischen paganer und christlicher Bevölkerung verdeutlicht.

Mailand, *S. Lorenzo Maggiore*

Die genaue Entstehungszeit von *S. Lorenzo Maggiore* in Mailand ist ebenso wenig geklärt wie die Funktion dieses frühen Zentralbaus. Die Kirche ist nach einem der beiden

Protomärtyrer Laurentius benannt, der im Jahr 258 in Rom auf einem glühenden Rost zu Tode gequält worden sein soll. Das Gründungsdatum der Mailänder Kirche wird der Überlieferung nach in das Jahr 315 gelegt, von der Bausubstanz her ist ein späteres Datum jedoch sicherer. Die Datierungen reichen von 350 bis 420. Hilfreich mag sein, dass ebenso wie in Rom für die Kirche Spolien verwendet wurden, hier vor allem aus dem Amphitheater, das nachweislich noch im 4. Jahrhundert in Funktion war. Das lässt eher auf eine Bauzeit um 400 schließen.

Ähnlich unsichere Antworten wie auf die Frage nach der Datierung erhält man auf diejenige nach der ursprünglichen Funktion. Da *S. Lorenzo* außerhalb der Mauern Mailands lag, kann es sich kaum um eine Palastkirche oder gar um die Kathedrale gehandelt haben. Der Platz spricht eher für ein Mausoleum oder eine Märtyrerkirche. Vermutlich handelt es sich bei *S. Lorenzo* um eine Memorialkirche.

Die Bauweise mit Ziegelmauerwerk war bereits damals in Norditalien verbreitet. Deshalb ist es wahrscheinlich, dass einheimische Maurer die Kirche gebaut haben. Ihr Äußeres wirkte bescheiden. Doch im Inneren waren die Wände mit verschiedenfarbigem Marmor verkleidet und mit Stuckreliefs sowie Mosaiken verziert. Hier, nicht am Außenbau, entfaltete sich die Pracht, ein typisches Phänomen für den frühchristlichen Kirchenbau.

Die Basilika war nur eine der imperialen Bauformen, die in früher christlicher Zeit für den Kirchenbau verwendet wurde. Daneben gab es verschiedene Typen, die einen zentralen Grundriss haben. Ihre Formen stammen ebenfalls aus der Antike. So ist auch der Tetrakonchos, die Vierkonchenanlage von *S. Lorenzo* keine Erfindung der damaligen Zeit, jedoch der erste christliche Bau dieser Art, der überliefert ist. An ein Quadrat sind vier Nischen angefügt, die in der Gewölbezone mit Halbkuppeln überwölbt sind. Sie tragen die mittlere Kuppel, stoßen jedoch nicht direkt aneinander, sondern sind durch kreuzförmige Pfeiler voneinander geschieden. Durch die Doppelschalenkonstruktion, bei der sich die Form des Außenbaus im Inneren wiederholt, entsteht ein kompliziertes Raumgebilde mit ausbuchtenden Wänden und Stützenreihen, die in mehrfachen Kurven ausschwingen. An drei Seiten befinden sich Annexbauten, im Westen hingegen schließen sich Narthex und ein großes Atrium an.

Im mittleren Kuppelraum, der im Grundriss wie ein von einem Quadrat durchsetzter Vierpass aussieht, wurde ein kompliziertes Tragsystem entwickelt, das sich erst im 6. Jahrhundert – in Konstantinopel – durchsetzte. Die segmentförmigen Kugelschalen, mit denen die vier Nischen überwölbt sind, werden von den Tonnengewölben der Emporen abgestützt und tragen ihrerseits die Hauptlast der Kuppel. Dieses Auffächern oder Weitergeben der Last von einem Gewölbe zum nächsten hat Bauten wie *Hagios Sergios und Bakchos* oder die *Hagia Sophia* überhaupt erst möglich gemacht.

Trotz der Umbauten im 12. und 16. Jahrhundert hat sich der eigentliche Aufbau der Kirche nicht verändert, wenngleich die Kuppel nach dem Einsturz von 1573 nicht in ihrer ursprünglichen Form wiederaufgebaut wurde, sondern im Stil der Spätrenaissance. Dennoch können die architektonischen Grundprinzipien heute noch nachvollzogen werden. Die Ausstattung, vor allem die frühchristliche Mosaikdekoration, ist fast vollständig verloren gegangen.

Rom, *S. Stefano Rotondo*

Der Zentralbau von *S. Stefano Rotondo* in Rom ist dem anderen Protomärtyrer, dem hl. Stefan, geweiht. Auch bei diesem Kirchenbau sind viele Fragen noch nicht hinreichend beantwortet. Doch wird er von der Forschung als bedeutendster römischer Kirchenbau des 5. Jahrhunderts angesehen. Die Kirche wurde in der Zeit von Papst Sim-

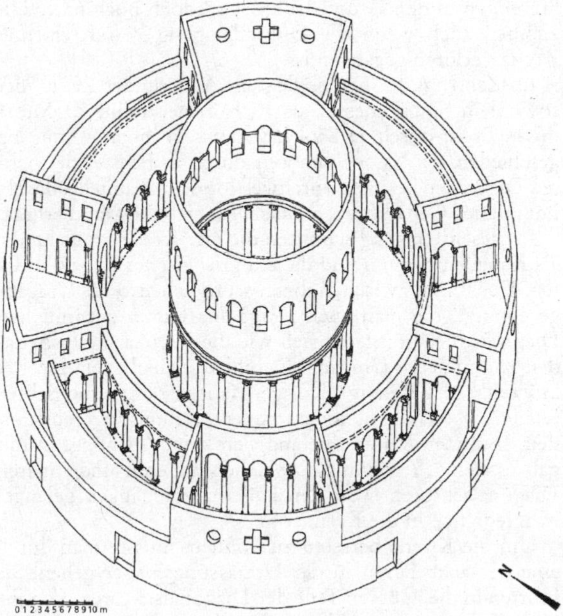

Rom, S. Stefano Rotondo,
Schematische axonometrische Rekonstruktion

plicius I., also zwischen 468 und 483 geweiht, jedoch nicht, wie häufig behauptet, gebaut. Dendrochronologische Untersuchungen der Bauhölzer und Funde von Münzen im Bauschutt lassen eine Eingrenzung auf die Zeit um 460 zu. Über den Auftraggeber gibt es nur Spekulationen. Die Ausstattung mit Marmorinkrustationen und Mosaiken aus dem 6. Jahrhundert ist nicht mehr erhalten. Auch der Bau selbst hat etliche Veränderungen erfahren, ist in den Grundstrukturen jedoch noch nachvollziehbar, auch wenn die Durchdringung von Kreis und Kreuz verloren gegangen ist.

Im Zentrum der Kirche liegt ein kreisrunder Raum, der sowohl im Durchmesser als auch in der Höhe 22 Meter misst. Er ist durch 22 Säulen von einem inneren Umgang geschieden, der Kuppeltambour durch 22 Fenster beleuchtet. Die Säulen besitzen durchweg ionische Kapitelle, die ein komplettes Gebälk tragen, über dem sich die Wand erhebt.

In diesen Umgang schnitten die vier Kreuzarme ein, die als Kapellen dienten und die ein griechisches Kreuz bildeten. Der Raum zwischen ihnen wurde ebenso für Umgänge genutzt, die man auch *Diagonalsektoren* genannt hat. Diese Sektoren öffneten sich wie die Kreuzarme in Arkaden zum inneren Umgang. Es bildete sich also ein zweiter Stützenkranz. Relativ niedrige Mauern teilten die Sektoren in zwei Hälften, sodass äußere Teilumgänge entstanden. In diesen Mauern befand sich keine Öffnung. Damit gab es keine Verbindung zwischen äußeren und inneren Diagonalsektoren. Von den äußeren Umgängen gelangte man lediglich in die Kreuzarme.

Um die Kirche betreten zu können, musste man durch eine der acht Türen in der Umfassungsmauer gehen. Sie führten in die äußeren Teile der Diagonalsektoren. Von ihnen aus kam man durch eine Tür in der Stirnwand in einen der vier Kreuzarme. Von dort aus konnte man entweder in einen der inneren Teile der Diagonalsektoren gelangen oder aber durch die Arkaden direkt in den inneren Umgang gehen, der bis heute in den zentralen Raum überleitet. Der Weg in den zentralen Raum war nur dann völlig überdacht, wenn man durch den Kreuzarm direkt ins Kircheninnere ging, denn die inneren der Diagonalsektoren waren ursprünglich nicht überdacht. Die Kirche besaß also vier Höfe, in die auch noch Bassins eingelassen waren. Das wurde wohl relativ schnell geändert. Damit verlor die Kirche einerseits den Reiz des alternierenden Innen und Außen, das mit seinen Wasserbecken an die Herrensitze auf dem Mons Caelius erinnerte. Andererseits war der Kirchenraum bei schlechtem Wetter nicht mehr ungeschützt. So wurden vermutlich bereits im frühen 6. Jahrhundert auch die offenen Höfe mit einem Tonröhrengewölbe eingedeckt.

Ab dem Mittelalter fanden mehrere Umbaumaßnahmen statt. Die Kirche erhielt eine Eingangshalle. Die Kreuzarme hingegen – und damit die Kapellen – wurden bis auf einen ebenso abgerissen wie die äußeren Teile der Diagonalsektoren, die Mauern weiter nach oben gezogen. Heute ist das Zentrum lediglich von zwei Umgängen umgeben, die Durchdringung von Kreis und Kreuz fehlt.

Die Anlage des Zentralbaus mit Säulen und Umgängen wird immer wieder mit der Grabeskirche in Jerusalem verglichen. Richard Krautheimer sieht in der engen Verbindung von spätantiker Pavillonarchitektur der Villenanlagen und einer Wiederbelebung antiker Formvorstellungen ein komplexes Bild, das für das damalige Rom kurz vor 500 symptomatisch war. Die immer wieder geäußerte Vermutung, *S. Stefano Rotondo* hätte ursprünglich eine andere, weltliche, Funktion gehabt, wird heute sehr in Zweifel gezogen, da sich die Kreuzesform dann nicht erklären ließe. So jedoch begreift man die Kirche als eine Mischform aus zwei konstantinischen Bauten: der (kreisförmigen) Kathedrale von Antiochia und der (kreuzförmigen) *Apostelkirche* in Konstantinopel.

Cimitile bei Nola, Pilgerheiligtum

Die Entwicklung eines Pilgerheiligtums in frühchristlicher Zeit lässt sich am Beispiel von Cimitile sehr gut aufzeigen. Auf einem Friedhof in der Nähe des süditalienischen Nola befand sich das Grab eines Märtyrers Felix, das bereits im frühen 4. Jahrhundert verehrt wurde. Einer kleinen Me-

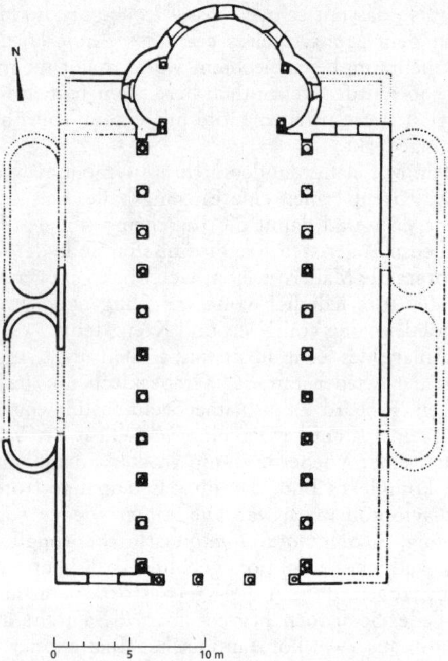

Cimitile bei Nola, Basilica Nova (401–403)
Grundriss

morie, die etwa 303 bis 305 errichtet wurde, folgte erst eine apsidiale Halle, dann eine quer gelagerte dreischiffige Basilika, die mit ihrer Apsis nach Osten wies. Als der Statthalter von Kampanien, Paulinus, nach Cimitile zurückgekehrt war und dort als Mönch und Priester lebte, ließ der wohlhabende Mann ab 401 das Heiligtum ausbauen. Im Norden schloss sich nun eine weitere dreischiffige Basilika an, die in nur zwei Jahren errichtet und 403 geweiht wurde. Erstaunlicherweise war sie genordet. Als Grund gab Paulinus an, dass die Fassade auf das Felix-Grab ausgerichtet sein sollte. Eine weitere Besonderheit war der Chor, denn neben der Hauptapsis befinden sich zwei Nebenräume, die man vom Grundriss her als weitere Apsiden bezeichnen kann. Die Bezeichnung *Dreikonchenanlage* ist nicht zutreffend, da die Hauptapsis erst unterhalb des Gewölbes in der Apsiswand von Arkaden durchbrochen ist, die den Zugang zu den beiden apsidialen Räumen herstellen. Vom Langhaus aus kann man nur in die Hauptapsis sehen. Bei einem *Trikonchos* hingegen umschließen drei Apsiden eine zentrale Vierung.

Der Chor von Cimitile stellt somit einen Sonderfall in der Kirchenarchitektur dar, auch wenn in der Literatur immer wieder undifferenziert der Begriff des *Trikonchos* verwendet wird. Eine weitere Besonderheit sind die länglichen Kapellen neben den Seitenschiffen.

Paulinus selbst hat seine Basilika in einem Brief ausführlich beschrieben und dabei die Funktionen der einzelnen Bauteile benannt (vgl. Materialien, Text 6). Er wies zudem darauf hin, dass er die Apsis der Halle über dem Felix-Grab hatte niederlegen und durch Triforien ersetzen lassen. Sie ermöglichten nun den Blick von der großen Mittelkonche der neuen Basilika direkt auf das Felix-Grab. Die seitlichen Konchen wurden als Sakristeien genutzt. Die rechte Konche diente dem Bischof als Aufenthaltsort. Hier wurden Wein und Brot aufbewahrt. Die linke war für Betende bestimmt. In Wandschränken befanden sich die heiligen Bücher. Die Seitenkapellen dienten als Begräbnisstätten für die Gemeindemitglieder, hatten also die Funktion der großen römischen Begräbnishallen, die heute die ältesten und berühmtesten Kirchen Roms darstellen.

Das Pilgerheiligtum von Cimitile ist in den letzten Jahren gründlich erforscht worden (vgl. Lehmann 2003). Dabei wurde noch einmal die Kontinuität deutlich, in der das Heiligtum vom Beginn des 4. Jahrhunderts bis ins Mittelalter genutzt wurde. Der letzte Bau, die Kirche *S. Giovanni*, wurde um 1300 erbaut. Außerdem ist dies der einzige Ort, abgesehen von Rom, wo so frühe Wandmalereien und Mosaiken gefunden wurden. Hinzu kommen noch die erhaltenen Schriften des Paulinus von Nola, die Auskunft darüber geben, wie jene Kirche ausgesehen hat und welche Funktion die einzelnen Bauteile besaßen.

Ravenna, *S. Apollinare in Classe*

Sieben Kilometer südlich von Ravenna befand sich einst der Hafen mit der Stadt Classe, von der heute lediglich die Kirche übrig geblieben ist. Weder der exakte Küstenverlauf noch die Größe und genaue Lage der Stadt konnten bislang rekonstruiert werden, dennoch war Classe wahrscheinlich vor Ravenna christianisiert worden, von dem einzigen Märtyrer der Stadt, dem hl. Apollinaris, der aus Syrien stammte.

Der Legende nach kam Apollinaris zusammen mit Petrus nach Rom und wurde vom Apostel nach Classe (oder Classis) geschickt, um dort zu missionieren. Von Classe, wo man ihn bereits mehrfach verfolgte, wandte er sich auch nach Ravenna und bekehrte dort die Bevölkerung, dann wirkte er in der gesamten Emilia. 29 Jahre soll er in Ravenna und Classe missioniert haben und als Bischof tätig gewesen sein, bevor er dort den Märtyrertod fand und 75 n. Chr. starb. In Classe begraben, wurde neben dem Friedhof im 6. Jahrhundert von dem wohlhabenden Julianus Argentarius, der auch *S. Vitale* finanziert hatte, eine Kirche gestiftet, die Bischof Maximian 549 weihte, als die Gebeine des heiligen Apollinaris dorthin überführt wurden.

Die dreischiffige Basilika ohne Querhaus hat kaum Änderungen erfahren und konnte sich somit ihren ursprünglichen Charakter erhalten. Früher lag der riesige Bau innerhalb des ärmlichsten Viertels von Classe. Hier, in der Nähe der Stadtmauer, lebten die Leprakranken. Heute hingegen steht die Kirche vollkommen isoliert in der flachen Landschaft des Po-Delta. Vor der Kirche befand sich im Westen ein Atrium, dem folgte ein Narthex mit quadratischen Annexen, auf denen sich wahrscheinlich zwei Türme erhoben, die die Kirche flankierten.

Das Langhaus wird im Inneren von marmornen Säulen in drei Schiffe geschieden. Die Säulen sind mit byzantinischen Akanthuskapitellen bekrönt. An den Längswänden der Seitenschiffe befinden sich im Westen zwei apsidiolenartige Ausbuchtungen, deren Funktion unklar ist. Das Mittelschiff endet im Osten in der halbrunden Apsis, die die Breite des Mittelschiffs einnimmt. Sie wird von zwei quadratischen Räumen flankiert, die sich an die Seitenschiffe anschließen und die ihrerseits wiederum in kleinen Apsiden enden. Diese Räume dürften die Funktion von Sakristeiräumen gehabt haben.

Der offene, weit gespannte Dachstuhl war früher bemalt, ebenso waren die Wände, bei denen man heute das Ziegelmauerwerk sieht, mit Marmor verkleidet, der dann später, in der Renaissance, für den *Tempio* des Sigismondo Malatesta benötigt wurde. Die Kargheit ist also nicht ursprünglich, lässt jedoch die Mosaiken hervorragend zur Geltung kommen, die auch aus der Erbauungszeit stammen und die Kirche zu einem frühchristlichen Gesamtkunstwerk ersten Ranges werden lassen.

Konstantinopel, Stadtmauer

Wie alle Hauptstädte wurde auch Konstantinopel seit der Gründung mit einem enormen Bevölkerungswachstum konfrontiert. Dieser Expansion, aber auch der Gefahr von außen während der Völkerwanderungszeit trug der *Prae-*

fectus praetorio Anthemios Rechnung, als er anordnete, eine neue Stadtmauer bauen zu lassen. Anthemios führte ab 408 die Regierungsgeschäfte für den noch minderjährigen Theodosius II., dessen Name die Mauer trägt. Diese *Theodosianische Mauer* wurde wahrscheinlich vor 412 begonnen und an dem Ort gebaut, der die beste Möglichkeit zur Verteidigung bot. 1500 Meter westlich der alten Konstantinsmauer gelegen, führt auch sie vom Goldenen Horn zum Marmarameer und umschließt ein Areal von 14 Quadratkilometern, also einen gewaltigen Raum, der nie völlig bebaut worden ist (s. Abbildung S. 34f.).

Diese etwa 5700 Meter lange Landmauer hat sich bis heute erhalten, wenn auch in ruinösem Zustand. Der Befestigungsgürtel insgesamt ist zwischen 27 und 55 Meter breit. Diese Schwankung in der Breite resultiert aus dem 20 Meter breiten Graben, der nicht in der gesamten Länge der Mauer angelegt und um 1000 durch einen anderen ersetzt wurde. Hinter diesem zwischen Mauern gelegenen Graben folgt ein äußerer Weg (der *Vorzwinger*) von 14 Metern Breite und eine 9 Meter hohe äußere Mauer mit Türmen. Ein 20 Meter breiter innerer Weg vor der 11 Meter hohen und 5 Meter dicken inneren Mauer bildet eine Art Zwinger. Hatte der Feind die äußere Mauer überwunden, war er auf diesem Weg leicht kontrollierbar, denn die innere Mauer besaß 96 Türme von 23 Metern Höhe in einem Abstand von etwa 70 bis 75 Metern, die einen guten Überblick verschafften. Vier kleine und sieben große Tore boten die Möglichkeit, die Stadt zu betreten. Um wirksam gegen Eindringlinge vorgehen zu können, befanden sich neben den Türmen kleine Ausfallpforten. Verschiedene Planwechsel oder fehlende Absprachen ließen die Türme abwechselnd viereckig oder polygonal sein, dann wieder nur viereckig, dann unregelmäßig wechselnd. Auf die Wehranlage (einem Teil der Mauer) führten Treppenanlagen, von denen noch 16 erhalten sind, durch die man bis heute auf die Mauer steigen kann.

Die Mauerschalen bestehen aus weißem Kalkstein in kleinen Quadern, die sich mit roten Bändern aus fünf Reihen Ziegeln abwechseln, und so ein farblich hervorstechendes Bild bieten. Das Innere zwischen den Mauerschalen war mit *Opus caementicium* aufgefüllt, dem alten römischen Beton. Vielerorts sind Haustein und Ziegel verschwunden, das *Opus caementicium* hält aber auch ohne die Verkleidung. Dank der Härte des Materials sind große Teile der alten Mauer erhalten geblieben.

Das wichtigste Tor der Stadt, die *Porta aurea* (das Goldene Tor), führte auf die Hauptküstenstraße. Hier fanden die feierlichen Einzüge des Kaisers oder seiner Ehrengäste statt. Das 66 Meter breite Tor mit zwei Türmen und drei verschieden breiten Durchgängen ist aus bestem Marmor erbaut. Der Hof, der sich durch Tore, Türme und Vortore bildete, besaß ebenfalls einen Boden aus glatt behauenen Marmorplatten. Die Durchgänge erhielten wohl im Jahr 425 die goldenen Türflügel. Über dem Tor prangten die Statuen von Theodosius II., der Siegesgöttin Nike und ein Elefantengespann.

Der mittlere Durchgang war dem Kaiser vorbehalten. Sein Tor war deshalb meist geschlossen. Auf dem darüber liegenden Entlastungsbogen wurden in Metall Inschriften eingelassen: HAEC LOCA THEODOSIUS DECORAT POST FATA TYRANNI und AUREA SAECLA GERIT QUI PORTAM CONSTRUIT AURO. Die Mauer galt lange als uneinnehmbar. Unzählige Belagerer sind an ihr gescheitert, bis 1453 den Osmanen der Durchbruch gelang. Anschließend schützte auch sie das riesige spätantike Befestigungswerk. Bis ins 18. Jahrhundert hinein wurde die Mauer immer wieder sorgfältig ausgebessert. Bis heute kann man an ihr entlanglaufen.

Konstantinopel, *Hagios Sergios und Bakchos*

Die heute in Istanbul *Küçük Ayasofya Camii* genannte Kirche *Hagios Sergios und Bakchos* wurde nach der Eroberung von Konstantinopel in eine Moschee umgewandelt und ist vielleicht nur deshalb das einzige erhaltene Bauwerk aus dem Areal des *Hormisdas-Palastes*, in dem sie einst stand.

Der *Hormisdas-Palast* ist vermutlich eine konstantinische Gründung. Dort lebte der aus seiner Heimat geflüchtete Hormisdas, der Bruder des Sassanidenkönigs Sapur II. und Namensgeber des Palastes. 200 Jahre später bot er Justinian Unterkunft solange noch sein Onkel Justinus I. herrschte. 518/19 ließ er in dem Areal eine Basilika errichten, die er den Aposteln Petrus und Paulus weihte. So berichtet es Prokop. Für diese Kirche erbat sich Justinian bereits 519 vom Papst Reliquien. Als er dann 527 Kaiser geworden war, ließ er diesen kleinen Palast in das große Palastareal mit einbeziehen und nördlich der Basilika einen Zentralbau errichten, der sich Narthex und Atrium mit der alten Kirche teilt. Sie bilden zusammen eine Doppelkirche.

Die den damals beliebten Märtyrerheiligen Sergios und Bakchos geweihte Kirche wurde nach 527 aber vor 536 errichtet, da zum späteren Zeitpunkt bereits ein Abt der Kirche dokumentiert ist. Die zwischen Richard Krautheimer und Cyril Mango geführte Diskussion darüber, ob *Hagios Sergios und Bakchos* als Palastkapelle eher 527 oder als monophysitische Klosterkirche um 536 errichtet wurde, erscheint nur auf den ersten Blick als speziell kunsthistorische Haarspalterei. Denn 532 wurde mit dem Bau der *Hagia Sophia* begonnen. In der Forschung herrschte lange Zeit Konsens darüber, dass *Hagios Sergios und Bakchos* als Vorbild für den Entwurf der *Hagia Sophia* gedient hat. Dann wäre die frühe Datierung nur logisch. Doch inzwischen wird die These des Vorbildes sehr

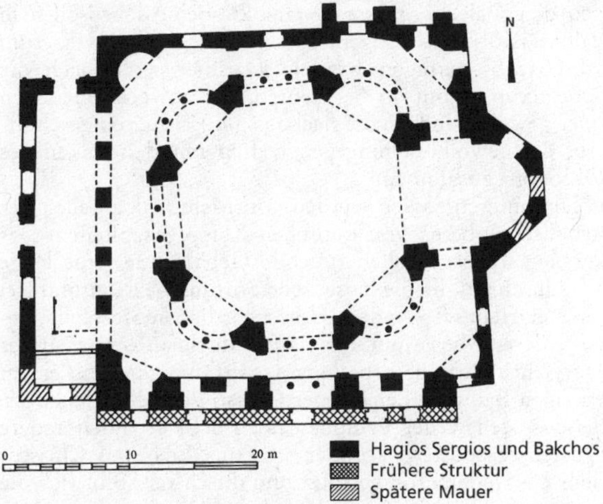

Konstantinopel, Hagios Sergios und Bakchos (um 530)
Grundriss

stark bezweifelt, womit die Frage der Datierung von *Hagios Sergios und Bakchos* wieder gestellt werden kann.

Bei dem zweischaligen Zentralbau ist ein Achteck in ein Viereck eingeschrieben. Der leicht unregelmäßigen Außenmauer des viereckigen Umgangs ist im Westen ein Narthex vorgelagert, im Osten springt die Apsis in einem eckigen Abschluss vor, der das innere Halbrund kaschiert. Innen befinden sich in den Raumecken des Umgangs Nischen, die die inneren Nischen wieder aufnehmen. Denn das Oktogon besteht aus acht Pfeilern mit alternierenden Zwischenräumen. Ein abwechselnd gerades und halbkreisförmig ausschwingendes Gebälk wird zwischen den Pfeilern von Säulen getragen. Die Empore darüber endet in den diagonalen Nischen in Halbkuppeln, dazwischen in halbkreisförmigen Bögen, deren Bogenfelder wiederum von Säulen getragen werden. Darüber wölbt sich die Schirmkuppel mit 16 Segmenten, die abwechselnd flach oder gewölbt sind. In die flachen sind Fenster eingeschnitten, die gewölbten hingegen treffen mit den Ecken des Oktogons zusammen.

Die unteren Säulen werden von Melonenkapitellen bekrönt, die oberen von ionischen Kämpferkapitellen. Das auf den unteren Säulen ruhende Gebälk trägt eine lange Weihinschrift, die die kaiserliche Stiftung bezeugt und frei übersetzt lautet: »Andere Herrscher haben Sterbliche geehrt, deren Werke nutzlos waren. Iustinianos aber, unser Herrscher, ehrt zur Erbauung der Frömmigkeit mit einem einzigen Bauwerk den Diener Christi des All-Erschaffers, Sergios, den weder Flammen noch Schwert noch andere Qualen erschüttern konnten, der aus Liebe zu Christus dem Herrn dem Tod getrotzt und durch sein Blut sich die himmlische Wohnstatt verdient hat. Möge er mit wachsamem Auge jederzeit das Reich des allzeit wachenden Kaisers schützen und die Macht der von Gott gekrönten Theodora wachsen lassen, deren Frömmigkeit ihren Geist erstrahlen lässt und deren Sorge und Mühe die Bedürftigen zu ernähren unermüdlich ist.«

Auffallend ist die Unregelmäßigkeit, mit der das Oktogon, ebenfalls nicht ganz symmetrisch, in das Quadrat gesetzt ist. Es scheint so, als habe ein hervorragender Architekt (also ein *mechanikos*) diesen innovativen Entwurf geliefert, der dann von einem weniger genialen Baumeister (*architekton*) ausgeführt wurde. Tatsächlich war der zur Verfügung stehende Platz nicht gerade großzügig, dennoch hätte es möglich sein müssen, den Grundriss besser abzustecken. Nach den ersten baulichen Fehlern musste man offensichtlich zügig weiterbauen. Selbst die Türen des Narthex in den Innenraum sind nicht symmetrisch angelegt. Dabei wurde im Detail der Ausführungen und in der Ausstattung auf Symmetrie großen Wert gelegt. So sind die Säulen der Achsen aus grünem Marmor, die der Diagonalen aus rotem.

Nur diese architektonisch notwendigen Ausstattungsstücke blieben erhalten, die Kapitelle und das Gebälk wurden übertüncht, sodass man auch hier einen falschen Eindruck erhält. Marmorinkrustation und Mosaiken gingen vollständig verloren. Sie hätten noch einen ganz anderen Raumeindruck vermittelt. Erstaunlich bleibt dennoch, wie großzügig der verhältnismäßig kleine Raum wirkt, dessen Kuppel lediglich eine Spannweite von 15 Metern hat.

Konstantinopel, *Hagia Eirene*

Die *Kirche zum heiligen Frieden* oder *Irenenkirche* verdient sehr viel eher als *Hagios Sergios und Bakchos* den Namen *Küçuk Aya Sofya*, also *Kleine Hagia Sophia*. Ähnlichkeiten gibt es nicht nur in der Architektur, sondern auch in der ursprünglichen Funktion.

Die Geschichte der *Hagia Eirene* ist noch älter als die der *Hagia Sophia*, denn bevor der erste Bau an dieser Stelle 360 geweiht wurde, war die *Irenenkirche* die Große Kirche und damit Sitz des Patriarchen. Anschließend bildete sie mit der *Hagia Sophia* eine Einheit: Für beide Kirchen war derselbe Klerus zuständig, weshalb beim ersten Kuppeleinsturz der *Hagia Sophia* die *Irenenkirche* übergangsweise Sitz des Patriarchen werden konnte.

Ihre besondere Stellung und die räumliche Nähe zur *Hagia Sophia* hatten zur Folge, dass auch sie beim Nika-Aufstand 532 bis auf die Grundmauern abbrannte und zusammen mit der *Hagia Sophia* neu erbaut wurde. Doch durch einen weiteren Einsturz bei dem Erdbeben von 740 können nur die unteren zwei Drittel der Wände der justinianischen Zeit zugeschrieben werden. Die Gewölbezonen stammen aus ikonoklastischer Zeit, was die Kirche vor allem wegen der zum Teil erhaltenen Ausstattung außergewöhnlich sein lässt.

Deutlicher als in der *Hagia Sophia* zeigt sich bei der *Hagia Eirene* die Verbindung von Longitudinal- und Zentralbau, weil durch die Größe des Raums und den weniger komplizierten Grundriss die Architektur übersichtlicher ist. An den zweigeschossigen Narthex schließt sich ein dreischiffiger Kirchenraum an, der in einer halbrunden, außen dreiseitig ummantelten Apsis endet. Die zentrale Kuppel besaß in justinianischer Zeit weder einen Tambour noch Fenster. Beides erhielt sie erst nach 740. Damals entstand auch das um die Kirche laufende Gesims, das die Wandfelder von der Gewölbezone horizontal scheidet, sowie die westliche Kuppel. Die Hauptkuppel wird von vier sehr breiten Gurtbögen getragen, die im Norden und Süden gleichzeitig das Tonnengewölbe für die über den Seitenschiffen liegenden Emporen darstellen. Diese Bögen liegen auf vier großen Wandpfeilern, die mit Kuppel und Gurtbögen zusammen den zentralen Raum dominieren. Im Westen folgt die zweite, kleinere Kuppel, die wiederum von den breiten Bögen und den starken Wandpfeilern gestützt wird. Hier leiten die Emporen zu dem Obergeschoss des Narthex über, von dem aus man die Tribüne betreten kann, die in das Mittelschiff hineinragt. Die Seitenschiffe werden durch wiederverwendete ungleich große Säulen, die deshalb auf verschieden hohen Basen stehen, vom Mittelschiff geschieden. Die Säulen tragen Rundbögen. Nach einem kurzen Wandfeld folgt ein weit auskragendes Gesims, über dem sich die Emporen befinden. Dieses Gesims läuft – ebenso wie dasjenige am Kämpferansatz – um die gesamte Kirche, macht aber vor der Apsis Halt, da es dort auf Höhe der Fensterzone verläuft. Unterhalb der großen Fenster in der Apsis befindet sich das erhaltene *Synthronon*, also die Priesterbänke, die aus Stein gemauert sind und in ihrer Anordnung an Sitzreihen im antiken Theater erinnern. Über den Fenstern und dem umlaufenden Gesims hat sich in der Halbkuppel der Apsisnische das große Kreuz aus Mosaik erhalten, eines der wenigen Ausstattungsstücke aus ikonoklastischer Zeit. Solche Kreuze auf Goldgrund schmückten auch einst Kuppel und Apsis der *Hagia Sophia*.

Die puristische Atmosphäre im Kircheninneren wird durch die Wände aus Haustein und Ziegelmauerwerk hervorgerufen. Vermutlich waren früher nicht nur die Apsis, sondern auch die Kuppeln und das Gewölbe mit Mosaiken ausgestattet. Und zumindest unterhalb des unteren Gesimses war der Haustein aus justinianischer Zeit mit Marmorplatten verkleidet.

Durch die Lage innerhalb des Serail der Osmanen wurde die *Irenenkirche* niemals Moschee. Erst diente sie lange als Waffendepot der Janitscharen. Im 19. Jahrhundert wurde in dem Raum das erste archäologische Museum von Konstantinopel untergebracht, dann folgte das Armeemuseum. Seit 1948 ist die Kirche Museum und wird heute als Konzertsaal und als Veranstaltungsort bei den Istanbuler Festspielen genutzt.

Thessaloniki, *Hagios Georgios*

Die Kirche *Hagios Georgios* in Thessaloniki gehört zu den wenigen erhaltenen Beispielen für einen antiken Raum, der ohne große Veränderungen bereits in frühchristlicher Zeit in eine Kirche umgewandelt wurde. Die Rotunde war Teil der Palastanlage des Caesars Galerius Maximianus. Durch eine hundert Meter lange Säulenstraße mit dem Palast verbunden, wurde sie wahrscheinlich Anfang des 4. Jahrhunderts als Mausoleum für den Kaiser gebaut. Im Mauerzylinder, der die Kuppel trägt, waren acht Nischen eingelassen, die Bogenfenster darüber beleuchteten den etwa 24 Meter weiten Zentralraum.

Bereits in frühchristlicher Zeit wurde der Bau in eine Kirche umgewandelt. Damals wurde ein niedriger Umgang hinzugefügt und die Nischenwände durchbrochen, sodass ein Stützenkranz mit Bogenpfeilern von mehr als sechs Metern Dicke entstand. Im Osten erhielt die Kirche eine große Apsis, der Eingang wurde vom Westen in den Süden verlegt. Später ist der Umgang wieder abgebrochen worden, der Stützenkranz erneut in Nischen verwandelt. Der heutige Zustand ist also zu einer Hälfte frühchristlich und zur anderen antik.

Die dem hl. Georg geweihte Kirche besitzt noch einen relativ gut erhaltenen Mosaikschmuck. Seine Datierung ist maßgeblich für den Zeitpunkt, zu dem das Mausoleum zur Kirche wurde. Doch sowohl der Umbau als auch die Mosaiken werden unterschiedlich datiert vom Ende des 4. bis zum Anfang des 6. Jahrhunderts. Auch wenn die neuere Forschung das spätere Datum bevorzugt, ist die Datierung nicht gesichert. Damit bleibt auch die Frage offen, ob *Hagios Georgios* als Kirchenbau eine Vorreiterrolle gespielt hat oder andere Zentralbauten zum Vorbild hatte.

Bethlehem, *Geburtskirche*

Die *Geburtskirche* in Bethlehem gehört zu den zahlreichen Bauten, die ursprünglich durch Kaiser Konstantin gegründet und dann unter Justinian erneuert wurden. Die konstantinische Kirche ist nur durch den Grundriss bekannt. Er ist noch einmal ein Beweis dafür, dass Zentralbauten nicht unbedingt funeralen Charakter haben mussten. Das Heiligtum bestand aus einem Atrium, einer fünfschiffigen Basilika und – anstelle einer Apsis – einem Oktogon. In dessen Mitte war ein mit einem Brunnengitter verschlossener Schacht, durch den man in die Geburtsgrotte schauen konnte. Um 334 erbaut ist die damalige *Geburtskirche* ein frühes Beispiel für die Verschmelzung

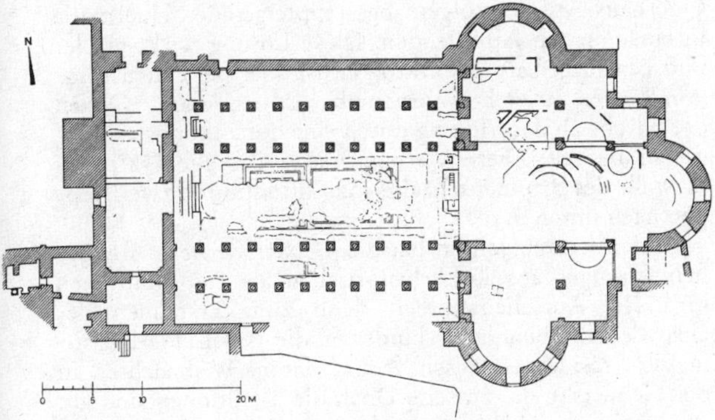

Bethlehem, Geburtskirche (6. Jh.)
Grundriss

von Longitudinal- und Zentralbau, wobei die Basilika die Funktion hatte, die Pilger aufzunehmen und zu leiten, bevor sie ins Oktogon eingelassen wurden.

Unter Justinian wurde die Kirche erneuert und vor allem vergrößert. Die anwachsenden Pilgerströme, mit denen Anfang des 4. Jahrhunderts noch niemand gerechnet hatte, mögen dafür ein Grund gewesen sein, ein anderer die Baufälligkeit, die vielen konstantinischen Bauten zu Eigen war.

Die fünfschiffige Basilika wurde beibehalten, allerdings um ein Joch verlängert und durch einen Narthex ergänzt. Die maßgebliche Veränderung fand im Osten statt. Dort wird das Langhaus von einem breiten Querhaus, das in halbkreisförmigen Apsiden endet, unterbrochen. Anschließend sind die äußeren Seitenschiffe um ein Joch, die inneren um zwei Joche weitergeführt, das Mittelschiff endet in der Apsis. Dadurch entsteht keine Dreikonchenanlage, sondern eine interessante Staffelung. Den Halbkreisen der

Querhaus-Apsiden folgen abgetreppte gerade Mauern, die in einer dritten Apsis enden. Diese Lösung wirkt größer und gewaltiger als das Oktogon, ist aber bei einem Blick von Westen gar nicht wahrnehmbar, da der gesamte Ostteil der Kirche ab der Vierung durch eine hohe Ikonostasis abgeschrankt ist. Diese Vierung ersetzt das alte Oktogon. Anstelle des Brunnenschachts mit Gitter führen zwei Treppen nach unten in die Geburtsgrotte.

In den letzten Jahren hat die *Geburtskirche* in Bethlehem weniger aus kulturhistorischen als aus politischen Gründen Aufsehen erregt, denn zum Erstaunen des christlichen Abendlands hinderten die Israeli den Palästinenser-Präsidenten Yassir Arafat daran, Weihnachten in der Geburtskirche zu sein. Doch die Traditionen sind alt: Bereits im 7. Jahrhundert erhielten die Araber die nach Mekka gerichtete Südapsis für eigene sakrale Handlungen. Und als um 700 eine Mosaikausstattung geplant wurde, nahm man auf das islamische Bilderverbot Rücksicht. Die Konzilbilder wurden nicht – wie üblich – als Bischofsversammlungen gezeigt, sondern es wurden Inschriften mit Dekretauszügen dargestellt, die von Architekturdarstellungen gerahmt waren.

Solch gegenseitige Rücksichtnahmen, aber auch Anregungen und Austausch der Kulturen, sind später in Vergessenheit geraten. Abgesehen von den Anfängen, als römische Künstler erst für jüdische, dann auch für christliche Architektur und Ausstattung verantwortlich zeichneten, gab es später auch enge Verbindungen zwischen der Ostkirche und dem Islam. Byzantinische Mosaizisten nahmen nicht nur auf Geheiß ihrer Auftraggeber Rücksicht auf das islamische Bilderverbot, sie arbeiteten sowohl im Jerusalemer *Felsendom* als auch in der *Großen Moschee* von Damaskus. Hier wie dort durften sie keine Figuren darstellen. Dennoch entstanden hervorragende Mosaiken, die sich stilistisch und in ihrer Qualität mit denen der *Hagia Sophia* vergleichen lassen.

Sinai, *Katharinenkloster und Marienkirche*

Mitten in der Wüste, auf dem Berg Sinai in Palästina, dort, wo sich gemäß der biblischen Überlieferung Gott Moses im brennenden Dornbusch offenbarte, ließ Justinian zwischen 548 und 565 ein Kloster gründen und befestigen. Dieses Kloster, das bis heute existiert, ist aufgrund der klimatischen Verhältnisse noch ebenso gut erhalten wie die Ikonen, die es beherbergt. Hier befindet sich auch noch der originale Dachstuhl und damit der älteste bis heute erhaltene. Zwei Inschriften auf dem Zugbalken des Dachstuhls benennen den regierenden Kaiser Justinian sowie die bereits verstorbene Kaiserin Theodora. Ihre Erwähnung erklärt die Zeitspanne in der oben genannten Datierung. Eine dritte Inschrift gibt den Namen des Architekten preis: Stephanos von Aila.

Von ihm ist so gut wie nichts bekannt, und die Herkunft aus Aila oder heute besser Eilat muss hinterfragt werden, da die Architektur eher mit Syrien als mit dem Negev in Verbindung zu bringen ist. Das erst später der heiligen Katharina geweihte Kloster war befestigt, was zu der damaligen Zeit selten ist. Die Befestigung diente nicht nur dem Schutz der Mönche, sondern auch und vor allem dem der byzantinischen Garnisonen, die hier stationiert wurden, um die Araber daran zu hindern, in Palästina einzufallen. Schnell bildete sich jedoch noch eine dritte Funktion heraus: Das Kloster wurde zur Karawanserei. Und als Konzession an die vielen Moslems, die dort Station machten, wurde später innerhalb der Umfassungsmauern auch eine Moschee gebaut.

Die dreischiffige Basilika aus dem örtlichen Basalt – also nicht dem in Kleinasien üblichen Ziegelmauerwerk – liegt vier Meter unterhalb des Bodenniveaus. Der Busch, um dessentwillen das gesamte Kloster gebaut wurde, lag an der tiefsten Stelle des Areals. Die Kirche sollte zumindest in seiner Nähe sein. Und deshalb muss man Treppen nach unten steigen, um in die Kirche zu gelangen. Damit die Kirche trotzdem sichtbar ist, endet sie an der West- und Ostfassade in jeweils einem vor das Dach des Obergadens gesetzten und weit über ihn hinausragenden Giebel, der im Westen von zwei Türmen flankiert wird. Unterhalb des Giebels springt der mit einem Flachdach gedeckte Narthex vor. Viereckige Fenster beleuchten den Obergaden der Kirche, deren Mittelschiff durch Säulen von den Seitenschiffen geschieden ist. Die Säulen tragen Kapitelle, die offensichtlich an Ort und Stelle skulptiert wurden. Charakteristisch sind die unterschiedlichen Formen, auffällig die dreiblättrigen Kapitelle, die syrische Variante der korinthischen Ordnung. Ungewöhnlich sind die von den Seitenschiffen aus zu betretenen Kapellen, die es allerdings in Palästina häufiger gibt. Die halbrunde Apsis mit *Synthronon* wird von zwei weiteren Kapellen flankiert, über deren Funktion noch zu sprechen ist.

Der aus der Erbauungszeit erhaltene Dachstuhl ist als offene Konstruktion errichtet. An den Zugbalken befinden sich nicht nur Inschriften, sondern auch geschnitzte Ornamente und Tiere, die durch die im 8. Jahrhundert eingezogene Decke heute nicht mehr vom Kirchenraum aus betrachtet werden können. Der Dachstuhl aus Dachbinder mit Hängesäule und Pfetten war typisch für römische Dachkonstruktionen und wurde offensichtlich in Byzanz bis weit in den Osten tradiert. Dabei übernahm man auch die römischen Holzverbindungen. Die Eisenbänder, die sich heute an jedem zweiten Dachbinder befinden, wurden vermutlich erst später, wahrscheinlich beim Einbau der Decke, hinzugefügt.

Die geringe Spannweite des Mittelschiffs von 6,5 Metern erklärt sich wahrscheinlich durch die Mühsal, riesige Dachbalken in die Wüste des Berges Sinai zu transportieren. Die Holzarmut der Gegend brachte es dann auch mit sich, dass den Steingewölben der Vorzug gegeben wurde. Deshalb ist der hölzerne Dachstuhl des Sinai aus mehre-

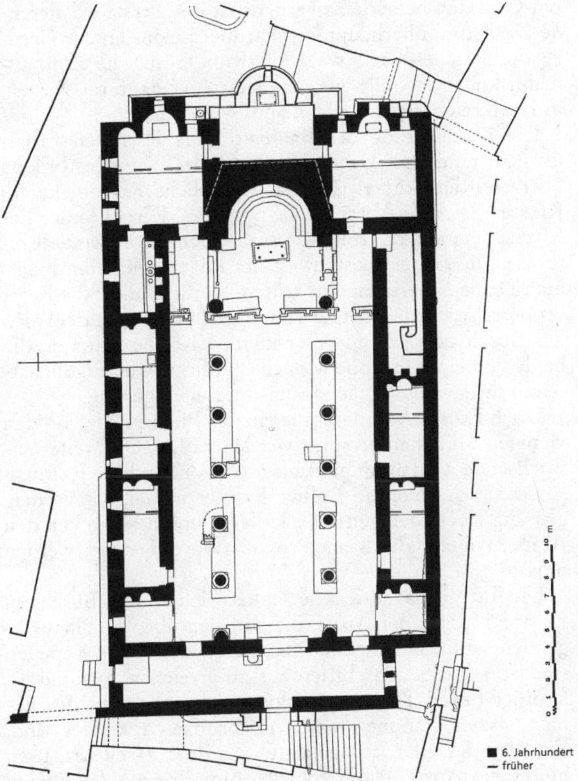

Sinai, Katharinenkloster, Marienkirche (um 500)
Grundriss

ren Gründen bemerkenswert: Er ist der älteste existierende Dachstuhl überhaupt, der darüber hinaus an der Grenze des Reiches, weit weg von Rom, römische Zimmermannskunst darstellt wie man sie später dann im Westen, in Frankreich und im Rheinland, wiederfindet.

Die Begeisterung des Bauhistorikers über den Erhaltungszustand des Dachstuhls und des Kunsthistorikers über den der Ikonen lässt das eigentliche Kultobjekt des Klosters leicht in Vergessenheit geraten. Direkt hinter der Kirche befand sich früher der *Brennende Dornbusch*. Erstes Zeugnis seiner Existenz ist der Pilgerbericht der frommen Dame Etheria, die im späten 4. Jahrhundert die Region bereiste. Sie berichtete von einem Garten, in dem sich der Busch befand und einer kleinen Kirche dahinter, die beide von einer Gruppe Mönche gepflegt wurden. Sie hatten in die steilen Abhänge ringsum Zellen gebaut.

Doch Etheria war nicht die einzige Pilgerin, die von den wenigen Mönchen versorgt werden wollte. Die weiter anwachsende Zahl an Pilgern mag der Vorwand für Justinian gewesen sein, hier ein Bollwerk zu errichten, das vordergründig einem heiligen Zweck diente und deshalb von den Arabern nicht gleich als Provokation aufgefasst werden musste.

Die justinianische Kirche schloss sich an den Busch an. Er stand hinter der Apsis, die von den über sie hinausragenden seitlichen Kapellen flankiert wird. Diese Kapellen sind von den Seitenschiffen aus zu erreichen. Sie sind allerdings durch Türen verschlossen, die noch aus der Erbauungszeit stammen und mit Bronze verkleidet sind. Von den Kapellen aus gelangt man durch weitere Türen hinter die Apsis in die Kapelle zum *Brennenden Busch*. Die Stelle, wo der Busch einst gestanden hat, ziert heute ein Altar.

Ursprünglich haben die über die Apsis herausragenden seitlichen Kapellen einen Hof gebildet, in dem der Busch geschützt lag und über Jahrhunderte grünte – wie zu Zeiten von Moses und später von Etheria. Doch – so berichtete ein Reisender im Mittelalter – die Pilger waren so begierig nach Zweigen, dass der Busch irgendwann zerstört war. Damals entstand dann die Memorialkapelle.

Phokis, Kirchen des Klosters *Hosios Lukas*

In der Berglandschaft von Phokis und in der Nähe von Delphi liegt das Kloster *Hosios Lukas*. Dieses Kloster wurde von dem heiligen Lukas von Stiris gegründet, der 946 starb. In dem Klosterkomplex befinden sich nebeneinander und miteinander verbunden zwei Kirchen, *Theotokos* und *Katholikon* genannt. Die *Theotokos-Kirche* ist die ältere und wurde vielleicht direkt nach dem Tod des Klostergründers, 946–955 erbaut, falls sie mit der in der Heiligenlegende beschriebenen Barbara-Kirche identisch ist. Die *Katholikon-Kirche* hingegen stammt wahrscheinlich vom Anfang des 11. Jahrhunderts, da ihre Mosaiken in diese Zeit datiert werden. Allerdings ist immer noch strittig, ob sie bereits 1011 gegründet wurde oder erst in der Regierungszeit des Kaisers Konstantin IX. Monomachos, der für die Stiftung von Mosaikausstattungen berühmt geworden ist.

Hosios Lukas ist nicht nur wegen dieser Mosaiken bekannt, sondern auch wegen der Architektur beider Kirchen. Interessanterweise befinden sich hier direkt nebeneinander die zwei Typen der Kreuzkuppelkirche, für die uns im deutschen Sprachraum eine Differenzierung fehlt. Wir orientieren uns deshalb an den Engländern, die sie als *Cross-in-square* und *Greek-cross-octagon* bezeichnen. Die *Theotokos-Kirche* ist ein solcher *Cross-in-square* oder ›Kreuz-im-Quadrat‹-Typ, also eine einfache Kreuzkuppelkirche, bei der der Hauptraum aus einem Quadrat besteht. Vier Säulen mit angrenzenden kleinen gewölbten Räumen lassen diesen Raum zu einem griechischen Kreuz

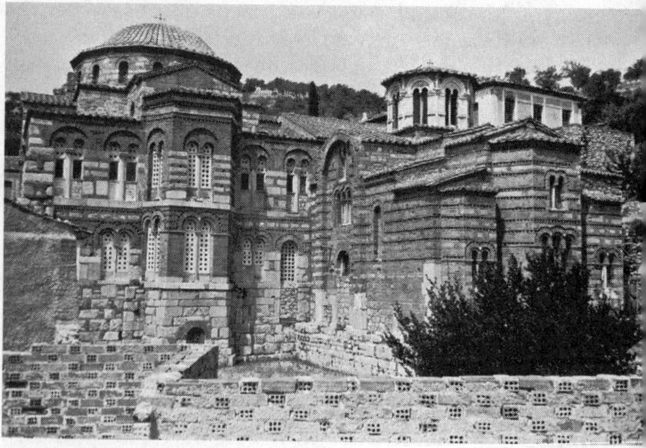

Phokis, Hosios Lukas (Mitte 10. und Anfang 11. Jh.)
Außenansicht beider Kirchen

Foto: Susanna Partsch, München

werden, die Säulen tragen die Kuppel in der Mitte des Raumes. Daran schließen sich im Westen ein breiter, zweischiffiger Narthex, im Osten drei Apsiden an. Innen ist die Kirche mit einem Marmorfußboden ausgelegt. Reste der Wandmalerei aus dem 12. Jahrhundert sind ebenfalls noch erkennbar.

Wenn die Datierung der *Theotokos-Kirche* stimmt, ist sie zumindest das älteste erhaltene Beispiel für eine bestimmte Art der Mauerbehandlung, die sich nur in Griechenland findet und die *Cloisonné*-Technik genannt wird. Dabei werden die Hausteine horizontal und vertikal von Ziegeln gerahmt. Über dem Gesims unterbrechen Zahnbänder die relativ glatte Oberfläche und betonen damit die horizontale Ausrichtung. Sie rahmen allerdings auch die

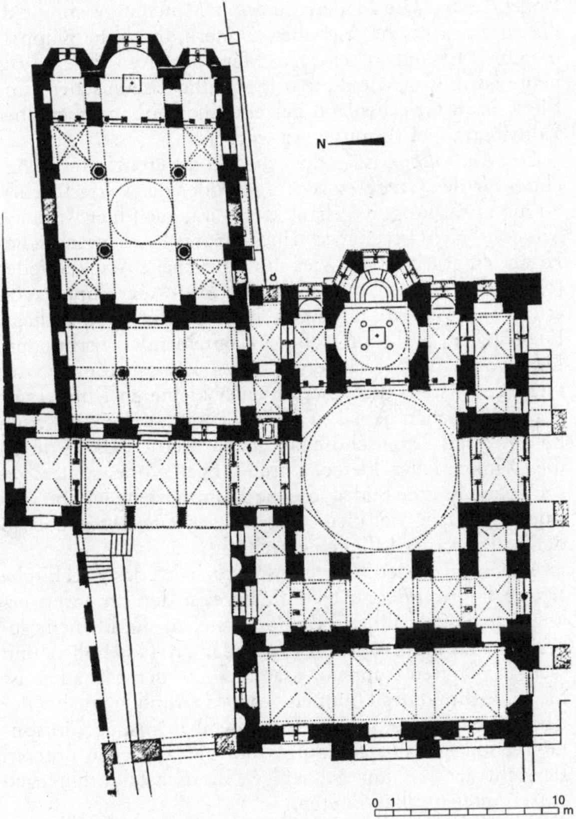

Phokis, Hosios Lukas (Mitte 10. und Anfang 11. Jh.)
Grundriss

Bogenfenster. Die Mauern sind mit Motiven geschmückt, die an das kufische Alphabet erinnern, die hohe Kuppeltrommel ist mit reliefierten Marmorplatten belegt. Bis heute ist unklar, wie diese offensichtlich islamischen Einflüsse nach Griechenland gelangt sind, ohne vorher über Konstantinopel vermittelt zu werden.

Das *Katholikon* ist in der sehr viel differenzierteren Architektur des *Greek-cross-octagon* oder des ›Griechischen Kreuz mit Oktogon‹ gebaut, das heißt, auch hier ist in ein Viereck (nicht zwingend ein Quadrat) ein griechisches Kreuz eingeschrieben. Vier durchbrochene Winkelpfeiler (oder acht Stützen) tragen in der Mitte die Kuppel von etwa neun Metern Durchmesser, die auf Trompen aufliegt. Die Pfeiler sind durch Bögen miteinander verbunden. Drei von ihnen verlängern sich zu kurzen Tonnen, der vierte im Osten leitet über zu einer kleineren Kuppel vor der eigentlichen Apsis. Die Nebenräume können auch hier nicht als Seitenschiffe bezeichnet werden, da sie durch die Winkelpfeiler kleine, durch Bögen voneinander geschiedene Räume bilden, die die Emporen tragen. Die Apsiden sind sehr viel kleiner als bei der *Theotokos*, ebenso der Narthex, der lediglich einschiffig ist.

Anders als in der *Theotokos-Kirche* wird das griechische Kreuz im *Katholikon* erst im Bereich der Emporen erkennbar. Unterhalb der Emporen stehen die kleinen, gewölbten Räume im Kontrast zu der großen, hohen und weit gespannten Kuppel. Zusammen mit den Mosaiken ist hier ein Abbild des Himmels gegeben. Ähnlich wie bei der Theotokos-Kirche wurde der Außenbau in der Cloisonné-Technik gebaut, allerdings sind die Steine im unteren Bereich sehr viel unregelmäßiger, die Ecksteine hingegen entstammen antiken Bauten.

Venedig, *S. Marco*

Im 11. Jahrhundert, wurde in Venedig eine große Kirche gebaut, die die Macht der aufstrebenden Stadtrepublik demonstrieren sollte: *S. Marco*. Um 1063 begonnen, war die Kirche wohl in den 90er-Jahren so weit vollendet, dass sie geweiht werden konnte. Später folgten Um- und Anbauten, sodass die Gesamterscheinung aus verschiedenen Jahrhunderten stammt. Doch das Grundprinzip der fünf Kuppeln über einem griechischen Kreuz zitierte eine byzantinische Kirche, die damals bereits 500 Jahre alt war: die heute zerstörte *Apostelkirche* in Konstantinopel, die Justinian 536 bis 546 errichten ließ. Es ist zu vermuten, dass bei dem Bau der venezianischen Kirche byzantinische Baumeister mitgewirkt haben, ebenso wie die Ausstattung wohl in den Händen von byzantinischen Mosaizisten lag.

Venedig hatte immer eine Mittlerrolle zwischen West und Ost gespielt. Der Abhängigkeit von Byzanz in der frühen Zeit folgten enge Handelsbeziehungen, später dann, 1204, die Eroberung von Konstantinopel, aber auch ein letzter Hilfsversuch 1453. Doch die venezianische Flotte kam damals zu spät, die Osmanen hatten die Stadt bereits eingenommen.

Die Ambivalenz im byzantinisch-venezianischen Verhältnis spiegelt sich auch im Bau der *Markuskirche*. Apostelkirchen spielten seit der Gründung der ersten Apostelkirche in Konstantinopel durch Kaiser Konstantin eine große Rolle. Ambrosius in Mailand reagierte schnell. Und so entstand hier die erste Apostelkirche Norditaliens, der bald weitere folgten. Für eine solche Gründung benötigte man natürlich Reliquien, deren Besitz wiederum die Macht erhöhte.

Die konstantinische *Apostelkirche* war, wie viele der Bauten aus dieser Zeit, schon bald baufällig und Justinian ließ eine neue Kirche erbauen, die durch die Beschreibungen Prokops (vgl. Materialien, Text 10) bekannt ist. Diese Kirche wurde dann für den venezianischen Neubau Vorbild. Die Bedeutung der *Markuskirche* erschließt sich durch die Geschichte, die auch für das Verständnis des Mosaikenprogramms von Bedeutung ist.

Der Evangelist hatte seinen Lehrer Petrus nach Rom begleitet, von dort aus die Kirche in Aquileia gegründet und war dann nach Alexandria aufgebrochen, um dort zu missionieren. Natürlich wuchs die Gemeinde und er wurde schließlich von den örtlichen Behörden gefangen genommen und zu Tode gequält. Im Kerker erschien ihm Christus und sprach die tröstenden Worte »Pax tibi Marce Evangelista meus«, die in Venedig überall – oft allerdings verkürzt – zu lesen sind. Nach dem Tod des Evangelisten konnten die Christen dank eines Unwetters die Reliquien vor dem Scheiterhaufen bewahren.

Als Alexandria moslemisch geworden war, kamen im 9. Jahrhundert zwei venezianische Kaufleute in die Stadt und nahmen den Leichnam unter dem Vorwand, ihn zu retten, mit. Nach einer abenteuerlichen Fahrt kamen sie in Venedig an. Jetzt hatten die Venezianer ihre größten Rivalen, die Einwohner von Aquileia, ausgestochen, da sie die Reliquien *des* Heiligen besaßen, der dort die erste Gemeinde gegründet hatte. Außerdem hatten sie mit den Reliquien ihren eigenen Heiligen und konnten den hl. Theodoros hintanstellen, der ihnen von den Byzantinern vorgegeben worden war. Deshalb wurde auch die erste *Markuskirche* zwischen *S. Teodoro* und den *Dogenpalast* gebaut. Auch sie war wohl bereits eine Kreuzkuppelkirche, die die *Apostelkirche* in Konstantinopel zum Vorbild hatte. Der Rückgriff auf eine 500 Jahre ältere Architektur kann damit erklärt werden, dass hier der Anschein eines alten Baus erweckt und damit ein nicht vorhandener Legitimitätsanspruch geltend gemacht werden sollte.

Nach einem Feuer im 10. Jahrhundert wurde die Kirche renoviert, doch im 11. Jahrhundert beschloss die Kommu-

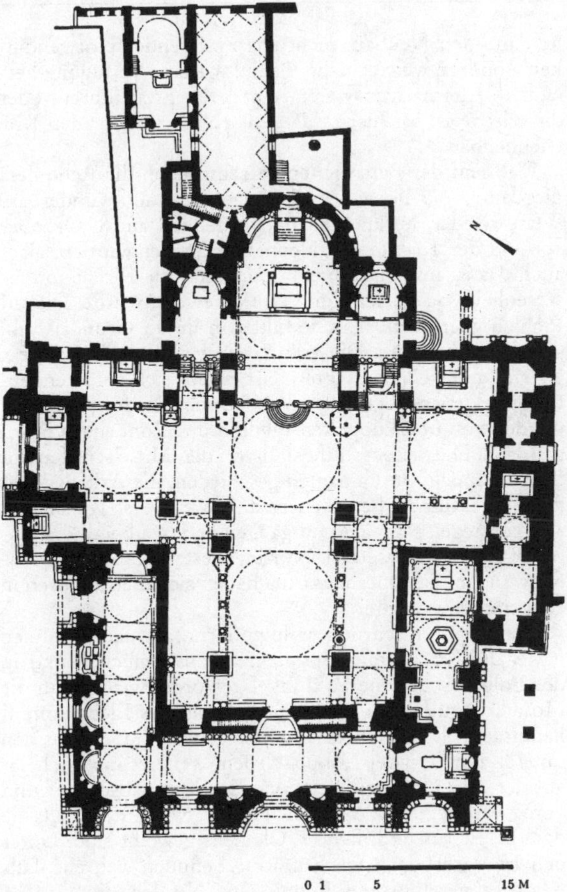

Venedig, S. Marco (11. Jh.)
Grundriss

ne dann den Neubau, nicht aus zwingender Notwendigkeit, sondern weil Venedig Geld zur freien Verfügung hatte. Die Alternativen waren, einen Krieg zu führen, oder die Kirche zu erneuern. Man entschloss sich für den Kirchenneubau.

Während der Bauarbeiten verschwanden die Reliquien, die dann – so besagt es die Legende – auf wunderbare Weise wieder auftauchten und angeblich am 8. Oktober 1094 in der Krypta des Neubaus bestattet wurden, als – auch das ist historisch nicht gesichert – die Kirche in Anwesenheit von Kaiser Heinrich IV. geweiht wurde. Die auf Pfählen gegründete Kirche bildet in ihrem Grundriss ein griechisches Kreuz. Die vier Kreuzarme sind dreischiffig, über dem jeweiligen Mittelschiff erhebt sich eine Pendentifkuppel, ebenso wie über der Vierung. Die fünf Kuppeln werden von überkuppelten Pfeilern und Tonnengewölben getragen. Die Seitenschiffe sind von den Mittelschiffen mit ihren Kuppeln durch Säulen geschieden, die Arkaden tragen. Über ihnen befinden sich heute die so genannten ›Katzenstege‹, schmale Laufgänge, die fast überall die früheren Emporen ersetzen. Nur im Westen und an den Außenwänden der Querhausarme haben sich die Emporen in ganzer Breite erhalten.

Die Emporen wurden wohl entfernt, als man begonnen hatte, die Kirche mit Mosaiken auszuschmücken und in der Folge die Räume zu dunkel geworden wären, um die Mosaiken gut sehen zu können. Denn das Licht kommt hauptsächlich von oben, von den Fensterkränzen an den unteren Rändern der Kuppelschalen. Weiteres Licht scheint aus der Apsis, die im Osten den Kreuzarm abschließt und von zwei kleineren Apsiden flankiert wird, Kapellen, die dem hl. Petrus und dem hl. Clemens geweiht sind. Unter den Emporen der Querhausarme befinden sich ebenfalls relativ abgeschlossene Räume, im Norden die Capella S. Isidoro, im Süden Sanktuarium und Tesoro, also der Kirchenschatz. Der westliche Kreuzarm wird von einer

Vorhalle umschlossen, die im Süden heute Baptisterium und Zenokapelle birgt.

Im Westen befinden sich die drei großen Tore, die Vorhalle und Kircheninneres miteinander verbinden. Die Vorhalle ist alternierend mit Kuppeln und Tonnengewölben gedeckt. Die Kuppel vor dem Hauptportal wird von Lünetten flankiert, rechts und links davon folgen Tonnen. Sie werden wieder – vor den Seiteneingängen – von Kuppeln abgelöst. Im Süden gelangt man dann – zumindest theoretisch – in die Capella S. Zeno, im Norden folgt ein weiteres überkuppeltes Joch, an das sich die Fortsetzung der Vorhalle mit drei weiteren Kuppeln auf der Nordseite des westlichen Querarms anschließt.

Durch die Vorhalle wird die Kreuzesform des Grundrisses verschleiert. Die Kirche ist anders organisiert als zum Beispiel *Hosios Lukas*, wo das Kreuz in ein Rechteck eingeschrieben ist. Die Kreuzesform ist in Venedig auch am Außenbau gut zu erkennen, wenn man die Kirche von oben betrachten kann. Die im Inneren sehr flachen Kuppeln sind außen erstaunlich hoch und betonen das Kreuz.

Diese Kuppeln tragen dem Fundament und dem venezianischen Sand Rechnung. Die flachen aus Ziegeln gemauerten Innenschalen tragen ein hölzernes Gerüst und darüber eine Bleieindeckung. Außen sind die Kuppeln zehn Meter höher als im Inneren, gefährden aber dennoch nicht die Pfähle, die den gesamten Bau tragen.

Die Fassade von *S. Marco* mit gotischem Zierrat, Trophäen aus Konstantinopel wie den vier bronzenen Pferden – Werken des 4. oder 3. vorchristlichen Jahrhunderts –, den hohen Kuppeln mit den aufgesetzten Laternen, ist weder byzantinisch noch westlich, sondern eine Mischform, in die sowohl antike als auch islamische Elemente Aufnahme fanden. Der Innenraum jedoch erinnert wie kein anderer Bau an die *Hagia Sophia*, nur, dass er trotz seiner relativen Größe so klein ist, dass die Mosaiken eine beeindruckende Wirkung verbreiten. Die Inkrustation mit kostbarem, verschiedenfarbigem Marmor reicht bis hin zu den ›Katzenstegen‹. Dann folgen die Mosaiken auf Goldgrund, die sich über die gesamte Gewölbezone und die Kuppeln ausbreiten. An einigen Stellen wurde die Erstausstattung zerstört. Dort sind später neue Mosaiken eingefügt worden. Auch wenn sie stilistisch nicht den anderen Mosaiken entsprechen, weil man sich im Barock nicht darum bemüht hat, die byzantinische Kunst nachzuempfinden, ist ein Gesamteindruck erhalten geblieben, wie er in den wenigsten Kirchen zu finden ist. Die Basiliken Siziliens beeindrucken zwar mit ihren Mosaiken, doch fehlt ihnen der Zentralbau. Nur er ermöglicht die Ordnung, die von oben nach unten die göttliche Hierarchie in die Kirche überträgt und dem Menschen seine Unzulänglichkeit vor Augen führt.

Konstantinopel, *Chora-Kirche*

Die *Chora-Kirche* oder *Kariye Cami* ist ein Beispiel für die Kontinuität in der byzantinischen Kunst. Lange Zeit ins 7. Jahrhundert datiert, ist inzwischen erwiesen, dass die ältesten Teile des heutigen Baus frühestens aus dem 11. Jahrhundert stammen. Der Gesamteindruck spiegelt allerdings die Veränderungen des 14. Jahrhunderts, als die ruinöse Kirche durch den Politiker und Humanisten Theodoros Metochites von Grund auf erneuert, mit Annexbauten versehen und vor allem der gesamte Komplex mit Mosaiken und Malereien ausgestattet wurde. Heute ist die *Chora-* oder *Erlöserkirche* die Kirche Konstantinopels mit dem ausführlichsten und besterhaltenen Ausstattungsprogramm des 14. Jahrhunderts.

Der Zeitpunkt der Gründung des Klosters ist nicht bekannt. Grabungen, Untersuchungen und Quellen belegen jedoch, dass die Ende des 11. Jahrhunderts gestiftete Kirche eine von vier Säulen getragene Kuppel besaß. Der zentrale Raum der Kuppelkirche mit sehr kurzen Kreuzarmen endete in einer Apsis und war von seitlichen Vorhallen begleitet.

Diese Kirche wurde durch ein Erdbeben so schwer beschädigt, dass der Sohn von Kaiser Alexios I. Komnenos, Isaak Komnenos um 1120 Erneuerung und Umbau in Auftrag gab. Die Säulen wurden durch Eckpfeiler ersetzt, auf denen eine sehr viel größere Kuppel ruhte. Doch auch diese Kirche war bereits im 14. Jahrhundert wieder in ruinösem Zustand, vielleicht auch aufgrund der Plünderungen der venezianischen Kreuzfahrer. Unter Theodoros Metochites wurde zwischen 1315 und 1321 eine neue Kuppel errichtet, der Fußboden und die Marmorverkleidung der Wände erneuert. Dieser innere Kirchenraum, der Naos, wurde nun von anderen Räumen umgeben. Im Westen befinden sich zwei in ihrer Höhe gestaffelte Vorhallen, sodass man von dem niedrigen Exonarthex in den höheren Esonarthex und von dort in das noch höhere Kirchenschiff gelangt. Im Süden schließt sich eine Grabkapelle an, die, einschiffig und in ihrer Mitte überkuppelt, in einer Apsis endet. Das südliche Joch der äußeren Vorhalle ist gleichzeitig Eingang in diese Grabkapelle (oder das Parekklesion), die man auch durch einen schmalen Eingang aus dem Esonarthex betreten kann. Ein weiterer Durchgang befindet sich in dem überkuppelten Joch und kurz vor der Apsis. Hier gelangt man in die überkuppelte südliche Apsis der eigentlichen Kirche, die aber – im Unterschied zur nördlichen Seitenapsis – nicht mehr mit ihr verbunden ist.

Die überkuppelten Seitenapsiden waren ursprünglich von den seitlichen Vorhallen und der Hauptapsis aus zugänglich, so, wie dies im Norden auch noch der Fall ist. Doch im Süden wurde nicht einfach die Vorhalle in die Grabkapelle umgewandelt, sondern die Mauern verstärkt, sodass die südliche Seitenapsis jetzt isoliert ist. Ähnlich unsymmetrisch sind die Vorhallen gebaut: Der Esonarthex besteht aus vier ungleich großen Jochen. Die äußeren sind überkuppelt, wobei die südliche Kuppel größer ist als die nördliche. Dafür ist das neben der südlichen Kuppel liegende Joch schmaler, gleichzeitig aber der Eingang in den Kirchenraum. Beim Exonarthex sind die drei nördlichen Joche breiter als die beiden südlichen. An sie schließt sich jedoch ein weiteres Joch an, das gleichzeitig die Vorhalle zur Grabkapelle bildet. Diese Unregelmäßigkeiten erkennt man auch am Außenbau. So verdeckt die südliche Narthexkuppel ein wenig von der Lünette über dem Eingang zur eigentlichen Kirche.

Metochites ließ sich als Stifter feiern. Das bezeugen die Inschriften im Hauptraum, denn auf seinen Namen folgen die Bezeichnungen *Logothetes* und *Kai Ktetor*, womit seine Funktion als Spitzenbeamter hervorgehoben wird.

Die Architektur der *Chora-Kirche* war Hülle und Folie für ein reiches Ausstattungsprogramm, das an anderer Stelle besprochen wird.

Skulptur

Rom, S. Maria Antiqua, Sarkophag

Mit aller gebotenen Vorsicht gilt der Sarkophag in der römischen Kirche *S. Maria Antiqua* auf dem *Forum Romanum*, der zwischen 245 und 260 datiert wird, als der früheste erhaltene figürliche Sarkophag mit christlichen Motiven. In die typisch römischen bukolisch-maritimen Darstellungen sind zwei Szenen eingebunden, die eindeutig christlichen Ursprungs sind.

Es handelt sich um einen marmornen Wannensarkophag, die Neben- oder Frontseiten sind von der Schauseite nicht durch eine rechte Ecke klar abgegrenzt. Die Rundung bietet vielmehr einen fließenden Übergang. In der Mitte der Längs- oder Schauseite, an zentraler Stelle, steht zwischen zwei Bäumen eine *Orans*, eine mit erhobenen Händen betende Frau. Neben ihr sitzt ein lesender Philosoph. Ihre Gesichter sind nicht ausgeführt worden, sie sollten wohl ursprünglich nach dem Tod der Auftraggeber die Gesichtszüge der Verstorbenen erhalten. Die Typisierung der Toten als fromme Frau und belesener Mann hatten die Christen von den älteren und gleichzeitigen paganen Darstellungen übernommen.

Links von der Betenden ruht *Jonas in der Kürbislaube*. Seine Füße berühren noch das Meer, in dem sich das Meeresungeheuer tummelt, das ihn schon vor geraumer Weile ausgespuckt hat. Das Dach der Laube ist gleichzeitig Wiese, auf der zwei Schafe liegen, ein weiteres steht mit abgewendetem Kopf dort. Es blickt zum Schiff, auf dem sich Jonas zu Beginn seiner Reise befand und das jetzt auf der einen Frontseite des Sarkophags abgebildet ist. Links davon sieht man Poseidon, den antiken Gott der Meere, mit Dreizack und Urne auf einer Welle sitzen.

Gegenüber des lesenden Philosophen steht der antike *Schafträger*, der als christlicher *Guter Hirte* interpretiert wird. Zu seinen Füßen lagern weitere Schafe. Eines wendet sich zu dem kleinen nackten Christus, der gerade von Johannes dem Täufer im Jordan getauft wird. Zwischen ihnen fliegt die Taube des Heiligen Geistes herab. Ein Baum trennt den Täufer von zwei Fischern mit Netzen, die auf dieser Frontseite dargestellt sind. Auffällig ist die vermeintliche Verbindung von antiken und christlichen Darstellungen. Antike Topoi werden benutzt, um christliche Inhalte darzustellen. Eine eigene Ikonographie musste sich erst noch herausbilden.

Die Jonasgeschichte gehörte mit zu den beliebtesten Darstellungen in frühchristlicher Zeit, weil sie in abgewandelter Form in zahlreichen Mythen, aber auch in Erzählungen der Seefahrer zu finden war und damit ein vertrautes Motiv darstellte. Wichtiger noch war wohl der Aspekt, dass sich hier die Plastizität der Erzählung mit der theologischen Durchdringung verband. Typisch für die Antike war außerdem, dass die Darstellungen nicht in allen Einzelheiten der erzählten Geschichte entsprach, sondern durch Kürzel die wesentlichen Inhalte hervorgehoben wurden.

So ist auf dem Sarkophag zwar das Schiff zu sehen, auf dem sich Jonas befunden hat, nicht aber den Wurf ins Meer, sondern nur Matrose und Steuermann. Der Matrose hat die Arme erhoben, nicht um zu beten wie vielfach interpretiert wurde, sondern aus Entsetzen über das Meerungeheuer, das in den frühen Darstellungen nie ein Fisch, sondern immer ein Ketos, ein Seemonster aus der griechischen Mythologie war. Auf dem Drachenleib sitzt ein wolfsähnlicher Kopf. Es schien den spätantiken Künstlern offensichtlich viel glaubwürdiger als verschlingendes und wieder ausspeiendes Meerwesen, als ein Fisch.

Auf dem Sarkophag sieht man das Ketos weder, wie es Jonas verschlingt, noch wie es ihn wieder ausspeit, sondern nur, wie es den ruhenden Jonas in der Kürbislaube betrachtet. Dieser jugendliche Jonas wurde immer wieder mit der antiken Darstellung des schlafenden Endymion verglichen, was jedoch unzutreffend ist, da Jonas nicht schläft, sondern ruht.

Die Darstellung bleibt antikem Gedankengut verhaftet. Poseidon ist hier nicht als Konkurrenz zum christlichen Gott zu sehen, sondern als Symbol für das Meer, wie es seit alters her bekannt war. Der ruhende jugendliche Jonas auf einem Sarkophag verbunden mit bukolischen Bildern symbolisiert die »selige Ruhe nach dem leiblichen Tod« wie Sichtermann darlegt, der im Frankfurter Ausstellungskatalog von 1983 die frühchristlichen Jonas-Darstellungen als »kraftvolle Zeichen der Versöhnlichkeit, des Ineinander und Miteinander von Alt-Heidnischem und Früh-Christlichem, echte Zeugnisse der Antike, die auch als

›Spätanike‹ und selbst als ›frühchristliche Antike‹ noch antik blieb« (Spätantike und frühes Christentum, S. 247) charakterisiert.

Dies trifft nicht nur auf die Jonas-Darstellung des Sarkophags, sondern auch auf die anderen Szenen zu. Das »Ineinander und Miteinander« ist bei den Verstorbenen selbst, der Orans und dem Philosophen, am augenfälligsten, findet sich aber genauso bei den anderen Szenen. So repräsentiert der Schafträger gemeinsam mit den beiden Fischern auf der Nebenseite einerseits das bukolisch-maritime Motiv des friedlichen, heiteren und glückseligen Jenseits, andererseits können beide aber auch christlich gedeutet werden. Bereits Anfang des 3. Jahrhunderts wurde von dem Kirchenlehrer Klemens von Alexandrien ein »Leitfaden für die christliche Lebensgestaltung« formuliert, bei dem pagane Symbole eine christliche Umdeutung erfuhren (vgl. Materialien, Text 3). So konnten von nun an die Fischer mit den ersten vier Aposteln (Simon-Petrus, Andreas, Jakobus, Johannes), den Menschenfischern, in Verbindung gebracht werden, der Schafträger hingegen wurde mit dem *Guten Hirten* des Neuen Testaments gleichgesetzt, der einmal bei Lukas (15,1–10) im *Gleichnis vom verlorenen Schaf* thematisiert wird, dann aber vor allem bei Johannes (10,1–30), wo sich Christus selbst als *Guten Hirten* bezeichnet. Zwischen *Schafträger / Guter Hirte* und den *Fischern* ist die *Taufe* dargestellt, also die Aufnahme in die christliche Gemeinde. Der Fischer war aber auch gleichzeitig der Taufende, der *Gute Hirte* sammelte die Gläubigen um sich, die sich durch die Taufe zum Christentum bekehrt hatten.

Damit werden zwei Geschichten erzählt, wobei die Lesart jeweils von der Nebenseite bis hin zur Mitte der Schauseite führt. Die Jonas-Geschichte von links nach rechts beginnt mit Poseidon und dem Schiff und endet in der Kürbislaube. Von rechts nach links wird der Sinn der Taufe vor Augen geführt: Nachdem die Fischer den Menschen zum rechten Glauben bekehrt haben, wird er wie Christus getauft und gehört dann zu der vom *Guten Hirten* geführten Schar der Glaubenden. Diesen ist ein friedliches Jenseits gewiss.

Aufmerksamkeit verdient noch die Tatsache, dass Christus als Kind dargestellt ist, obwohl die Kindstaufe erst im 4. Jahrhundert verbindlich wird. Davor hat es zwar auch Kindstaufen gegeben, wenn ganze Familien (Häuser) getauft wurden, Kinder christlicher Eltern wurden jedoch direkt Christen.

Stilistisch gehört das Relief eindeutig der spätantiken Zeit an. Die Figuren sind in antike Gewänder gekleidet und verkörpern die heidnisch-antike Welt.

Rom, S. Pietro in Vaticano, Schatzkammer, Sarkophag

Einer der bedeutendsten Sarkophage der nachkonstantinischen Zeit ist der so genannte *Bassus-Sarkophag*, benannt nach seinem Auftraggeber Junius Bassus, dem Präfekten von Rom, der, kurz nach seiner Taufe, am 25. August 359 starb. Er wurde in *Alt-St. Peter* bestattet, den Sarkophag hat man um 1595 in der Nähe des angeblichen Petrusgrabes gefunden. Als ›Praefectus urb‹ war Junius Bassus auch der Stellvertreter des Kaisers in Rom, hatte also die mächtigste Stellung in der Stadt inne. Dies berechtigte ihn, nicht weit vom wichtigsten Heiligen beerdigt zu werden.

Aus einem einzigen Marmorblock gehauen, ist der Sarkophag mit reichen, fast vollplastischen Szenen zum Leben Christi und anderen Themen aus der Bibel in zwei Friesen geschmückt. Die Szenen befinden sich in einzelnen, durch Säulen noch einmal voneinander abgegrenzten Nischen.

Im oberen Register ist links die *Opferung Isaaks* dargestellt, daneben die *Gefangennahme von Petrus*. In der

Mitte steht die für das frühe Christentum wichtige *Traditio legis*, die Übergabe des Gesetzes von Christus an seine beiden Apostel Petrus und Paulus. Gleichzeitig thront Christus über Caelus, dem antiken Himmelsgott. Dem folgen die Passionsbilder von *Gefangennahme* und *Christus vor Pilatus*. Das untere Register beginnt mit dem aussätzigen Hiob, der von seiner Frau versorgt wird. Dem folgt der *Sündenfall*. Unter der *Traditio legis* ist der *Einzug in Jerusalem* dargestellt, anschließend *Daniel in der Löwengrube* und – als letztes Bild auf der Schauseite – Paulus, der zu seinem Martyrium geführt wird.

Auf den Schmalseiten hingegen sind Trauben pflückende und Ähren schneidende Eroten dargestellt, die die Jahreszeiten symbolisieren. Die Szenen auf der Schauseite zeigen bereits Tendenzen zu erzählenden Bildfolgen und vor allem zu den nur wenig später in Bilder umgesetzten Typologien, den Verweisen von Altem und Neuem Testament.

Der *Junius-Bassus-Sarkophag* stellt einen Höhepunkt in der römischen frühchristlichen Skulptur dar. In der Qualität der Ausführung unübertroffen scheint er einer der besten römischen Bildhauerwerkstätten zu entstammen.

Der lokale Bezug zu Rom ist durch die Martyrien beziehungsweise Gefangennahmen der beiden Apostel Petrus und Paulus gegeben, ebenso wie die *Traditio legis*, die für Rom zentrale Gesetzesübergabe, an die sich die Nachfolge Petri als Bischof von Rom (und Stellvertreter Gottes auf Erden) knüpft. Diese drei Darstellungen sind ganz eindeutig auf die Hauptstadt des Römischen Reiches, der der Präfekt vorstand, bezogen.

Andererseits gehört das Beispiel zu den Passions-Sarkophagen, bei denen im Zentrum zwingend eine Szene dargestellt ist, die als Triumph Christi über den Tod zu interpretieren ist. Eine von ihnen war die *Traditio legis*. Die Passion Christi ist durch drei Szenen aus dem Leben Jesu angedeutet, durch den *Einzug in Jerusalem*, die *Gefangen-*

nahme und *Christus vor Pilatus*. Die *Gefangennahme* entspricht dabei derjenigen der beiden Apostel. Die Passion selbst wurde damals auch auf anderen Sarkophagen durch die Darstellung des *Isaakopfers* symbolisiert. Weitere Verweise auf die Erlösung der Menschheit durch Tod und Auferstehung Christi sind der *Sündenfall* und *Daniel in der Löwengrube*.

Auf den Passions-Sarkophagen waren fast immer auch die Martyrien von Petrus und Paulus dargestellt. Nur selten wurde die Gefangennahme Petri nicht von Quellwunder und Hahnenszene ergänzt. Diese Episoden fehlen hier. Zeitgleich mit dem Paulus-Martyrium, bei dem die auf den Rücken gebundenen Hände und die Schilfstaude als Ortsangabe (ad aquas salvia) obligatorisch sind, wurde die Szene des leidenden Hiob eingeführt. Interessant ist, dass bei diesem Sarkophag die Typisierung von Petrus und Paulus noch nicht erfolgt ist, obwohl sie Mitte des 4. Jahrhunderts in ersten Beispielen zu sehen ist.

Die Szenen aus dem Alten Testament spiegeln jedoch auch den Text eines Totengebets. Er ist zwar erst aus dem 5. Jahrhundert überliefert, benennt aber alle Szenen des Bassus-Sarkophags und darüber hinaus noch weitere, die auch häufig auf frühchristlichen Sarkophagen zu finden sind (vgl. Materialien, Text 8).

Der *Bassus-Sarkophag* zeigt die Übernahme imperialer Motive bei der Darstellung von Christus. Bei der *Traditio legis* thront er nicht nur wie der Kaiser, der dazugehörige Fußschemel wird auch noch von der Personifikation des Himmels, Caelus, gehalten. Außerdem empfängt Petrus die Schriftrolle aus den Händen Christi mit verhüllten Händen wie es sich für einen römischen Untertan gehört, der sich dem Kaiser nähert. In der Szene darunter, dem *Einzug in Jerusalem*, sieht man einen jugendlichen, bartlosen Christus auf einem Esel reiten. Kleidung und Haltung entsprechen jedoch den Darstellungen des *Adventus*, der Ankunft des Kaisers. Der einzige Unterschied ist das Reittier, da Christus nicht stolz auf einem Pferd, sondern demütig auf einem Esel in die Stadt reitet.

In der Gegenüberstellung von *Einzug in Jerusalem* und dem im Himmel thronenden Christus der *Traditio legis* kann man eine Vorwegnahme des Augustinus-Kommentars sehen: »Der auf Erden König der Juden genannt wurde, ist im Himmel König der Engel.«

Beide Sarkophage zeigen, wie sehr an einer neuen christlichen Ikonographie gearbeitet wurde und wie schnell es gelang, Formen zu entwickeln, die uns bis heute geläufig sind.

Berlin, *Große Pyxis*

Die runde Büchse aus Elfenbein (Berlin, Museum für Spätantike und Byzantinische Kunst) deren Deckel verloren ist, wird allgemein zwischen 370 und 430 datiert. Der Entstehungsort ist unbekannt. Es wird aber vermutet, dass sie an der Mosel, also im weströmischen Reich, gearbeitet wurde. Gewissheit besteht nur darüber, dass die *Pyxis* 1843 in Koblenz für die preußisch-königliche Sammlung erworben wurde. Solche mit figurativen Reliefs verzierten Büchsen wurden in der Antike benutzt, um in ihnen Schmuck und ähnliches aufzubewahren. Die Christen übernahmen die Form, doch dienten die kostbaren Dosen jetzt liturgischen Zwecken. In ihnen wurde Weihrauch aufbewahrt oder sie wurden zu Reliquienbehältern.

Die *Große Berliner Pyxis*, wie sie allgemein genannt wird, ist 12,2 cm hoch und misst 14,5 cm im Durchmesser. Auf ihr sind in sehr hohem Relief der lehrende Christus im Kreis seiner Schüler, der Apostel und, sehr viel weniger Platz beanspruchend, das Isaakopfer dargestellt. Der jugendliche bartlose Christus sitzt auf einem imperialen Thron, der mit einem Kissen und hoher Lehne ausgestattet ist und zu dem auch der Fußschemel (Suppedaneum) gehört. Halb vom Thron verdeckt werden zwei Stützen sichtbar, die einen flachen Bogen tragen und damit einen Innenraum andeuten, gleichzeitig aber auch eine architektonische Hoheitsformel zitieren, die an das kaiserliche Tribunal erinnert. Im Kontrast zu den kaiserlichen Hoheitsformeln stehen das Gewand eines Philosophen, der fehlende Nimbus und der Redegestus, der auch noch von den rechts und links von ihm sitzenden Aposteln Petrus und Paulus aufgegriffen und erwidert wird.

Der Disput unterscheidet dieses Bild vom kaiserlichen Repräsentationsbild, denn in Anwesenheit des Kaisers durfte nur der reden, der aufgerufen war. Eine Disputation, wie hier dargestellt, war nicht möglich. Sie entstammt antiken Philosophenszenen. So ist diese Darstellung eine Vermischung von imperialer Ikonographie und Lehrszene und erinnert gleichzeitig an die *Traditio legis*. Allerdings ist die Gruppe um die anderen Apostel erweitert, die sich ebenfalls am Disput beteiligen, wie aus ihren Armbewegungen zu schließen ist.

Das *Isaakopfer* auf der Rückseite scheint in die Gruppe der Apostel mit eingebunden. Die Apostel wenden sich zwar alle zur anderen Seite, also zu Christus hin, doch gibt es kaum eine Zäsur. Der Engel, der Abraham daran hindert, das Menschenopfer zu vollbringen, steht direkt neben dem letzten Apostel auf dieser Seite. Ihre Ellbogen berühren sich. Zwischen Engel und Abraham drängt sich zu ihren Füßen der Widder hervor, zwischen ihren Köpfen jedoch wird die Hand Gottes sichtbar. Abraham dreht seinen Kopf zu Hand und Engel. Auf der anderen Seite hat er Isaak bereits am Kopf gepackt, hält das Schwert aber senkrecht. Das Kind Isaak steht nackt mit überkreuzten Beinen und offensichtlich auf dem Rücken zusammengebundenen Händen auf der untersten Stufe eines hohen Altars. Vorbild war wohl ein fliegender Erote, weshalb die Figur hier nicht ganz geglückt scheint. Der Altar wird von der anschließenden Apostelfigur durch einen Baum abgegrenzt.

Zwischen den Aposteln sieht man mehrere Wandvorlagen (wahrscheinlich sollen sie Säulenschäfte andeuten), die den zu einem Gebälk gehörenden Eierstab tragen. Der Rest des Gebälks war wahrscheinlich auf dem verlorenen Deckel dargestellt. Diese Szene spielt also in einem Innenraum, das Isaakopfer – und das zeigt der Baum an – jedoch draußen. Die etwas verhaltene Architekturdarstellung resultiert wohl aus dem Spagat zwischen Außen- und Innenszene.

Die *Große Pyxis* zeigt die künstlerische Gratwanderung zwischen Antike und Christentum. Die Figuren sind in Kleidung und Habitus noch antik, die Zusammenstellung christlich. Das beginnt bei Christus, der zwar auf dem Thron des Augustus sitzt, aber die Kleider eines Philosophen trägt und sich auch dementsprechend verhält. Diese Verbindung hat viel Einfluss auf die spätere rein christliche Ikonographie gehabt.

Leider ist der Auftraggeber nicht bekannt, sodass es nicht möglich ist, die Funktion der *Pyxis* zu bestimmen. Sie kann sowohl für liturgische Zwecke Verwendung gefunden haben, als auch für den privaten Bereich.

Rom, S. Sabina, Holztüren

Erhaltene Holzskulpturen sind selten, weil das Material noch leichter Verfall oder Zerstörung ausgesetzt ist als Stein oder Metall. Dennoch haben sich große Teile der Holztüren am Hauptportal der frühchristlichen Kirche *S. Sabina* in Rom erhalten. Von dem illyrischen Priester Petrus gestiftet, wurde die Kirche 432 von Papst Sixtus geweiht. Die Tür dürfte also um 430 geschnitzt worden sein. Von den ehemals 28 Bildfeldern sind zehn verloren, die übrigen 18 sind in veränderter Anordnung montiert.

Der gute Erhaltungszustand erklärt sich durch die Verwendung von afrikanischem Zedernholz, einem Hartholz, das an der Luft noch weiter aushärtet (die häufige Bezeichnung ›Zypressenholz‹ ist irreführend, doch sind diese Hölzer miteinander verwandt). Die Rahmen um die einzelnen Relieffelder sind mit geschnitzten Blättern und Ranken verziert, die Felder selbst sind unterschiedlich groß. Die querrechteckigen zeigen immer nur eine Szene, auf den längsrechteckigen hingegen können bis zu drei Szenen dargestellt sein, jedoch sind Anordnung und Stil sehr unterschiedlich. Das deutet darauf hin, dass zumindest mehrere Schnitzer, wenn nicht sogar verschiedene Werkstätten die einzelnen Bilder gearbeitet haben.

Die eindeutig falsche Anordnung, bei der einfach die unteren Felder freigelassen worden sind, hat die Kunsthistoriker herausgefordert und zu verschiedenen Rekonstruktionen geführt. Die erste Frage, die sich dabei stellt, ist die Lesart. Es handelt sich um zwei Türflügel, die allerdings noch einmal durch Scharniere unterteilt sind. Diese Falttüren verleiten zu einer Lesart von oben nach unten. Die Größe der Bildfelder wechselt jedoch in horizontalen Reihen, das heißt, in der obersten Reihe befinden sich vier kleine, querrechteckige Felder. Ihnen folgen vier große, längsrechteckige. Dieser Rhythmus setzt sich in den folgenden fünf Reihen fort. Damit ergibt sich auch eine zentrale Reihe mit großen Bildern.

Es handelt sich also um eine Durchdringung von horizontaler und vertikaler Gliederung, die bei einer Rekonstruktion berücksichtigt werden muss. Da außerdem verschiedene Bilder eindeutig dem Alten Testament zugerechnet werden müssen, liegt hier eine Gegenüberstellung vor, also eine Typologie, deren Ausbildung Rechnung ge-

Rom, S. Sabina, Holztüren (um 430)
Schematische Umzeichnung der ursprünglichen Anordnung der Bildfelder

VII	Frauen am Grab [VII, 2]	Erscheinung Christi vor den Frauen [V, 2]	Erscheinung Christi vor den Jüngern [V, 1]	Christus mit Petrus und Paulus [VII, 4]
VI	Akklamation (?) [IV, 2]			Parusie [VI, 4]
V	Die Verleugnungs-ansage [V, 3]	Christus vor Kaiphas [III, 4]	Christus vor Pilatus und Kreuztragung [III, 1]	Kreuzigung [VII, 1]
IV	(Geburtsszenen)	(Taufe Christi)	Wunder Christi [VI, 1]	Himmelfahrt Christi [VI, 3]
III		Magierhuldi-gung (?) [VII, 3]		
II	Berufung des Moses [IV, 1]	Durchzug durch das Rote Meer [IV, 3]	Wunder Moses [VI, 2]	Himmelfahrt des Elia [IV, 4]
I	(Meerwurf des Jonas) (?)	(Ausspeiung des Jonas) (?)	Die Entraffung des Habakuk (?) [V, 4]	(Daniel in der Löwengrube) (?)
	1	2	3	4

tragen werden muss. Schwierigkeiten ergeben sich vor allem dabei, dass bei der Entstehung der Türen noch eine gängige Ikonographie fehlte und auch die typologischen Bezüge noch nicht ausgearbeitet waren. Daher haben sich nicht nur verschiedene Rekonstruktionsvorschläge ergeben, sondern sind auch einzelne Szenen unterschiedlich interpretiert worden.

Überzeugend ist der Vorschlag von Wolfgang Kemp (Kemp, 1994), der mit der Begründung, bei zwei Türflügeln müsse es sich nicht unbedingt um die nahe liegende vertikale Teilung in Altes und Neues Testament handeln, auch diesen Dualismus der horizontalen und vertikalen Durchdringung herausgearbeitet hat. Seine Lesart beginnt nicht links oben, sondern unten. Die erste horizontale Reihe ist für ihn also die unterste. Dort vermutet er vier Szenen aus dem Alten Testament. Erhalten geblieben ist eine Geschichte aus dem Leben des Propheten Habakuk (*Die Entraffung Habakuks*), in der er mit der Hilfe eines Engels dem Propheten Daniel Essen bringt, während dieser in der Löwengrube schmachtet. Daher vermutet Kemp als Ergänzung ebendiese Szene des *Daniel in der Löwengrube* und außerdem auf dem linken Türflügel den literarisch überlieferten *Meerwurf des Jonas* und die dazugehörige *Ausspeiung*.

Die großen Felder in der zweiten Reihe sind bis auf die *Himmelfahrt des Elias* verschiedenen Moses-Geschichten gewidmet. In den längsrechteckigen Feldern können teilweise bis zu vier Einzelszenen ausgemacht werden. Das folgende Register war thematisch vermutlich dem Leben Christi gewidmet. Einzig die *Anbetung der Könige* (oder Magier) ist erhalten geblieben. Die vierte, zentrale Reihe war wohl wichtigen Stationen im Leben Christi wie Geburt, Taufe, Wunder, Himmelfahrt vorbehalten. Die einzelnen Szenen erklären sich auch durch die vertikale Lesung. Den Passionsszenen in der fünften Reihe folgen in der siebten Reihe Szenen nach der Auferstehung. Die beiden Bilder in der sechsten Reihe haben sehr unterschiedliche Interpretationen erfahren. Bei dem ersten Bild könnte es sich um eine Art Akklamation mit Einsetzung, Berufung und Amtseinführung handeln, wobei sowohl eine reale Person wie der Bischof der Kirche oder der Stifter gemeint sein könnte, wie auch eine biblische Heilsgeschichte. Das zweite Bild zeigt wohl die *Parusie*, die Wiederkunft Christi.

Schaut man sich nun die vertikale Gliederung an, werden auch hier die Bezüge deutlich. Jetzt handelt es sich nicht um Themenkomplexe, sondern um inhaltlich aufeinander bezogene Darstellungen. Offensichtlich ist dies bei der *Berufung des Moses*, der vermutlichen *Verkündigung* in der 4. Reihe (bei den Geburtsszenen) und der *Akklamation*, zu denen auch der *Meerwurf des Jonas*, die *Verleugnungsansage* sowie die *Frauen am Grabe* passen, da auch sie Ankündigungen sind. Noch deutlicher werden die Bezüge in der vierten vertikalen Reihe mit dem Heilsgeschehen, wobei die einzelnen Bilder nicht genau in der Anordnung gelesen werden dürfen, sondern aufeinander bezogen. So ist *Daniel in der Löwengrube* als Ankündigung der *Kreuzigung Christi* zu sehen, ebenso wie die *Himmelfahrt des Elias* mit der *Himmelfahrt Christi* korrespondiert. *Kreuzigung* und *Himmelfahrt* sind wiederum Voraussetzung für die *Traditio legis* im obersten Register und *Parusie*. So folgt auf eine Verknüpfung die nächste.

Die typologischen Bezüge, die dualistische Durchdringung von vertikaler und horizontaler Lesart machen schon allein den großen Stellenwert der Türen von *S. Sabina* aus. Hinzu kommen aber noch die weiteren Innovationen. So ist die *Kreuzigung Christi* eine der frühesten plastischen Kreuzigungsdarstellungen überhaupt. Christus ist fast doppelt so groß wie die beiden anderen Gekreuzigten. Alle drei tragen lediglich einen Lendenschurz. Die Kreuze hinter ihnen erahnt man eher als dass man sie sehen kann. Sie ragen lediglich hinter den Köpfen und Händen ein wenig hervor. Hinter den Figuren sind drei Häuser mit Giebeldächern zu sehen. Die Größe Christi weist nicht auf das Leiden, sondern auf den Triumph hin, der sich dann in der Himmelfahrt und Wiederkunft manifestiert.

Sehr viel gewandter sind die beiden *Himmelfahrten* dargestellt. Vor allem beim *Elias* besitzt die Aufwärtsbewegung eine große Dynamik. Elias auf dem Wagen, der nach oben strebt, reicht mit seinem Fuß noch in die irdische Sphäre. Es scheint, als stoße er sich vom Felsen ab. Gleichzeitig greift sein Nachfolger Elisa nach dessen Mantel. Seine Arme bilden den Beginn einer kurvigen Bewegung, die sich im Körper des Elias fortsetzt, um im Arm des Engels zu enden, der nach Elias greift und ihn zu sich hochzieht.

Nicht so dynamisch, doch von ganz anderer Bewegung ist die *Himmelfahrt Christi.* Hier stehen die Figuren nicht vor einem tiefer liegenden, planen Grund, sondern dieser selbst ist durch Eintiefungen und Erhöhungen lebendig. Auf einem nicht näher definierten Grund sitzen und stehen vier Apostel. Drei von ihnen blicken erstaunt nach oben und zeigen auf die Stelle, an der Christus wohl gerade gestanden hat. Der vierte ist in sich zusammengesunken und reibt sich erstaunt die Augen. Darüber wird der auf dem höchsten Grad eines Berges stehende Christus von Engeln in Empfang genommen, die ihn hochziehen. Ebenso wie bei Elias bedarf es auch hier einer sichtbaren Kraft, um in den Himmel zu gelangen.

Ob es sich bei den unterschiedlichen Schnitzarten um verschiedene Hände oder gar unterschiedliche Werkstätten handelt, kann aufgrund fehlender Vergleichsbeispiele heute nicht mehr beurteilt werden. Sicher ist, dass bei den Türen kein herrschaftlicher Stil verwendet wurde. Am Eingang der Kirche, die jeder betreten konnte, war man offensichtlich um Popularität bemüht und damit auch um eine volksnahe Kunst.

Berlin, *Konsulardiptychon des Iustinus*

Ein typisches *Konsulardiptychon*, bei dem sich spätantiker Brauch mit christlichem Glauben verbindet, ist das *Diptychon des Iustinus*, das vollständig erhalten ist. Iustinus war der Sohn von Kaiser Justinians I. Vetter Germanus und aussichtsreicher Thronerbe. Er wurde, noch als Kind, 540 Jahreskonsul, das heißt, das Elfenbein muss kurz zuvor entstanden sein. Es zeigt auf beiden Tafeln identische Darstellungen: in der Mitte die Halbfigur des Amtsinhabers, der in der einen Hand das Zepter hält, das von der Kaiserbüste bekrönt wird, in der anderen die Mappa, mit der er bei Wettkämpfen das Startzeichen gab. Das Porträt befindet sich in einem Medaillon, dessen Rahmen mit Ranken verziert ist und das von einer großen geometrisch angeordneten Ranke mit Palmetten umfasst wird. Darüber befinden sich drei kleine Medaillons mit den Köpfen von Christus, Justinian und Theodora. Die Inschrift darüber benennt den Amtsinhaber mit all seinen Titeln. Am unteren Rand schütten zwei Knaben Münzen aus Säcken in Behälter. Sie demonstrieren damit den Reichtum des Konsuls und künden von den Feiern und Spielen, die er mit seinem Geld für das Volk ausrichten wird.

Trotz des starken Abriebs erkennt man, dass die beiden Knaben am unteren Rand sehr viel sorgfältiger ausgeführt sind als der Rest der Tafeln. Wahrscheinlich wurden die Diptychen vorgefertigt, das Rankenwerk dürfte mithilfe von Schablonen gearbeitet sein, bei den Knaben hatten die Schnitzer offensichtlich (relativ) freie Hand. Wenn dann der neue Amtsinhaber feststand, mussten die Diptychen relativ schnell fertig gestellt werden, weshalb die Gesichter von Amtsinhaber, dem Kaiserpaar und Christus sehr schematisch gearbeitet sind.

In den früheren *Konsulardiptychen* war das mittlere der oberen Medaillons dem Kaiser vorbehalten, assistiert von der Kaiserin und einem weiteren Würdenträger. Das Kaiserbild wurde in christlicher Zeit bereits früher durch das Kreuz ersetzt, das dann vom Kaiserpaar flankiert wurde. Das *Iustinus-Diptychon* ist aber das erste erhaltene, bei dem statt des Kreuzes der Christuskopf dargestellt wurde. Damit fand ein wechselseitiger Verweis zwischen göttlicher und kaiserlicher Person im Bild statt. Darüber hinaus weiß man, dass ein Christusbild existierte, das genauso einen Kultstatus besaß wie die Kaiserbilder. Dieses Christusbild wurde nun auf den Consulardiptychen statt des Kreuzes abgebildet. Wo sich dieses Bild befand, ist bis heute nicht geklärt.

Paris, *Barberini-Diptychon*

Viele Elfenbein-Diptychen kann man genau lokalisieren und datieren, weil ihre Besitzer inschriftlich erwähnt sind. Dies ist bei dem so genannten *Barberini-Diptychon*, das sich heute im Pariser Louvre befindet, nicht der Fall. Seine Existenz ist erst ab 1625 greifbar, als es sich im Besitz eines Sammlers in Aix-en-Provence befand. Dieser übereignete es dem Kardinallegaten Francesco Barberini. 1899 wurde die Barberini-Sammlung versteigert und der Louvre erstand das Stück, das seitdem *Barberini-Diptychon* genannt wird. Der Dargestellte ist vermutlich Kaiser Justinian I., womit das Werk in die erste Hälfte des 6. Jahrhunderts zu datieren wäre, was stilistisch anderen Werken der Zeit entspricht. Die erhaltene – linke – Hälfte des Diptychons besteht nicht nur aus einer, sondern aus fünf aneinander gesetzten Tafeln. Wahrscheinlich waren diese großen Diptychen kaiserlichen Auftraggebern vorbehalten. Es wird aber auch vermutet, dass sie als Buchdeckel fungierten. Die Tafeln messen zusammen 34,1 × 26,6 cm. Die Tafel rechts vom Kaiser ist verloren und durch eine leere ersetzt worden.

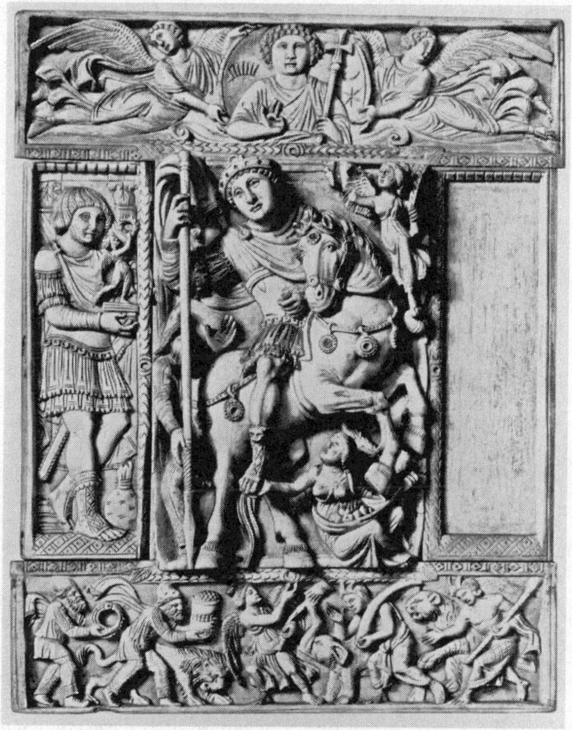

Barberini-Diptychon (1. Hälfte 6. Jh.)
Paris, Musée du Louvre

Auf der vorderen, der Haupttafel, sitzt in der Mitte der Kaiser hoch zu Ross. In seiner Rechten hält er eine Lanze, mit deren Spitze er den Boden berührt. Dahinter steht eine Figur mit phrygischer Mütze und skythischer Kleidung. Dies symbolisiert einen asiatischen Gefangenen, der zum Zeichen seiner Unterwerfung die Lanze berührt. Dazu passt das Stechen der Lanze in den Boden, denn dies bedeutet seit der Antike die Herrschermacht an sich.

Auffallend an der Darstellung der Mittelplatte ist ihre Lebendigkeit. Der Kaiser zieht die Zügel an, wodurch das Pferd hochsteigt. Gleichzeitig hat er den Körper zur Seite gedreht und stützt sich auf die Lanze. Das heißt, er ist im Begriff, vom Pferd zu steigen. Deshalb hält ihm auch die Personifikation der Erde, die unterhalb der Vorderhufe des Pferdes kauert, den Steigbügel.

Das Absteigen des Kaisers vom Pferd gehört zum *Adventus*, also zum feierlichen Einzug in die Stadt nach seinem Regierungsantritt. Die *Adventus*-Ikonographie verschmolz später mit dem *Einzug in Jerusalem*. Hier in dieser frühen Darstellung sind natürliche Bewegung und symbolische Bedeutung in Einklang gebracht. In der oberen Ecke der Tafel ist eine geflügelte Viktoria mit einem Palmzweig in der Hand zu sehen. Zu dieser Siegespalme gehörte früher noch ein (heute abgebrochener) Siegeskranz, den die Viktoria dem Kaiser präsentierte. Über ihm, in einem eigenen Rahmen, halten zwei Engel ein Medaillon mit der Büste des jugendlichen, bartlosen Christus, der den Kreuzesstab in der Hand hält. Er wird von Sol und Luna (Sonne und Mond) begleitet.

Auch hier klingt das Siegesthema an. Denn in antiker Zeit trugen geflügelte Viktorien Medaillons oder Girlanden zum Zeichen des Sieges. Im 4. Jahrhundert erhielten auch die Engel Flügel und wurden ähnlich dargestellt wie die Viktorien. Am deutlichsten zeigt sich das bei einem Relief aus dem ersten nachchristlichen Jahrhundert in Berlin (Museum für Spätantike und Byzantinische Kunst), auf dem Viktorien eine Fruchtgirlande tragen. Oberhalb der Girlande war früher eine Schale oder Opferkanne dargestellt, die im 4. Jahrhundert herausgemeißelt wurde, um einem Christusmonogramm Platz zu machen. Nur wenig später finden sich auf Sarkophagen und Diptychen Engel-Viktorien, die ein in einen Kranz eingeschriebenes Kreuz tragen oder, wie eben auf dem *Barberini-Diptychon*, Christus selbst.

Dieser obere Teil gehört auch noch zum *Adventus*-Motiv, denn beide Tafeln zusammen zeigen die universale Herrschaft, die sich über die Erde, aber auch über den Himmel erstreckt. Siege und Triumphe des Kaisers sind von Gott gegeben. Oder mit den Worten von Werner Telesko: »Der universale Herrschaftsanspruch des Kaisers erfährt seine göttliche Legitimation durch Christus: Dieser erscheint in dem Augenblick, als der Kaiser seinen feierlichen *Adventus* vollzieht.« (Telesko, S. 377f.)

Der General (oder militärisch gekleidete Konsul) auf der linken Tafel trägt eine Statue der geflügelten Viktoria, die dem Kaiser einen Lorbeerkranz entgegenhält. Es bleibt eine Vermutung, dass die rechte Tafel ähnlich gestaltet war. Doch wird auch hier wieder eine Viktoria dargestellt gewesen sein, denn auch auf der unteren Tafel ist eine Viktoria zu sehen. Sie steht in der Mitte und erhebt ihre Arme nach oben, direkt unter den einen Hinterhuf des Pferdes. Rechts und links von ihr kommen die Vertreter der einzelnen Erdteile herbei, um dem Kaiser ihre Gaben zu bringen. Dazu zählen auch wilde Tiere wie Löwen, Bären, aber auch Elefanten, deren Stoßzähne für das damals so verschwenderisch eingesetzte Elfenbein dringend gebraucht wurden.

Hinter dem Elefanten läuft ein an seinem Kopfschmuck und dem entblößten Oberkörper kenntlicher Inder, der einen riesigen Stoßzahn in der Hand hält. Hierin wollte man lange den Beweis erkennen, dass Elfenbein vor allem aus Indien importiert wurde. Diese These schien noch durch das Festgedicht bei der Wiedereröffnung der *Hagia Sophia* im Jahr 562 von Paulos Silentarios gestützt, der schrieb: »Ruhig verhält sich der medeische Herrscher, und der Kelten Geschrei ist verstummt, der Inder aber führte

Elefanten und Meeresperlen herbei und gesellte sein befreundetes Schwert deinem Throne.« (Das Museum für Spätantike und Byzantinische Kunst, S. 45)

Doch war dies wohl nur ein Kunstgriff, denn der Dichter stellt weiter fest, dass der schwarzgraue Marmor von den Kelten geschickt worden wäre. Hier weiß man aber, dass er in der Nähe Konstantinopels abgebaut wurde. Und so muss auch die Herkunft des Elfenbeins nicht zwingend Indien sein. Heute vermutet man vielmehr, dass Alexandria der Umschlagplatz für Elfenbein war, egal ob aus Indien oder Afrika. Eventuell befanden sich sogar die Elfenbeinschnitzer dort und fertigten teils auf Bestellung teils in Serie. Das *Barberini-Diptychon* war mit Sicherheit in Auftrag gegeben worden. Bislang immer noch ungeklärt ist die Frage nach der Provenienz der Schnitzer. Stammten auch sie aus Alexandria oder handelt es sich um eine Werkstatt in Konstantinopel, die die Schnitzereien in ihrer überaus hohen Qualität ausführten? Bemerkenswert wenn nicht gar erstaunlich ist, dass Kaiser und Pferd zum Teil vollplastisch ausgebildet sind wie auch die Lanze und einzelne Körperteile der anderen Figuren des Mittelfeldes. Stilistisch weist das Diptychon auch sehr enge Verbindungen zur Kathedra des Maximian auf.

Ravenna, *Elfenbein-Kathedra* des Erzbischofs Maximian

Die 150 cm hohe und 65 cm breite *Elfenbein-Kathedra* im Erzbischöflichen Museum von Ravenna ist das einzige erhaltene Stück dieser Art. Mit dem Kern aus Ebenholz und zur Gänze mit geschnitzten Elfenbeinplatten verkleidet, stellt sie einen sehr wertvollen Bischofsthron dar, der eine bewegte Geschichte hat. Von Ravenna aus gelangte die *Kathedra* spätestens um 1000 nach Venedig, wo sie der Doge Pietro II. Orsoleo im Jahr 1001 dem jungen Kaiser

Otto III. zum Geschenk machte, der sie wieder nach Ravenna zurückgab.

Im 17. Jahrhundert wurde die *Kathedra* erstmals schriftlich erwähnt und 1884 mit der Restaurierung begonnen, angefangen beim Holzkern, der erneuert werden musste. In Museen und Sammlungen fand man noch einige der originalen Elfenbeinplatten und so ist die *Kathedra* heute wieder relativ komplett. Das Monogramm auf der Frontseite lässt darauf schließen, dass sie für den Bischof von Ravenna, Maximian, gefertigt wurde. Maximian wurde 545/46 zum Bischof von Ravenna geweiht, 550 erhielt er den Titel des Erzbischofs. Da in dem Monogramm dieser Titel nicht erscheint, wird überwiegend eine Datierung zwischen 545 und 550 angenommen. Doch wird auch die Meinung vertreten, dass zwischen Bischof und Erzbischof nicht differenziert wurde, die Kathedra also auch später entstanden sein kann. Ebenso wenig ist die Herkunft gesichert, Alexandria und Konstantinopel stehen zur Diskussion.

Das Monogramm ist eingebunden in ein Ornamentband aus Ranken, Weinlaub, Trauben und Tieren. Darunter stehen in hochrechteckigen Rahmen und zwischen halbrunden Arkaden, die von kanellierten Stützen getragen werden, Johannes der Täufer und die vier Evangelisten. Seitlich befinden sich zehn Tafeln mit der *Josefs-Geschichte*. Die Rücklehne wurde früher von 16 Tafeln geschmückt, acht auf jeder Seite. Innen sind davon fünf erhalten, die das *Leben Mariens* nach dem Protoevangelium des Jakobus zeigen, außen nur noch zwei. Man weiß aber, dass hier Szenen aus dem Leben Christi ohne Passion dargestellt waren. Diese szenischen Darstellungen (wohl auch oft zwei auf einer Tafel) werden von breiten Ornamentbändern gerahmt, in deren Ranken wieder Tiere integriert sind.

Stilistisch bietet sich kein einheitliches Bild dar. Es ist wohl müßig, einzelne Hände scheiden zu wollen und verschiedene Meister zu kreieren. Sinnvoller scheint es, nach den Wurzeln zu fragen und diese sind wohl in verschiedenen Regionen anzutreffen. Die Weinlaubfriese können mit spätantiker Ornamentik verglichen werden. Die Tiere verweisen aber ins biblische Paradies. Der erzählende Charakter der *Josefs-Geschichte* wird sowohl römisch als auch ägyptisch charakterisiert, die Evangelisten hingegen sind ein Gemisch aus bereits entwickelter byzantinischer Blockhaftigkeit der Körper mit der Lebendigkeit der antiken Gesichter. Die Möglichkeit, all diese Stile in der Hauptstadt zu finden, ist wahrscheinlich. Ebenso möglich ist es, dass sich einige Künstler in Ravenna zusammengefunden haben, um das große Werk zu vollbringen. Und so könnten hier Römer, Griechen und Ägypter gemeinsam an dem Bischofsthron gearbeitet haben.

Berlin, *Berliner Diptychon mit Christus und Maria*

Das *Berliner Diptychon* (Berlin, Museum für Spätantike und Byzantinische Kunst) von dem beide Flügel erhalten sind, wird aufgrund der stilistischen Ähnlichkeiten mit der *Kathedra* des ravennatischen Erzbischofs Maximian in die Mitte des 6. Jahrhunderts datiert und eine Entstehung in Konstantinopel vermutet. Die großen Tafeln von 29 cm Höhe und 13 beziehungsweise 12,7 cm Breite sind unten beschnitten und waren vermutlich mindestens 5 cm höher. Das Fragment eines Buchstabens, der im Fries unterhalb der Figuren noch zu erkennen ist, könnte zu einem Kastenmonogramm gehört haben, ähnlich wie auf der bereits erwähnten *Kathedra*. Vielleicht handelt es sich bei dem Diptychon um ein weiteres Geschenk Justinians an Maximian anlässlich seiner Erhebung zum Bischof von Ravenna.

Ähnlich wie die *Konsulardiptychen* zeigen die Tafeln eine Hauptfigur, die von zwei Nebenfiguren begleitet wird.

Der Unterschied besteht jedoch darin, dass es sich um verschiedene Figuren handelt. Doch zunächst zu den Parallelen: Eine Archivolte mit einem Muschelgewölbe wird von kannelierten Säulen getragen, die in korinthischen Kapitellen enden. Man sieht vor allem die Kapitelle und die Basen. Oberhalb der Kapitelle ist jeweils ein Vorhang an einer Stange aufgehängt, das heißt, hinter der Archivolte verbirgt sich eine Nische, die nicht eingesehen werden kann. In den Zwickeln oberhalb der Archivolte erkennt man Sol mit dem Strahlenkranz und Luna mit der Sichel.

Auf einer reich verzierten Thronbank, die von Löwenköpfen und -füßen getragen wird, auf der ein Kissen liegt und vor der eine Fußbank (Suppedaneum) steht, sitzen Christus und Maria. Christus ist als alter, bärtiger Mann mit langen Haaren wiedergegeben. Die rechte Hand hat er zum Sprech- oder Segensgestus erhoben, mit der linken stützt er einen großen Codex ab, den er auf seinem Knie balanciert und dessen Einband mit vier tropfenförmigen Edelsteinen und einem riesigen Diamanten in der Mitte geschmückt sein soll, die hier allerdings auch in Elfenbein geschnitzt sind. Seitlich hinter ihm stehen Petrus und Paulus. Sie sind großenteils durch die massige Gestalt des Christus verdeckt und lassen ihrerseits kaum etwas von den Säulen und Kapitellen erkennen. Petrus hat seine rechte Hand erhoben, um Hinwendung und Anbetung deutlich zu machen.

Die Gottesmutter oder Gottesgebärerin sitzt ähnlich wie der alte Christus und hält mit beiden Händen ihren jungen Sohn fest, der genauso auf dem Schoß der Mutter thront wie sein Pendant auf der linken Tafel. Nicht nur die Beinstellung entspricht sich, auch die Handhaltung mit Segensgestus und Halten hier allerdings nicht eines Codex sondern einer Schriftrolle. Sogar der Mantelzipfel fällt genauso über sein Knie. Hinter Maria und dem Gottessohn stehen zwei Engel, die in dieselben Gewänder gekleidet sind wie die Notare, die die Konsuln auf den Diptychen begleiteten. Der linke Engel hält seine Hand in demselben Gestus erhoben wie Petrus, der andere trägt einen Globus und erinnert so an die Weltherrschaft Christi.

Das Diptychon zeigt den einen Christus in beiderlei Gestalt: Die linke Tafel repräsentiert den himmlischen Christus in seiner Göttlichkeit, der als Herrscher und strenger Richter auftritt; die rechte Tafel hingegen zeigt den Menschensohn mit der Gottesgebärerin. Es ist vermutet worden, dass diese theologische Aussage den Empfänger (Maximian) auf die Linie der offiziellen Kirchenpolitik verpflichten wollte, wie sie der Kaiser vertrat und dazu die Sprache der Amtsdiptychen wählte, die noch allgemein verständlich war. Damit könnte die Theorie, dass Justinian das Diptychon einem seiner Bischöfe übersandte, zutreffen. Und Ravenna als Exklave in Italien dürfte etliche Zuwendungen vom Kaiser bekommen haben, die dann auch später noch verwahrt wurden und eher erhalten geblieben sind als in Konstantinopel.

Aght'amar, Kreuzkirche, Skulpturenschmuck

In der heutigen Osttürkei, in der Nähe des Berges Ararat, liegt der Vansee, der einst zu Armenien gehörte. Das von den Armeniern besiedelte Land war nur selten unabhängig, heute bildet ein Bruchteil des einstigen Reiches den Staat Armenien, der Rest gehört zur Türkei und zum Iran. Und so ist auch das Land um den Vansee von Türken, vor allem aber von Kurden besiedelt. Im Vansee liegt die Insel Aght'amar, die einer armenischen Adelsfamilie gehörte. Ihr Name leitet sich aus einer der vielen ›Königskinder‹-Legenden her, die wohl überall auf der Welt zu finden sind. In diesem Fall hieß die Königstochter T'amar und der ertrinkende Prinz oder Ritter rief als letztes die Worte »Ach T'amar« aus.

Im 10. Jahrhundert machte der von den Arabern 906 zum König von Vaspurakan ernannte Gagik I. Azruni die Insel zu seinem Hauptwohnsitz. Hier, auf dieser Insel ließ er eine ganze Stadt mit Palast und einem strategisch günstigen Hafen anlegen und auch die Palastkirche. Sie allein ist erhalten geblieben.

Die *Kreuzkirche* auf Aght'amar wurde zwischen 915 und 921 erbaut wie aus einer der zahlreichen Inschriften hervorgeht. Die überkuppelte Vierkonchenanlage mit Ecknischen zeichnet sich durch ihre überaus reiche Bauskulptur aus, bei der, auch wenn Einflüsse so unterschiedlicher Herkunft wie byzantinische, abbasidische und sassanidische festgestellt wurden, es sich sowohl ikonographisch als auch stilistisch um eine erstaunlich eigenständige Leistung handelt. Hinzu kommt, dass so ein reicher Skulpturenschmuck damals nirgends in der christlichen Welt zu finden war, nicht bei den Armeniern und auch nicht bei den Byzantinern. Und auch im Westen setzte die Entwicklung der Bauskulptur erst etwa hundert Jahre später ein.

Die Skulpturen laufen in mehreren Zonen wie Bänder um die Kirche. Oberhalb des glatten Sockels beginnen die Skulpturen mit einem ornamentalen Fries. Dann folgen Szenen aus dem Alten Testament, Heilige, Christus und Maria in Flachrelief. Darüber ragen Tierköpfe vollplastisch aus der Wand. Nach einem Stück glatter Wand folgt der Weinlaubfries, in den Tiere und Jagdszenen eingebunden sind. Tiere finden sich auch direkt unterhalb des Dachansatzes als Traufgesims ebenso wie unterhalb des kegelförmigen Dachs der Kuppel, also am Traufgesims des Kuppeltamburs. Unterhalb jeder Giebelspitze steht außerdem einer der vier Evangelisten. Sie verkünden das Evangelium in alle vier Himmelsrichtungen.

An der Westfassade überreicht König Gagik I. als Stifter Christus das Kirchenmodell. Die beiden Figuren werden von zwei sehr viel kleineren Engeln begleitet, die das

Kreuz zwischen sich halten und so den Namen der Kirche bildlich darstellen: Sie war dem Heiligen Kreuz geweiht. Die kostbare Kleidung des Königs verweist auf die damaligen wertvollen armenischen Stoffe, die ebenso berühmt waren wie die byzantinischen.

Im Osten befindet sich Adam in einem Medaillon mit der begleitenden Inschrift: »Und Adam gab allen Tieren und wilden Bestien Namen.« Dies könnte eine Legitimation für den Weinlaubfries und die anderen Tierdarstellungen sein, die eigentlich Darstellungen des höfischen Bereichs entlehnt sind, worauf ganz besonders die Jagdszenen verweisen. An der Ostfassade sind außerdem die Apostel Thaddäus und Bartholomäus zu sehen, die den christlichen Glauben nach Armenien gebracht haben. Gregor der Erleuchter hingegen erhob das Christentum zur Staatsreligion.

Identifizierte Szenen an der Nord- und Südfassade sind außerdem *Paradies* und *Sündenfall*, eine ausführliche *Jonas-Geschichte*, die ebenso auf den Tod und die Wiederauferstehung verweist wie das *Isaak-Opfer*. Hinzu kommt *David und Goliath*. Außer den thronenden Christus und Maria sind auch noch Lokalheilige sowie Mitglieder der Familie von König Gagik dargestellt, die – gleich Märtyrern – von Arabern ermordet wurden.

Dieses so reiche christliche Figurenprogramm wird ergänzt durch den Weinlaubfries und die anderen Tierdarstellungen, die weniger christlichen als höfischen Charakter haben und die man sich ähnlich an den nicht erhaltenen Palästen vorstellen muss. Sie zeigen eine viel stärkere Naturnähe als die anderen Skulpturen. Die auch weiter unten anzutreffenden Tiere sind sehr viel stilisierter dargestellt und verweisen auf Mesopotamien. Dort vorherrschende künstlerische Äußerungen der Zeit kamen durch die Sassaniden nach Kleinasien.

Die Skulpturen von Aght'amar vermitteln also kein einheitliches Bild, sondern sind offensichtlich von verschiedenen Künstlern erschaffen worden. Im Unterschied zum Namen des Architekten – Manuel – sind ihre Namen nicht durch Dokumente überliefert.

Berlin, *Die Vierzig Märtyrer von Sebaste*

In der byzantinischen Kunst waren *Die Vierzig Märtyrer von Sebaste* ein beliebtes Thema. Im Westen kannte man diese Legende nicht, bei deren Darstellung man sich nicht nur an einen, sondern gleich an vierzig Heilige wenden konnte. Das erhöhte die Chancen, dass die eigenen Bitten weitergeleitet wurden.

Die Geschichte spielt zur Zeit des Kaisers Licinius, also des letzten Gegenspielers Konstantins. Vierzig christliche Soldaten sollten ihrem Glauben abschwören. Weil sie sich weigerten, wurden sie nackt auf einen zugefrorenen See in der Nähe der armenischen Stadt Sebaste geschickt. Am Ufer lud ein geheiztes Badehaus diejenigen ein, sich aufzuwärmen, die einsichtig waren und sich vom Christentum abwandten. Doch nur einer ging in das Badehaus. Alle anderen harrten auf dem See aus und erfroren.

Eine wohl in Konstantinopel geschnitzte Elfenbeintafel aus dem 10. Jahrhundert, der Mittelteil eines Triptychons (Berlin, Museum für Spätantike und Byzantinische Kunst, 17,6 × 12,8 cm), gibt die Szene auf klassische Art wieder. Vierzig Männer, nur mit um die Hüfte geschlungenen Tüchern oder Beinkleidern notdürftig bekleidet, stehen in vier Reihen hintereinander gestaffelt, allerdings nicht in Reih und Glied, sondern sehr bewegt. Ihre Mimik zeigt, wie sehr sie frieren. An ihren Gesichtern kann man ablesen, dass sie unterschiedlich alt sind. Sie sprechen einander Trost zu, versuchen sich gegenseitig zu wärmen und einige zeigen nach oben, wo der Weltenrichter, der Pantokrator, auf dem kaiserlichen Thron sitzt. In der einen Hand hält er das Buch, die andere hatte er wohl zum Segensgestus erhoben, aber sie ist mitsamt dem Unterarm abgebrochen, weshalb man das nur vermuten kann.

Ihm zur Seite knien Engelgruppen mit verhüllten Händen, auch hier wird die dem byzantinischen Kaiser vorbehaltene Proskynese auf Christus übertragen. In der Mitte der Tafel zeigt ein unregelmäßiger Strich das Ufer des Sees an. Darüber steht in griechischer Sprache »Die Heiligen Vierzig« und am Rand ragt das Badehaus aus der Tafel heraus, ein Kuppelbau, von Kapitellen und Säulenstümpfen getragen, die keinen Grund besitzen, sondern in der Luft hängen bleiben.

Der relativ tiefe Rahmen der Tafel wird durch die Staffelung der Figuren vollständig ausgenutzt. So ist von den je drei Engeln der jeweils vorderste fast vollplastisch ausgebildet. Der (zu Teilen abgebrochene) Flügel ist ebenso wenig mit der Platte verbunden wie auch das vordere Bein. Der Fuß stützt sich an der äußeren Kante des Rahmens ab. So entsteht die Illusion, der Rahmen könne nachgeben. Fußschemel und Vorderbeine des Thrones ragen in die Luft, die Figur Christi tritt sehr stark aus dem Hintergrund hervor, ebenso wie die vorderste Reihe der Märtyrer, deren Beine alle vollplastisch sind, teilweise auch die Arme.

Außergewöhnlich an der Tafel ist die Körperbehandlung der Figuren. In Byzanz gab es kaum Themen mit nackten Körpern. Umso erstaunlicher ist die Sicherheit, mit der der Künstler die Oberkörper sehr naturalistisch darzustellen wusste und sich sogar an eine Rückenfigur wagte, denn die rechte Figur in der vordersten Reihe hat sich umgewandt und hebt den Kopf zu Christus empor. Haltung und Bewegung aller anderen Figuren sind sehr realistisch wiedergegeben und zeigen eine solche Vielfalt, dass hier offensichtlich nicht mit Topoi gearbeitet wurde. Es existiert allerdings eine sehr ähnliche Tafel in St. Petersburg, sodass man davon ausgehen kann, dass diese Tafel häufiger kopiert wurde.

London, *Elfenbeinstatuette der Gottesmutter (Hodegetria)*

Die einzige freistehende Figur der byzantinischen Kunst, die erhalten ist, befindet sich seit 1884 im Londoner Victoria and Albert Museum. Provenienz und Datierung sind nicht bekannt, man vermutet aber Konstantinopel als Entstehungsort und datiert die Figur mithilfe erhaltener Elfenbeinreliefs, die ja durchaus auch teilweise rundplastische Figuren zeigen, in das ausgehende 10. beziehungsweise beginnende 11. Jahrhundert.

Dargestellt ist eine Muttergottes, eine so genannte *Hodegetria*, ›diejenige, die den Weg weist‹. Sie zeigt auf das Christuskind, das sie auf dem Arm hält und damit auf den zu beschreitenden Weg. Sie trägt einen langen, in geraden Falten herunterfallenden Mantel, der so gerafft ist, dass sich das linke Bein durch den Stoff abzeichnet und man ein leicht angewinkeltes Knie sehen kann. Die Figur ist in einem leichten Kontrapost wiedergegeben. Das Christuskind sitzt sicher in ihrer Armbeuge und hält in der einen Hand eine Schriftrolle, die andere hat es zum Segensgestus erhoben. Das viel zu alt wirkende Gesicht ist eine spätere Ergänzung.

Beide Figuren sind überlängt, was vor allem bei der Maria zu einer gewissen Eleganz führt. Ein paar kleine Punkte auf dem Mantel der Maria deuten darauf hin, dass die Figur früher bemalt und vergoldet gewesen ist. Welche Funktion die Statuette hatte, ist nicht bekannt. Vermutlich handelte es sich jedoch um eine Figur der privaten Andacht.

In einigen Sammlungen, wie zum Beispiel in Dumbarton Oaks oder im Metropolitan Museum of Art in New York finden sich ebenfalls frei stehende Skulpturen der *Hodegetria*, die ähnlich datiert werden. Sie alle sind aber vom Hintergrund, den sie einmal besaßen, abgelöst worden. Es hat sich also vermutlich um Ikonen gehandelt. Die

Hodegetria in Dumbarton Oaks wird noch von zwei Heiligen begleitet. Bei dem einen handelt es sich um Johannes den Täufer, der andere, ein Bischofsheiliger, könnte Johannes Chrysostomos sein.

Die Londoner wirklich freistehende *Hodegetria* ist auch mit Abstand die größte. Sie misst 32,5 cm, die aus New York lediglich 23,2 cm und die aus Dumbarton Oaks nur 16,3 cm.

Torcello, S. Maria Assunta, *Schrankenplatte mit Pfauen*

Auf der kleinen, in der Lagune von Venedig gelegenen Insel Torcello, die im 7. Jahrhundert Bischofssitz wurde, befindet sich die Kirche der *S. Maria Assunta*, der Himmelfahrt Mariens, mit einer zum Teil byzantinischen Ausstattung. Die dreischiffige Basilika hat viele Umbauten erfahren. Älteste Teile sind wohl der Fußboden mit Einlegearbeiten und die Schrankenplatten der Ikonostasis aus dem 11. Jahrhundert. Diese Schrankenplatten befinden sich zwischen den schlanken, relativ hohen Säulen, die die eigentliche Ikonostasis tragen, eine sehr breite hölzerne Tafel mit Maria und Heiligen.

In die vier marmornen Schrankenplatten sind Löwen und Pfauen in Weinranken eingemeißelt. Jedes Motiv ist zwei Mal gestaltet. Die beiden Pfauen stehen einander gegenüber und trinken gemeinsam aus einem Gefäß. Dieses Motiv hat eine lange Tradition und war bereits seit frühchristlicher Zeit sehr beliebt. Aus der Henkelvase sollte eigentlich der Weinstock wachsen, in dem die Pfauen leben. Hier steht die Vase jedoch auf einer hohen Säule und der Weinstock wächst neben der Basis der Säule aus dem mit einem Eierstab verzierten inneren Rahmen. Auf den untersten, der sehr regelmäßig zu Kreisen gebogenen Ranken, stehen die Pfauen. Sie sind durch die quadratische

Platte ein wenig beengt und können ihre langen Schwanzfedern nicht gerade ausstrecken, sondern müssen sie nach unten hängen lassen. Ihre Schnäbel tauchen in die Vase und trinken – Symbol sowohl für die Leben spendende Kraft des Weins, als auch Andeutung des im Paradies befindlichen Lebensbrunnens. Der Weinstock symbolisiert Christus. Das Kreuz, das auf ihn verweist, fehlt jedoch.

Umfasst werden die Pfauen von einem breiten Rahmen mit Rosetten, der an die Rosettenkästchen aus Elfenbein erinnert, wie zum Beispiel dasjenige im Londoner Victoria and Albert Museum, das wahrscheinlich Ende des 10. Jahrhunderts in Konstantinopel entstand und identische Rosetten in Kreisen zeigt. Diese Rosettenkästchen waren für den privaten Gebrauch bestimmt. Auf ihnen mussten nicht zwingend christliche Motive dargestellt sein. Das erwähnte so genannte *Veroli-Kästchen* ist mit Themen aus der antiken Mythologie geschmückt, die alle auf Eros verweisen. Wahrscheinlich handelte es sich um ein Hochzeitsgeschenk.

Venedig, S. Marco, *Räuchergefäß*

Das *Räuchergefäß* in Form eines gekuppelten Bauwerkes stammt aus dem 12. Jahrhundert. Spätestens seit 1283 wurde es als Reliquienbehälter für das Heilige Blut verwandt, das der venezianische Doge Enrico Dandolo beim Kreuzzug von 1204 aus Konstantinopel nach Venedig hatte schicken lassen. Deshalb vermutete man auch lange, dass das Gefäß bereits als Reliquienbehälter in Form einer kleinen Kirche gemacht worden ist. Doch die Kreuze auf den Kuppeln gehören nicht zum Original.

Der Behälter aus teilweise vergoldetem, getriebenem Silber, der 36 × 30 cm misst, ist vom Grundriss her in ein Quadrat eingeschrieben. Über einem kleineren mittleren Quadrat erhebt sich die höchste Kuppel. Von diesem

Quadrat gehen vier überkuppelte Apsiden ab. Sie werden verbunden mit vier dreieckigen Gebäudeteilen mit Pyramidendächern. In dieser Form muss man sich die meist nur durch die Literatur überlieferten Kioske in den byzantinischen Palastgärten vorstellen. Doch waren bei denen nicht die obere Hälfte der Gebäudeteile und die Kuppeln und Dächer mit durchbrochenen Ornamenten verziert. Hier dienten die Öffnungen dazu, dass der duftende Rauch entweichen konnte. (Es muss sich dabei nicht unbedingt um Weihrauch gehandelt haben – das Gefäß wird in der Literatur als ›Weihrauchbrenner‹ bezeichnet – es können auch andere Räucherwaren benutzt worden sein.)

Die Ornamentik der oberen Teile besteht aus Blättern, Blumen und Palmetten. Dann folgt ein Band aus Rosetten und Ranken, das die Zweiteilung betont. Darunter tummeln sich verschiedene Tiere wie kämpfende Löwen, aber auch Fabelwesen wie Greife, Sirenen, deren Schwänze in Schlangenköpfen enden oder auch Kentauren. Eine zweiflügelige Tür an einer der Apsiden zeigt auf den Flügeln jeweils eine Person, die inschriftlich als *Mut* und *Verstand* bezeichnet sind. *Mut* ist als Soldat dargestellt, mit Rüstung, Helm, Schild und Speer, *Verstand* als Frau in einem langen Unterkleid und kurzer Tunika, die sich an die Stirn greift, der Quelle ihrer Fähigkeiten. Alle Tiere und Figuren sind als Reliefs ausgebildet, die aus dem Silber getrieben sind.

Die Türen lassen sich öffnen und zeigen die Vorrichtung, mit der die Räucherwaren gehalten wurden. Außerdem gibt es Öffnungen, durch die das Feuer genug Sauerstoff bekam, um glimmen und räuchern zu können. Durch die Verwendung als Reliquienbehälter blieb dies Räuchergefäß erhalten. Doch ist es das Einzige in seiner Art. Deshalb ist es auch schwierig, die Provenienz zu bestimmen, obwohl die sorgfältige Ausführung der Treibarbeiten und die Figuren von *Mut* und *Verstand* auf Konstantinopel schließen lassen. Diese Allegorien erschienen damals nur in Verbindung mit kaiserlichen Darstellungen.

Es könnte demnach ein für den Hof hergestelltes Gefäß gewesen sein, dass durch den Kreuzzug von 1204 nach Venedig gelangte. Dies bewahrte das Räuchergefäß davor, irgendwann eingeschmolzen zu werden, um das Silber anderweitig zu verwenden.

Venedig, S. Marco, *Pala d'oro*

Ebenso wie das *Räuchergefäß* gehört die *Pala d'oro* am Hauptaltar der Kirche *S. Marco* in Venedig nicht unbedingt zur Gattung der Skulptur. Beide wären am ehesten im Bereich des Kunsthandwerks untergebracht, was bis heute eher am Rande betrachtet wird. Dabei sind insbesondere in Byzanz hervorragende Kunstwerke in wertvollsten Materialien entstanden, die als Kunsthandwerk eingestuft werden.

Die *Pala d'oro* besteht aus zahlreichen emaillierten Goldplatten, die verschiedene Montierungen erfahren haben. Der größte Teil befand sich seit 1105 als Antependium auf dem Hauptaltar von *S. Marco*. Eine erste Vergrößerung fand 1209, kurz nach der Eroberung von Konstantinopel 1204 statt. Zwischen 1342 und 1345 wurde der gotische Rahmen mit dem kostbaren Edelsteinbesatz geschaffen. Das war wohl eine venezianische Arbeit. Man vermutet, dass die Signatur eines Giovanni Paolo Bonesegna diejenige des Goldschmiedes ist, allerdings könnte dieser auch der Schreiner des Holzkernes sein, da sich die Signatur dort befindet und bei der Restaurierung von 1836–47 entdeckt wurde.

Den Rahmen zieren fast zweitausend Edelsteine aus dem 14. Jahrhundert. Weitere wurden bei der erwähnten Restaurierung hinzugefügt. Es handelt sich im Einzelnen um 526 Perlen, 330 Granate, 320 Smaragde, 255 Saphire, 183 Amethyste, 175 Achate, 75 Rubine, 34 Topase, 16 Karneole und 13 Jaspis.

Die heutige Montierung, die derjenigen von 1345 entspricht, zeigt im Zentrum Christus als Weltenherrscher, umgeben von den vier Evangelisten. Darüber befindet sich der leere Thron Gottes, der erst am Tag des Jüngsten Gerichts besetzt sein wird, begleitet von Engeln. Den unteren Abschluss dieses Mittelteils bilden drei Figuren: die *Maria Orans*, die betende Muttergottes, eingerahmt von dem Dogen Ordelaffo Falier und der byzantinischen Kaiserin Eirene Komnenos. Ihnen sind zwei Inschriftentafeln beigegeben, auf denen die Geschichte der *Pala* kurz beschrieben wird.

Dieses Zentrum wird von Figuren gerahmt, die in drei Reihen übereinander angeordnet und in ein architektonisches System aus Archivolten eingebunden sind. Es handelt sich um sechs Propheten, Apostel und Erzengel. Sie werden wiederum gerahmt von quadratischen Platten, die rechts und links (also von oben nach unten) jeweils fünf Szenen aus dem Leben des hl. Markus zeigen, den oberen Abschluss dieses Teils bilden elf Szenen aus der Christusvita und sechs Diakone. Durch einen Rahmen abgeteilt prangen darüber sechs halbrunde, große Bilder mit der *Passion Christi*, die den Erzengel Michael rahmen. Diese Platten sind später entstanden und gehörten ursprünglich der *Pantokrator-Klosterkirche* in Konstantinopel. 1209 montiert, stammen sie vermutlich aus dem Kunstraub nach 1204.

Die *Pala d'oro* hat früher anders ausgesehen. 1105 bildeten die quadratischen Platten mit den Geschichten aus dem Leben Christi und dem des hl. Markus den unteren Abschluss. Sie fungierten also als eine Art Predella. Bemerkenswert ist dabei, dass dies der erste Bilderzyklus mit Geschichten aus dem Leben des venezianischen Patrons Markus in Venedig ist, und dass die Szenen aus der Christus-Vita seinem Evangelium entnommen wurden.

Eine überzeugende Interpretation dieses ersten Teils in der alten Montierung bietet Renato Polacco: Der Glaube an den hl. Markus, seine Vita und an sein Evangelium erlaubt den Eintritt in das himmlische Jerusalem. Dort flankieren die Propheten des Alten Testaments die betende Muttergottes. Auf die Propheten stützen und beziehen sich die Apostel des Neuen Testaments, die Christus begleiten. Darüber wiederum wird der leere Thron Gottes von den himmlischen Heerscharen begleitet und bewacht.

Damals stand neben der Muttergottes nicht der Doge Ordelaffo Falier, sondern der byzantinische Kaiser Alexios I. Komnenos und Mann der Kaiserin Eirene. Er wurde eliminiert. Denn nach 1204 musste Venedig auf Byzanz nicht mehr Rücksicht nehmen. Für die Byzantiner wäre die dann erfolgte Kombination, die Kaiserin zusammen mit dem venezianischen Dogen, undenkbar gewesen. Doch nun, nach der großen Eroberung, war man auf den byzantinischen Kaiser nicht mehr angewiesen und konnte den eigenen Dogen in den Vordergrund stellen.

Durch die Tafeln aus der *Pantrokrator-Klosterkirche* mit den sechs Szenen der *Passion* und dem *Erzengel Michael* wurde die *Pala d'oro* nicht nur sehr hoch, sondern musste auch breiter werden. Deshalb zerstörte man wohl den ursprünglichen Aufbau. Außerdem ergänzen so die Szenen aus dem Leben Christi die sechs Passionstafeln.

Bei der dritten Montierung von 1345 unter der Herrschaft des Dogen Andrea Dandolo kamen dann die erklärenden Inschrifttafeln hinzu, deren Text lautet: »Im Jahr 1105, als Ordelaffo Falier Doge in der Stadt war, wurde diese an Edelsteinen so reiche Pala geschaffen, die dann im Jahr 1209, als du, Pietro Ziani, Doge warst und Angelo Falier Prokurator war, erneuert wurde. Im 45. Jahr des 14. Jahrhunderts, als Andrea Dandolo, überall wegen seiner Verdienste berühmt, Doge war und unter den edlen Prokuratoren Marco Loredan und Francesco Querini der ehrwürdigen, den wahrhaft glückseligen hl. Markus verehrenden Kirche wurde diese alte und kostbare Edelsteintafel restauriert«.

Abgesehen von der Kostbarkeit der Materialien, von der Feinheit der Ausführung der Emails (die meisten sind im aufwendigen Zellschmelzverfahren hergestellt), von der Stimmigkeit der Edelsteinfarben und Formen, war die *Pala d'oro* Staatskunst, die auch das Verhältnis zwischen Byzanz und der Lagunenstadt zu unterschiedlichen Zeiten spiegelt. Zuerst einmal war die Pala der Altar über dem Grab des hl. Markus. Deshalb waren Markus-Geschichte und Markusevangelium unverzichtbare Bestandteile des Auftrags. Möglich ist allerdings, dass der zentrale Teil ein Geschenk des byzantinischen Kaisers war. Das würde seine Darstellung als Stifter erklären.

Bei der zweiten Montierung spielte der Kunstraub der sieben großen Emailfelder wahrscheinlich die größere Rolle. Nun sollten sie an prominenter Stelle gezeigt werden, um die Überwindung von Byzanz zu demonstrieren. Sie machten aber auch Veränderungen notwendig. Die dritte Montierung mit dem Edelsteinbesatz verstärkte die Bedeutung des eigenen Heiligen, diente also vor allem Propagandazwecken. Durch die gotische Architektur des Rahmens, die an den Aufbau des Dogenpalasts erinnert, kommt zudem noch die Hinwendung nach Westen, vor allem aber nach Venedig zur Geltung. Die große Tafel zeigt den Weg auf, den Venedig geht als Nachfolgerin von erst Babylon, dann Rom und Byzanz, den Weg über die Macht hin zur Funktion als himmlische Stadt.

Berlin, *Marmorne Reliefikonen der Maria Orans und des Erzengels Michael*

Im 19. Jahrhundert fand man in Konstantinopel im Bereich des früheren *Peribleptos-Klosters*, in einem Gewölbe unterhalb der armenischen Kirche, zwei große Marmorikonen und ein Christusrelief, das wohl zu einem Scheinsarkophag aus dem 5. Jahrhundert gehört hat. Die beiden

Ikonen (Berlin, Museum für Spätantike und Byzantinische Kunst) sind wohl sehr viel später entstanden, auch wenn ihre Datierung strittig ist. Sowohl für die frühe Einordnung (Ende 12. Jahrhundert) als auch für die späte (Regierungszeit Kaiser Michael VIII. Paläologe, 1261–82) spricht einiges.

Die Figuren auf den Ikonen zeigen eine *Maria Orans* und den Erzengel Michael. Beide nehmen soviel Raum ein, dass sie den in Stein gehauenen Rahmen sprengen. Die Muttergottes ist mit einem Ärmelgewand gekleidet, über dem das Manteltuch, das Maphorion, Kopf, Schultern und Brust bedeckt. Ihr Haar ist von einer Haube verhüllt. Der Heiligenschein hinter ihrem Kopf reicht bis zum äußeren Rand des Rahmens. Neben ihrem Kopf erscheinen die Kürzel für »Meter Theou (Mutter Gottes)«.

Die Arme hat sie zum Betgestus erhoben, ist also als *Maria Orans* oder *Blachernitissa* dargestellt. Hinter den erhobenen Armen fällt das Maphorion in Zickzackfalten herunter. Ihre Beine und die Fußstellung deuten einen ganz leichten Kontrapost an. Die Beine drücken sich stark durch das Gewand durch, Falten wirft es nur zwischen den Beinen, die für den kurzen Oberkörper viel zu lang und zu mächtig sind. Dieses Ungleichgewicht spiegelt sich auch im Gesicht mit den viel zu großen Augen im Verhältnis zu dem kleinen Mund.

Der Erzengel wirkt neben der *Maria Orans* sehr viel schmächtiger. Nicht ganz so groß und so breit schneidet sein Heiligenschein den Rahmen lediglich an. Darüber wurde die griechische Inschrift eingemeißelt, die »Der Archistratege Michael« bedeutet.

Sein sorgfältig frisiertes Haar wird von einem Diadem mit Schleifenbändern und einem Stirnjuwel gehalten. Diese Kopfbedeckung passt zum kaiserlichen Gewand und den Insignien, die er trägt: Szepter und Weltenkugel (Sphaira), Attribute sowohl von Christus als auch vom Kaiser. Auch er steht, wie die Muttergottes mit einem ganz leichten Kontrapost auf einem als Bema bezeichneten Podest.

Die eingangs erwähnten Datierungen (Ende des 12. Jahrhunderts und Regierungszeit des ersten Paläologenkaisers Michael VIII.) sind beide aus stilistischen Gründen erfolgt, wobei die jeweiligen Argumente entkräftet werden konnten. Überzeugender ist die These, dass Kaiser Michael VIII. bald nach seinem Regierungsantritt Renovierungsarbeiten am *Peribleptos-Kloster* durchführen ließ. Im Zuge dieser Arbeiten können die Ikonen entstanden sein. Dafür spricht auch die Darstellung des Erzengels Michael als Kaiser, um dem Stifter auch eine Rolle zukommen zu lassen. Vielleicht gehörte noch eine dritte Ikone dazu, den Erzengel Gabriel zeigend, wodurch die Gottesmutter von zwei Vertretern der himmlischen Hofgarde flankiert worden wäre.

Mosaiken und Malerei

Aquileia, Südkirche, Bodenmosaik

Die heutige Kathedrale in Aquileia aus dem 11. und 14. Jahrhundert wurde auf den Resten eines Komplexes errichtet, der nach ersten Grabungen Ende des 19. und Anfang des 20. Jahrhunderts als frühchristliche Basilika gedeutet wurde. Noch bis in jüngste Zeit kann man die bereits in Frage gestellte Interpretation lesen, es habe sich um eine Doppelkirche, ein Baptisterium und Räumlichkeiten für den Klerus gehandelt. Neben dem Grabungsbefund spielen für die Datierung die Mosaiken die größte Rolle. Die Räume waren mit Bodenmosaiken ausgestattet, die erhalten sind und heute Teile des Fußbodens der bestehenden Basilika bilden.

Das 750 Quadratmeter große Bodenmosaik der Halle, die allgemein als Südkirche bezeichnet wurde, bedeckt heute einen großen Teil des Langhauses der Kathedrale. Durch die Inschrift, die auf den bis 319 amtierenden Bischof Theodorus hinweist, wurden die Mosaiken ein wenig später datiert, da Theodorus als »felix« bezeichnet wird, eine Formulierung, die darauf hinweist, dass er bereits verstorben ist. Doch die Inschrift wurde später in das bestehende Mosaik eingefügt, wie vor allem auf den frühen Fotografien gut erkennbar ist. Spätere Restaurierungsmaßnahmen haben dies kaschiert.

Das Mosaik besteht aus neun längsrechteckigen Feldern mit Ornamenten, in die Figuren eingebunden sind und einem großen querrechteckigen Feld, das direkt vor den Altarstufen gelegen, die gesamte Breite der Kirche einnimmt. Hier finden sich die einzigen eindeutig christlich zu deutenden Szenen.

Zwischen Fischen und anderen Meeresbewohnern sowie angelnden Eroten erkennt man Szenen aus der *Jonas-Geschichte* wie sie auch auf dem Sarkophag in *S. Maria Antiqua* zu sehen sind. In Aquileia sind die Szenen des *Meerwurfs und Verschlingens* einerseits, des *Ausspeiens* und der *Kürbislaube* andererseits, weit voneinander entfernt. Dazwischen befindet sich die Inschrift des Bischofs. *Meerwurf* und *Verschlingen* sind in einer Szene dargestellt: Jonas wird hier aus dem Boot von dem einen Matrosen dem Ketos direkt ins Maul geschoben. In Entsprechung zu den anderen Booten mit angelnden Eroten ist hier nur ein kleines Ruderboot wiedergegeben, das mit weiteren drei Männern besetzt ist. Einer rudert, der mittlere ist gerade dabei, Jonas kopfüber dem Ketos zu überlassen und der dritte, ein Priester, hebt die Arme über den Kopf, bedient sich also derselben Gestik wie derjenige auf dem erwähnten Sarkophag.

Doch auch diese *Jonas-Szenen* sind spätere Einfügungen in eine ansonsten pagane Darstellung. Sie sind eingebunden in die realistische Wiedergabe eines Meeres. Nur die beiden Jonas-Darstellungen des *Ausspeiens* und der *Kürbislaube* wirken mitten im Meer wenig glaubhaft.

Die neun weiteren Felder wurden sehr unterschiedlich interpretiert, vor allem, weil man immer wieder nach christlichen Bezügen suchte. So wurde die mittlere Szene des westlich an die Jonas-Geschichte anschließenden Mittelfeldes immer wieder als *Eucharistie* gedeutet. Eine geflügelte Siegesgöttin hebt den Lorbeerkranz über einen mit Brot gefüllten Korb. In der anderen Hand hält sie den Palmzweig. Darunter sind noch Reste eines Kruges zu erkennen, möglicherweise das Gefäß, in dem Wasser und Wein gemischt wurden.

Die in Medaillons eingebundenen Köpfe des nächsten Feldes sind – bis auf die *Vier Jahreszeiten* – mal als Monatsdarstellungen und mal als Stifter angesehen worden. Sie wurden mit Kaiser Konstantin, seiner Frau Fausta sowie ihren Kindern in Verbindung gebracht.

Dieser Interpretation schließen sich nun auch diejenigen an, die die ursprünglich christliche Funktion von Bau und Mosaik in Zweifel ziehen. Möglich ist, dass hier der bislang nicht gefundene kaiserliche Palast von Aquileia gestanden hat und zu Ehren der Hochzeit von Konstantin und Fausta das Mosaik gelegt wurde. Dekorationen anlässlich einer Hochzeit mussten oft schnell ausgeführt werden. Das würde auch erklären, warum das Mosaik weder sorgfältig verlegt wurde noch ein einheitliches Programm besitzt. Fausta war die Tochter Maximians, der bald in Ungnade fiel. Damals könnten bereits die Umwandlung des Palasts in eine Kirche vollzogen und die Jonas-Bilder eingefügt worden sein. Damit hätten die Christen den Fußboden mit seinem paganen Schmuck für ihre Kirche zunächst nicht abgelehnt. Doch das Nebeneinander von paganen und christlichen Themen wurde bald schon nicht mehr geduldet. Das zeigt auch der Brief des Neilos, in dem er darauf hinweist, nur biblische Themen darzustellen (vgl. Materialien, Text 7).

Die Fußbodenmosaiken in Aquileia demonstrieren die Kontinuität der römischen Mosaikkunst in frühchristlichen sakralen Räumen. Der Fußboden wurde dann bald als Bildträger von der Wand abgelöst. Bei der Wandgestaltung konnte man zwischen Malereien und Mosaik wählen, es bestand nicht die Gefahr, ganze Szenen durch das Mobiliar oder auch durch die Gemeinde zu verdecken und die christlichen Themen wurden nicht mit Füßen getreten.

Die Forschungsgeschichte über diese Mosaiken zeigt aber auch die Grenzen der Interpretation auf. Der Wunsch nach christlichen Darstellungen führte zu Deutungen, die sich zwar als unhaltbar erwiesen haben, aber dennoch weiter tradiert werden.

Rom, Katakombe SS. Marcellino e Pietro, Wandmalereien

Eine der hartnäckigsten Legenden in Bezug auf das Christentum ist diejenige, die römischen Katakomben hätten verfolgten Christen Schutz geboten. Es waren von Anfang an Begräbnisstätten, die zu keinem anderen Zweck angelegt worden waren. Ihren Namen erhielten die Katakomben durch eine Talsenke bei der ersten unterirdischen Grabanlage an der Via Appia, die »coemetium ad catacumbas« genannt wurde, also Friedhof bei der Talsenke. Das Wort ›Katakombe‹ wurde dann sehr bald für alle unterirdischen Grabanlagen übernommen.

In ihnen befanden sich die unterschiedlichsten Gräber, die man von den Fossoren kaufen konnte. Sie schlugen die Gräber aus dem Stein, verkauften sie und waren vielleicht auch die Urheber der Wandmalereien. Das Bild eines Fossors mit Pinsel ist, wenn auch nicht erhalten, so doch belegt. Die verschiedenen Bestattungswünsche führten auch in den unterirdischen Grabanlagen zur Gleichzeitigkeit von antiker Tradition und christlicher Neuerung, die sich in den Wandmalereien zeigt. Prominentes Beispiel ist die Katakombe unter der ehemals ältesten christlichen Umgangsbasilika, die wohl um 320 entstand und der als Annex das (heute nur noch als Ruine existente) *Mausoleum der Kaiserin Helena* beigefügt war. Die Malereien in der Katakombe, vornehmlich aus dem 4. Jahrhundert, zeigen den gesamten gestalterischen Spielraum. In mehreren Cubicula (z. B. 69) befindet sich in der Mitte der Decke ein Medaillon mit dem antiken *Schafträger* oder dem christlichen *Guten Hirten*. An diesen mittleren Kreis schließen sich an vier Seiten jeweils zwei Verbindungslinien an, die zu Halbkreisen führen, die sich innerhalb des großen Ovals befinden, das die Decke begrenzt. Diese Linien bilden mit dem mittleren Medaillon zusammen ein Kreuz. In den Halbkreisen sind vier Szenen aus der *Jonas*-Geschichte dargestellt (*Meerwurf, Ausspeiung, Ruhe unter der Kürbislaube, sitzender Jonas*), dazwischen stehen zwei weibliche und zwei männliche Oranten wie sie aus antiken Bildern bekannt sind. Unter den Oranten, außerhalb des Ovals, in den Ecken der Decke sind die Personifikationen der Jahreszeiten zu sehen, die ebenso Teil der traditionellen Glücks- und Paradiesessymbolik waren wie die wilden Tiere, die sich in den Lünetten ein friedliches Stelldichein geben. Doch auch sie können eine biblische Umdeutung erfahren, wie sie die Prophezeiung eines kommenden Friedensreiches beinhaltet, die bei Jesaja (11,6–7) nachzulesen ist: »Die Wölfe werden bei den Lämmern wohnen und die Parder bei den Böcken liegen. Ein kleiner Knabe wird Kälber und junge Löwen und Mastvieh miteinander treiben. Kühe und Bären werden auf der Weide gehen, dass ihre Jungen beieinander liegen; und Löwen werden Stroh essen wie die Ochsen.«

An der Arkosolwand befinden sich noch drei Szenen aus dem Neuen Testament: Die *Anbetung der Magier* (oder der *Weisen aus dem Morgenland*), die *Auferweckung des Lazarus* und die *Brotvermehrung*. Auf der Stirnwand

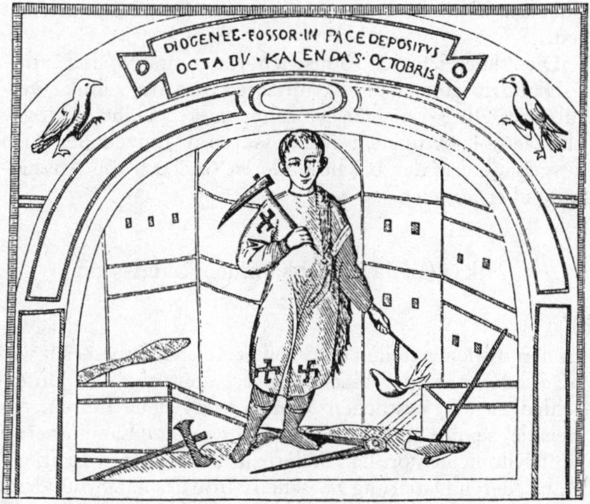

Rom, Katakombe SS. Marcellino e Pietro
Fossor (3./4. Jh.)

sind das *Quellwunder Mose* und die *Arche Noah* gemalt, Szenen aus dem Alten Testament.

In weiteren Cubicula der Katakombe finden sich in anderen Kombinationen oft dieselben Szenen wieder, daneben noch der *Sündenfall* sowie *Christus als Lehrer.* Um Christus sind wieder andere Szenen aus seinem Leben gruppiert wie *Verkündigung*, *Reise* und *Anbetung der Drei Weisen aus dem Morgenland* oder die *Taufe Christi.* An antike Traditionen knüpft ein *Totenmahl* an, die etwas spätere Darstellung des Orpheus hingegen kann wieder sowohl spätantike, pagane als auch christliche Urheber haben, da der Sänger als Symbol des christlichen Friedens oder ganz konkret als psallierender David umgedeutet wurde.

Die Malereien der römischen Katakomben sind stilistisch noch ganz dem spätantiken Formenvokabular verpflichtet. Ihre Qualität ist sehr unterschiedlich. Möglicherweise haben neben den Fossoren in Einzelfällen auch ausgebildete Maler bei besonderen Gräbern die Ausstattung übernommen.

Nikäa (Iznik), Grabkammer, Wand- und Deckenmalerei

In den östlichen Teilen des großen Reiches haben sich wenige ausgemalte Grabkammern erhalten, die den Unterschied zu der westlichen Malerei vor Augen führen. Als Beispiel sei die hervorragend erhaltene Grabkammer etwa fünf Kilometer nördlich außerhalb des heutigen Iznik gewählt, deren Datierung zwischen Mitte des 4. Jahrhunderts und um 500 schwankt. Erst 1967 aufgefunden, ist sie vollkommen ausgemalt, allerdings fehlen die im Westen so schnell entwickelten szenischen Darstellungen. In die gemalten Kassetten des Gewölbes sind einzelne Blüten gesetzt. Gemalte Konsolen ›tragen‹ dieses Gewölbe. Darunter befinden sich an den Längswänden Fruchtschalen und eine (gemalte) Marmorinkrustation.

Der Eingang wird von zwei Rad schlagenden Pfauen gerahmt, auf der gegenüberliegenden Wand ist in der durch das Tonnengewölbe gebildeten Lünette das eigentliche Bild zu sehen. Zwei Pfauen berühren mit ihren Krallen die Henkel des Kantharos genannten mit Wasser gefüllten Gefäßes zwischen sich, aus dem sie beabsichtigen zu trinken. Hinter ihnen breitet sich eine Blumenwiese mit weiteren Pfauen aus. Über dieser Paradiesdarstellung schwebt das Christogramm, von zwei Pfauen begleitet.

Der Pfau ist antiken Vorstellungen entlehnt. Er galt als Symbol der Ewigkeit, Erneuerung und Unsterblichkeit. Schon bei Ovid (Metamorphosen XV,385) wurden die »Augen« der Schwanzfedern mit Sternen verglichen. Der Verlust der Schwanzfedern im Winter und ihr Nachwachsen im Frühjahr zeugte vom Lebenszyklus, von Vergehen und Wiedererstehen. Das Fleisch des Pfaus galt als unverweslich, was wieder auf die Unsterblichkeit hindeutete – von Augustinus bestätigt. Alle diese symbolischen Bezüge ließen sich hervorragend auf christliche Vorstellungen übertragen und so weisen Pfau, Blumen und Wasser auf das Paradies hin, das hier mit dem Christogramm zusammen eindeutig christlich zu interpretieren ist.

Die gemalte Architektur ist mit ihrem Illusionismus noch ganz der Antike verpflichtet. Die Malerei selbst wirkt jedoch flächig. Ihr fehlt die Perspektive, wodurch sie bereits auf die christliche Göttlichkeit verweist, die sich in keinem bestimmbaren Raum bewegt. Außerdem wurde hier die im Osten bis nach dem Ikonoklasmus bevorzugte ornamentale Darstellung gewählt, bei der mit den Pfauen und dem Christogramm eine inhaltliche Komponente mit einbezogen wird, ohne eine menschliche Figur zur Darstellung zu bringen.

Rom, S. Pudenziana, Apsismosaik

Das Apsismosaik in der römischen Kirche *S. Pudenziana* entstand Ende des 4. Jahrhunderts. Damals wurde ein römischer Thermensaal in eine Kirche umgebaut und der hl. Pudentiana geweiht. Sie und die hl. Praxedis waren die Töchter des Senators Pudens, der den Apostelfürsten Petrus bei sich aufgenommen hatte. Der Legende nach hatte sich an der Stelle des Thermensaals früher das Haus des Senators befunden. Ein anderer Besitz von ihm, eine ehemalige Hauskirche nicht weit von *S. Pudenziana*, wurde An-

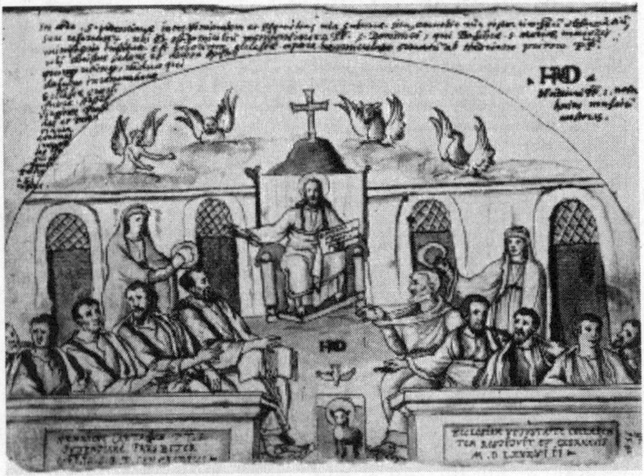

Rom, S. Pudenzia
Apsismosaik (Ende 4. Jh.)
Zeichnung von Alfonso Chaćon

fang des 5. Jahrhunderts ebenfalls in eine Kirche umgebaut, *S. Prassede*, in der die Gebeine beider Schwestern ruhen.

S. Pudenziana ist bis ins 16. Jahrhundert mehrfach umgebaut worden, dennoch blieb die Apsis des ursprünglichen Baus erhalten und damit – wenn auch stark beschnitten – das frühchristliche Mosaik. Vom Stil her noch völlig in die römische Kunst eingebunden (wenn auch stark restauriert), werden hier zum ersten Mal ikonographische Formulierungen gefunden, die später Bestandteil des christlichen Formenkanons sind.

Wie auf der *Berliner Pyxis* ist hier eine Disputatio mit dem lehrenden Christus in der Mitte dargestellt. Die rechte Hand hat er im Redegestus weit ausgestreckt, in der linken hält er einen aufgeschlagenen Codex, in dem die Worte zu lesen sind: »Dominus Conservator Ecclesiae Pudentianae« (Der Herr ist der Bewahrer der pudentianischen Gemeinde). Wie auf dem Elfenbein trägt Christus auch hier die Kleidung des Philosophen, sitzt aber auf dem kaiserlichen Thron. Rechts und links von ihm sind zehn der Apostel aufgereiht, angeführt von Petrus rechts und Paulus links, die sich Christus zugewandt haben. Die anderen Apostel sind in Diskussion untereinander begriffen. Hinter den beiden Apostelfürsten stehen zwei Frauen mit Kränzen in den Händen, die sie über die Köpfe von Petrus und Paulus halten. Auch wenn sie hier nicht bezeichnet sind, weiß man durch Vergleiche, dass es sich um die Personifikationen der »Kirche der Juden« und der »Kirche der Heiden« handelt, die in der Christlichen Kirche vereint wurden. Sie erinnern an Viktorien-Darstellungen, wenn auch ohne Flügel.

Hinter den Personen sind die Mauern des himmlischen Jerusalem zu sehen, dahinter ragen dessen Bauten empor. In der Mitte, direkt über dem Christuskopf, erhebt sich der Hügel von Golgatha, auf dem das mit Edelsteinen besetzte Kreuz aufgepflanzt ist, das hier nicht an den Kreuzestod, sondern an die Überwindung des Todes erinnert und damit zum Herrschaftssymbol geworden ist. Zu beiden Seiten schweben im Himmel die *Vier Wesen* Engel, Löwe, Stier und Adler, die Johannes in der Apokalypse beschreibt und die bereits als Sinnbilder der Evangelisten gedeutet werden dürfen.

Das Mosaik ist an allen Seiten stark beschnitten. Die äußeren Apostel sieht man, ebenso wie Engel und Adler, nur noch zu Teilen. Kurz vor den barocken Einbauten hat jedoch der spanische Theologe und Schriftsteller Alfonso Chacón eine Zeichnung angefertigt, die die damalige Situation wiedergibt. Deshalb weiß man auch, dass sich unterhalb von Christus das Lamm Gottes und die Taube des Heiligen Geistes befinden. Durch sie wurden die verschiedenen Bedeutungsebenen ebenso deutlich wie die sowohl vertikale als auch horizontale Lesart, die in jedem Fall Christus zum Zentrum hat. Und so entsteht die Gleichzeitigkeit vom Lehrer auf der horizontalen Ebene und dem Erlöser in der Vertikalen durch die Präsenz von Lamm, Taube und Kreuz. Hinzu kommt noch die Darstellung als himmlischer Herrscher durch die Position auf dem Thron, die an diejenige des weltlichen Herrschers erinnert, auch wenn Gewänder und Insignien andere sind.

Die Bildsprache ist auf römische Formulierungen angewiesen, vermutlich hätte man das Mosaik sonst auch nicht verstanden. Es kommen aber neue Komponenten hinzu. Aus dieser Mischung entwickelte sich allmählich die christliche Ikonographie. Noch durfte der Himmel aus Wolken bestehen und glänzte nicht einfach in überirdischem Gold. Noch zeigten die Gesichter der Apostel stark individuelle Züge, war die dargestellte Architektur rein antik, war das gesamte Bild räumlich angelegt. So ist das Fundament der christlichen Ikonographie die antike Bildsprache. Vergleicht man das spätantike Herrscherporträt zum Beispiel auf dem silbernen *Missorium mit den Kaisern Theodosius I., Valentinian II. und Arkadius* aus dem Jahre 388 n. Chr. (Madrid, Academia de la Historia) mit dem Christus aus *S. Pudenziana* oder von der *Berliner Pyxis*, dann sind die Ähnlichkeiten in Haltung und Gebärden auffallend. Dies ist das Christusbild wie es uns auch noch Jahrhunderte später in der westlichen Kunst begegnen wird, auch wenn der Weltenherrscher dann den Thron mit dem Regenbogen vertauscht hat. Hier war der ältere Christustyp mit Bart und langen Haaren gewählt worden, der in der frühchristlichen Zeit noch nicht verbindlich war. Er wurde auch damals schon dann bevorzugt, wenn es sich um eine herrscherliche Darstellung handelte.

Dieses erste der erhaltenen Apsismosaiken belegt auch die Fähigkeiten der römischen Mosaizisten, sich neuen Herausforderungen zu stellen. Denn das Halbrund ist hervorragend mit dem Bildpersonal und der es umgebenden Architektur ausgefüllt. Solche szenischen Darstellungen in Apsiden waren in der antiken Zeit nicht üblich gewesen, sodass hier eine innovative Leistung vollbracht worden ist.

Rom, S. Maria Maggiore, Mosaiken

Ein erster wirklicher Bilderzyklus, der Geschichten aus dem Alten und Neuen Testament erzählt, hat sich in der römischen Kirche *S. Maria Maggiore* erhalten. Sie zählt zu den sieben Hauptkirchen Roms, außerdem ist sie eine der fünf päpstlichen Patriarchalbasiliken und damit exterritorialer Besitz des Vatikanstaats. Die Legende erzählt von einem Wunder: am 5. August 352 hatte es auf einem der Hügel Roms, dem Esquilin, geschneit. Der Schnee blieb in Form einer Basilika liegen. Dort ließ Papst Liberius die Kirche bauen, die auch *S. Maria della Neve* (Maria Schnee) genannt wurde. Tatsächlich stammt der ursprüngliche Bau aber aus dem 5. Jahrhundert. Papst Sixtus III. ließ ihn ab 432 errichten, nach der römischen Synode von 430 und dem Konzil von Ephesos 431, auf denen die göttliche Natur Christi bestätigt wurde und Maria den Titel der Gottesgebärerin erhielt. Erst jetzt war es möglich, eine ihr geweihte Kirche zu bauen.

Obwohl auch *S. Maria Maggiore* vielfältige Umbauten erfahren hat, hat die Kirche im Inneren doch teilweise ihren frühchristlichen Charakter bewahren können. Dazu gehören auch die Mosaiken des Langhauses und des heutigen Triumphbogens (früher Apsisstirnwand), die in der ersten Bauphase bis 440 entstanden sind. An den Längswänden im Mittelschiff sind 42 Szenen aus dem Alten Testament dargestellt. Unterhalb der Obergadenfenster als einzelne, gerahmte Bilder angebracht, zeigen sie Situationen aus dem Leben Abrahams, Isaaks und Jakobs links, wobei die Stammmütter Sarah, Rebekka, Rahel und Lea besonders hervorgehoben werden, während rechts eine Konzentration auf Moses und Josua stattfindet, also der Auszug aus Ägypten und die Einnahme Israels ausführlich geschildert werden.

Auf der früheren Apsisstirnseite, die Ende des 13. Jahrhunderts durch Umbaumaßnahmen zum Triumphbogen wurde, sind Szenen aus der Kindheit Jesu solchen aus der Apokalypse gegenübergestellt. Im Einzelnen sind um den leeren Thron (die *Hetoimasia*) mit Petrus und Paulus und den vier apokalyptischen Wesen in vier Streifen Szenen wie *Verkündigung*, *Darbringung im Tempel*, *Die heiligen Drei Könige*, *Bethlehminischer Kindermord* sowie Szenen gezeigt, die später nicht in den Kanon der wichtigsten Darstellungen aufgenommen wurden. Ganz unten sind die Städte Jerusalem und Bethlehem zu sehen.

Diese Mosaiken aus dem 5. Jahrhundert zeigen immer noch deutlich die Suche nach einem eigenen Formenvokabular. Das Gold wird inzwischen an einigen Stellen eingesetzt, überzieht aber noch nicht die Hintergründe. Die Ikonographie erinnert eher an antike denn an christliche Darstellungen.

Ravenna, Mausoleum der Galla Placidia, Mosaiken

Das *Mausoleum der Galla Placidia* wirkt von außen unscheinbar. Der kreuzförmige Ziegelbau wird von einem quadratischen Turm bekrönt. Seine eigentliche Höhe zeigt sich nur im Innern, da sich sein Fußboden eineinhalb Meter unter dem heutigen Bodenniveau befindet. Und dort bietet sich auch ein völlig anderer Eindruck als bei den römischen Beispielen, da das Mausoleum ab dem Gewölbeansatz vollständig mit Mosaiken verziert ist.

Die Kaiserin Galla Placidia starb im Jahr 450 in Rom. Ob ihre Gebeine anschließend nach Ravenna überführt und in diesem Bau, einem Annex der früheren Kirche *S. Croce*, beigesetzt wurden, ist nicht gesichert und geht auch aus der Ikonographie der Mosaiken nicht hervor. Sie werden aber in jedem Fall um 450 datiert.

Der Raum wirkt relativ dunkel, da die kleinen Fenster mit dünnen Alabasterplatten verschlossen sind und sich Figuren sowie Ornamente auf einem tiefblauen Hintergrund befinden. In der Lünette über dem Eingang ist der *Gute Hirte* dargestellt. Umgeben von seinen Schafen sitzt der Hirte (Christus) auf einem Felsblock. Seine Haltung sowie das goldene Unterkleid und der violette Mantel erinnern wieder an Darstellungen von Imperatoren, den Kreuzesstab hält er wie eine Lanze.

In der gegenüberliegenden Lünette sieht man den hl. Laurentius, wie er von rechts kommend, das Buch in der Hand, den Kreuzesstab geschultert, auf den Rost zugeht, unter dem schon ein Feuer brennt und auf dem er sein Martyrium erfahren wird. Auf der anderen Seite des Rostes steht ein geöffneter Schrank, in dem die vier Evangelienbücher liegen, die mit ihrer göttlichen Lehre dem Heiligen die Kraft für sein Martyrium und damit für die Überwindung von Tod und Leiden geben. Die Tonnen über den Lünetten sind mit kreisförmigen Ornamenten verziert, die man als Sterne deuten kann. Wenn man das Mausoleum betritt, sieht man also als erstes nicht Christus als *Guten Hirten*, sondern den hl. Laurentius. Er war der Patron der kaiserlichen Dynastie des Theodosius, dem Vater der Galla Placidia.

In den beiden anderen Lünetten schreiten jeweils zwei Hirsche, die von Akanthusranken umgeben sind, auf eine frische Wasserquelle zu. Das ist die bildliche Umsetzung von Psalm 42, in dem es im zweiten Satz heißt: »Wie der Hirsch schreit nach frischem Wasser, so schreit meine Seele, Gott, zu dir.« Die Erklärung (»Meine Seele dürstet nach Gott, nach dem lebendigen Gott. Wann werde ich dahin kommen, dass ich Gottes Angesicht schaue?«) folgt im nächsten Satz und belegt, dass hier das Streben zu Gott einen symbolischen Ausdruck fand.

Die Akanthusranken setzen sich in den Tonnengewölben fort. In den Schildbögen der Vierung, also über den Tonnen, sind jeweils zwei Apostel zu sehen (zwei von ihnen sind durch ihre Physiognomie als Petrus und Paulus zu erkennen), die das großen Kreuz in der Kuppel anbeten. Zwischen den Aposteln und jeweils unter dem Fenster flankieren zwei Tauben einen Springbrunnen oder sitzen auf dem Rand einer Brunnenschale.

In den Kuppelzwickeln sind die *Vier apokalyptischen Wesen* dargestellt. Sie ›schwimmen‹ auf Wolkenstreifen in Rot und einem etwas helleren Blau. Um die Evangelistensymbole breiten sich die goldenen Sterne aus, die auch um das Kreuz angeordnet sind. Die 567 Sterne sind in einiger Entfernung vom Kreuz in konzentrischen Ringen angeordnet, sieben befinden sich in der Nähe des Kreuzes und lassen an die Planeten denken, die eine Sonderstellung erhalten haben.

Die Darstellung der Planeten zeigt das antike Gedankengut, das hier noch formuliert wird. Hinzu kommt die kosmische Symbolik der vier Elemente, denn unter dem Rost des Märtyrers prasselt bereits ein Feuer, der *Gute Hirte* in seiner Landschaft ist erdverbunden, das Wasser finden wir bei Hirschen und Tauben und die Luft schließlich umgibt Sterne und das Kreuz. Ebenso antiken Ursprungs ist die Darstellung des *Guten Hirten* mit seiner imperialen Haltung. Auch die künstlerische Behandlung der Figuren entspricht noch antiken Formen. Bemerkenswert ist in diesem Zusammenhang, dass die nur wenig spätere Mosaikausstattung im ravennatischen *Baptisterium der Orthodoxen* (um 458) nicht nur feiner in der Ausführung ist, sondern auch viel mehr östlichen Einfluss zeigt. Sollten damals die Mosaizisten aus Ost und West (also aus Rom und Konstantinopel) nach Ravenna gekommen sein, um die beiden Programme auszuführen? Denkbar wäre es.

Das Programm im so genannten *Mausoleum der Galla Placidia* kann als Herrschaftsikonographie gedeutet werden und wäre damit tatsächlich eine imperiale Grabstätte. Es kann aber auch rein christlich interpretiert werden und zum Beispiel als dem hl. Laurentius geweihtes Oratorium oder als Gebetskapelle fungiert haben. Bislang liegen für keine der beiden Theorien Beweise vor.

Ravenna, S. Vitale, Mosaiken im Chor

Die wohl berühmtesten ravennatischen Mosaiken befinden sich in der Kirche *S. Vitale*. Die beiden Kaiserporträts von Justinian und Theodora werden meist als Einzelbilder gezeigt, obwohl sie mit den anderen Mosaiken eine Einheit bilden. Denn in der gesamten Chorpartie mit Triumphbogen, Kuppel, Seitenwänden und Apsis hat sich das vollständige Mosaikprogramm erhalten, das in die Zeit nach 530 datiert wird. Und auch, wenn die Kaiserbilder ein wenig später eingefügt wurden, sind sie doch nur innerhalb des Programms zu verstehen.

Wieder ist eine starke Verbindung zwischen Altem und Neuem Testament zu verzeichnen. In der Chorkuppel tragen vier Engel das Medaillon mit dem von Sternen umgebenen *Lamm Gottes*. Die Engel wiederum stehen auf blauen Kreisen, die wie Blüten aus Pflanzen erwachsen. Die vier Kuppelsegmente sind mit Akanthusranken auf Goldgrund ausgefüllt. In vielen der streng geometrischen Ranken sind Vögel dargestellt, die auf das Paradies verweisen. Der westlich den Chorbereich abtrennende Triumphbogen ist in seiner Laibung mit 15 Medaillons verziert. Christus in der Mitte blickt nach Osten, also zum *Lamm Gottes* oder gar zum Apsismosaik. Die ihn begleitenden Figuren sind die zwölf Apostel und die Heiligen Gervasius und Protasius, angeblich Söhne des hl. Vitalis, dem die Kirche geweiht ist. An den beiden Wänden des Presbyteriums sind unterhalb des Gewölbes und jeweils neben den Triphorien, die Einblick in die Emporen gewähren, die vier Evangelisten gemeinsam mit den ihnen zugeordneten Symbolen Engel, Löwe, Stier und Adler in eine Landschaft eingebunden. Direkt unter den Triphorien halten jeweils zwei Engel einen Clipeus mit dem Kreuz, am östlichen Chorbogen, wo das Triphorium als Fenster ausgebildet ist, kommen noch die Städte Bethlehem und Jerusalem hinzu.

Unterhalb dieser Apostel- und Evangelistenzone befindet sich die Prophetenzone. Sie ist in den Bogenfeldern über den sich zu den seitlichen Umgängen öffnenden Arkaden und den sie begleitenden Zwickeln angesiedelt. Im südlichen Bogenfeld bringt Melchisedek Brot und Wein, Abel ein Lamm als Opfer zum Altar. In den Zwickeln daneben empfängt Moses die Gesetzestafeln, während die zwölf israelitischen Stammesführer am Fuße des Berges auf ihn warten. Auf der anderen Seite des Bogenfeldes ist der Prophet Jeremias zu sehen. Ihm entspricht an der Nordwand der Prophet Jesaja. Hier ist außerdem Moses einmal als Schafhirte und dann vor dem brennenden Dornbusch dargestellt. Diese Szenen werden ergänzt durch die *Drei Männer bei Abraham* und das *Isaak-Opfer* im Bogenfeld.

Alle diese alttestamentarischen Szenen und Einzelfiguren beziehen sich auf den Opfertod Christi und die heilige Eucharistie. Wenn man die Mosaiken ›vertikal‹ liest, ergibt sich, folgt man Beat Brenk (1985), eine schlüssige Interpretation, bei der das Christuslamm im Mittelpunkt des Gewölbes identisch ist mit dem von Abel dargebrachten Lamm sowie dem von Melchisedek empor gehaltenen Brot, außerdem mit der von Abraham den drei Männern angebotenen Speise und dem ebenfalls von Abraham bereits auf dem Altar zum Opfer bereitgehaltenen Isaak. Die wichtigsten Protagonisten des Alten Bundes – Abel, Abraham, Melchisedek, Moses, Jeremias und Jesaja – weisen prophetisch auf Jesus Christus hin. Die Erfüllung ihrer Vorhersagen bezeugen die vier Evangelisten mit ihren

Büchern. Von unten nach oben gelesen entwickelt sich das Programm gleichsam chronologisch-heilsgeschichtlich und gipfelt im Christuslamm vor dem gestirnten Kosmos.

Der östliche Chorbogen mit dem von Engeln getragenen Kreuzesmedaillon und den beiden Christusstädten schafft die Überleitung zur Apsis, in der im Halbrund Christus auf der Weltenkugel thront, begleitet von zwei Erzengeln. Neben diesen stehen der hl. Vitalis mit verhüllten Händen und der Kirchengründer Ecclesius, der das Modell der Kirche präsentiert. Der jugendliche Christus trägt kaiserlichen Purpur. Der Nimbus, in den das Kreuz eingeschrieben ist, wird von einer Reihe silberner Mosaiksteinchen gebildet, die aus dem Goldgrund hell hervortreten. Die Figuren stehen auf einer Blumenwiese, befinden sich also im Paradies.

Unterhalb dieses Mosaiks wird die Apsis von drei Fenstern beleuchtet. Die Wandfelder neben den Fenstern sind den berühmten Kaiserbildern vorbehalten. Rechter Hand von Christus (und damit südlich) befindet sich Justinian, begleitet von Hofbeamten und Klerikern. Unter ihnen und durch eine Inschrift hervorgehoben steht auch Bischof Maximian, der die Kirche im Jahr 548 weihte. Der Mann, der zwischen Kaiser und Maximian steht und von beiden fast völlig verdeckt wird, wird verschiedentlich als Stifter Julianus Argentarius bezeichnet. Diese Identität ist allerdings nicht nachweisbar. Am linken Bildrand erscheinen etliche Soldaten, einer von ihnen hält des Kaisers Schild mit dem Chi-Ro Monogramm. Ebenso wie Christus trägt der Kaiser das ihm vorbehaltene Purpurgewand. Hinter seinem Kopf ist nur durch zwei Reihen *Tesserae* auf dem goldenen Grund der Nimbus angedeutet, der ihn, ebenso wie die Krone, als römischen Kaiser auszeichnet. Genauso prächtig ist ihm gegenüber Theodora gekleidet. Auch sie wird durch den kaiserlichen Nimbus hervorgehoben. Krone und Juwelen verbinden sich bei ihr jedoch zu einem viel prägnanteren Kopfputz als beim Kaiser. Außer ihren Hofdamen sind noch zwei Hofbeamte anwesend, einer von ihnen hält den Vorhang, der in einen weiteren Raum führt.

Das Bild von Theodora wurde besonders in jüngster Zeit mit immer neuen Interpretationen bedacht. Die neuerdings aufgestellte These lautet, dass die Frau neben Theodora die Mutter des Kaisers sei. Da auch sie ein Kleid im kaiserlichen Purpur trägt, wäre das denkbar, allerdings verbunden mit Geschichtsklitterung, denn die Mutter Justinians war keine Kaiserin. Eine andere These geht davon aus, dass die Ikonographie des Bildes darauf hindeutet, dass Theodora bei der Ausführung des Mosaiks bereits gestorben war. Das würde der bisherigen Datierung widersprechen, die genau vom Gegenteil ausgeht.

Auch beide Kaiserbilder zusammen sind auf sehr unterschiedliche Weise interpretiert worden. Bis in jüngste Zeit wird zum Beispiel immer wieder behauptet, es handele sich um die Darstellung einer Prozession. Doch Justinian und Theodora sind nie in Ravenna gewesen, bei einer kirchlichen Prozession waren keine Frauen zugelassen, diese Form der Prozession wurde erst später eingeführt und der Kaiser hätte kein Diadem tragen dürfen. Vier Gründe sprechen also gegen diese Annahme. Des Rätsels Lösung verbirgt sich auf Theodoras Kleid, wo in den Saum die Heiligen Drei Könige gestickt sind, die Christus ihre Gaben bringen. Ebenso halten Theodora und Justinian liturgische Geräte (Kelch und Patene) in der Hand, die sie Christus präsentieren. Ob sie damit selbst als Opfernde dargestellt sein sollen (und sich damit in das Programm einfügen, das im Raum vor der Apsis dargestellt ist) oder ob die Bilder die kaiserliche Stiftung liturgischer Gefäße belegen, ist nicht geklärt. Es handelt sich jedoch wahrscheinlich nicht um vom Kaiserpaar gestiftete Mosaiken.

Diese Annahme wird noch durch weitere Indizien erhärtet: Maximian ist größer dargestellt als der Kaiser und steht der Kaiserin gegenüber. Sie wiederum ist größer als ihr Gefolge und steht – im Unterschied zum Kaiser selbst – vor der die kaiserliche Würde repräsentierenden Nische. Auch fällt Maximian durch seine Glatze und relativ individuelle Gesichtszüge aus der übrigen Gestaltung heraus. Es besteht also eine berechtigte Annahme, dass dieser Mosaikschmuck auf Maximian zurückgeht.

S. Vitale war 525 durch Bischof Ecclesius begonnen worden. Julianus Argentarius hatte das Geld dazu gegeben. Die Mosaiken in der Apsis sind möglicherweise vor dem Tod von Ecclesius 532 entstanden, da der Bischof mit einem viereckigen Heiligenschein wiedergegeben ist, dieser Nimbus aber nur lebenden Personen vorbehalten war. Unter dem nächsten Bischof, Viktor, wurde der Bau weitergeführt. Wann welche Mosaiken entstanden sind, ist dabei nicht geklärt. 540 wurde Ravenna von den Byzantinern erobert und – nachdem Viktor 544/45 gestorben war – setzte das Kaiserpaar den neuen Bischof ein. Maximian stammte aus Istrien, hatte bei einem längeren Aufenthalt in Konstantinopel seine Kaisertreue bewiesen und hatte es offensichtlich vor allem der Kaiserin zu verdanken, den Bischofsstuhl in Ravenna zu erhalten. Somit ist zu vermuten, dass er sich für die Kaiserbilder einsetzte. Wahrscheinlich waren an ihrer Stelle Bilder aus dem Leben Christi geplant gewesen. Doch änderte er das Programm.

Die Kaiserbilder sind damit sicher nach der Ernennung Maximians zum Bischof, also nach 546, entstanden, jedoch um die Weihe der Kirche 547. Wenn es stimmt, dass sie vor dem Tod Theodoras 548 konzipiert waren, hätte man eine sehr enge Zeiteingrenzung. Wenn gesichert wäre, dass sie erst nach dem Tod der Kaiserin entworfen worden sind, würde sich die Datierung nur unwesentlich nach hinten verschieben. Die anderen Mosaiken dürften etwas früher zu datieren sein. Programm und Stil weisen sie als römisch-frühchristlich aus, auch wenn sich Ansätze neuer Entwicklungen zeigen. Ganz wichtig ist dabei das Gold, das nun als Symbol der Göttlichkeit und des Himmels immer häufiger als Hintergrund genutzt wird. Auch die fehlende Perspektive, die zu einer Entmaterialisierung der Körper führt, ist programmatisch. Hier ist nicht fehlendes Können zu kritisieren, hier fand eine bewusste Abkehr von der Antike statt. Andererseits wird immer wieder auf die falsche Fußstellung, auf die überlängten Figuren in den Kaiserbildern hingewiesen. Das aber ist ausschließlich durch heutige Reproduktionstechnik begründet. Steht der Betrachter dort, wo der Mosaizist ihn vermutet hat, nämlich auf dem Kirchenboden, und blickt auf zu den Mosaiken, dann stehen die Figuren ganz richtig auf ihren Füßen und ihre Gliedmaßen sind wohlproportioniert.

Die Mosaiken von *S. Vitale* stellen eine erstaunliche Verbindung von theologischem Programm und Herrscherbild dar. Außerdem sind sie Ausdruck der damals noch eng miteinander verbundenen westlichen und östlichen Welt. An ihnen entzündet sich immer wieder die Frage, wie Frühchristentum und das Byzanz der Frühzeit voneinander abgegrenzt werden können. Sie zeigen aber, dass ihr Programm so komplex ist, dass es bis heute nicht endgültig entschlüsselt werden konnte.

Ravenna, S. Apollinare in Classe, Apsismosaik

Der Weg von antiker zu christlicher Sichtweise, von Mimesis zum Abbild des Göttlichen lässt sich wohl nirgendwo besser nachvollziehen als in Ravenna, wo so viele Mosaiken erhalten geblieben sind, die nur kurz nacheinander entstanden. Jedes dieser Monumente besitzt seine Besonderheiten, weshalb eine Auswahl schwierig ist und subjektiv bleibt. Doch ist gerade in *S. Apollinare in Classe*, unweit von Ravenna, ein Schritt in die Richtung abstrahierender Tendenzen vollzogen.

Die in der Apsis erhaltenen Mosaiken werden in das

Jahr 549 datiert, also kaum später als die in *S. Vitale*. Am Triumphbogen vor der Apsis ist in der obersten Zone mit schematischen roten und blauen Wolken der segnende Heiland – oder *Christus Pantokrator* – in einem Medaillon, flankiert von den vier Symbolen der Evangelistenbücher, dargestellt. In der Zone darunter, in die das Rund der Apsis einschneidet, steigen aus den goldenen Städten Jerusalem und Bethlehem die zwölf Apostel in Gestalt von Lämmern nach oben zum Weltenrichter. Zwei Palmen in den Zwickeln darunter verweisen auf das Paradies. In der darunter liegenden Zone, bevor die Sockelzone mit Marmorinkrustationen beginnt, folgen auf die beiden Erzengel Michael und Gabriel zwei Apostel oder Evangelisten. Nur Matthäus ist namentlich gekennzeichnet.

Sehr knapp ist hier auf das Weltgericht verwiesen, nicht zu vergleichen mit späteren Darstellungen. Denn es sind lediglich die himmlischen Protagonisten gezeigt, wie Johannes sie in der Apokalypse beschrieben hat, nicht die zu richtenden Menschen.

In der Apsis verbinden sich mehrere Darstellungen zu einem Ganzen. In der oberen Zone ist das Edelstein besetzte goldene Kreuz mit dem Kopf Christi in der Mitte in einen Clipeus einbeschrieben. Auf dem blauen Hintergrund funkeln 99 Sterne. Oberhalb des Kreuzes ist zu lesen ICHTHYS, unterhalb SALUS MUNDI, links A(lpha) und rechts O(mega).

Auf dem goldenen Hintergrund im oberen Teil der Apsiskalotte schweben rechts und links vom Clipeus Moses und Elias, die beiden Propheten, die der Verklärung Christi auf dem Berg Tabor beiwohnten. Von oben kommt die Hand Gottes aus dem Himmel. Zeugen waren die Apostel Petrus, Jakobus und Johannes, die hier in der als Wiesenlandschaft ausgebildeten Paradieszone als Lämmer dargestellt sind. Auch das Kreuz, beziehungsweise der Clipeus, steht auf der Wiese. Es scheint, als würde hier eine Vertiefung genutzt, damit er nicht wegrollt.

Am unteren Rand der Wiese, auf der Bäume, Pflanzen und Blumen zwischen Steinen wachsen und Vögel fliegen, steht der hl. Apollinaris, begleitet von zwölf Lämmern, die diesmal wohl das Heer der Gläubigen symbolisieren, die der Märtyrerbischof von Ravenna bekehrt hat. Erstmals ist eine Apsis nicht von Christus besetzt, erstmals ist der Märtyrerheilige über seinem Grab an so prominenter Stelle in der Haltung des Oranten dargestellt.

Die Wiese der Apsiskalotte wird von der Fensterzone durch ein Ornamentband geschieden, das bei genauerem Hinsehen aus lauter ›A‹ besteht, die auch wieder auf den Patron der Kirche verweisen. Zwischen den Fenstern stehen vier ravennatische Bischöfe als Nachfolger des Apollinaris, namentlich Ecclesius, Ursicinus, Severus und Orso. Jeweils neben dem letzten Fenster sind zwei Szenen dargestellt. Auf der nördlichen Seite die *Verleihung von Privilegien an die Kirche von Ravenna durch Kaiser Konstantinos IV.*, ein erst im 7. Jahrhundert ausgeführtes Mosaik, das sein Vorbild in den Kaiserbildern von *S. Vitale* hat. Ebenfalls eine Anregung aus *S. Vitale* dürfte die Opferszene auf der südlichen Seite sein, die Abel, Melchisedek und Abraham mit Isaak an einem Altar vereint.

Diese abstrahierenden Mosaiken sind in einem sehr viel flächigeren Stil gehalten als die Mosaiken von *S. Vitale* oder gar die von *S. Apollinare Nuovo* in Ravenna, die Anfang des 6. Jahrhunderts entstanden. Die Mosaiken in dieser frühen Kirche sind vor allem dem Figurenstil der Spätantike verpflichtet. Die Darstellungen sind auf sehr wenige Farben reduziert. Das ändert sich bereits in *S. Vitale*. Hier ist eine sehr viel stärkere Farbigkeit zu beobachten, aber die Figuren behalten noch ein gewisses Volumen. Und auch in den Architekturdarstellungen ist ein Bemühen um Perspektive noch erkennbar.

Diese spätantiken Elemente sind in *S. Apollinare* durch einen linearen Stil ersetzt worden. Hier manifestiert sich erstmals die Überwindung antiker Vorstellungen. Und die

Göttlichkeit wird gleichsam körperlos ins Bild gesetzt, unter Hintansetzung bereits erworbener räumlicher Darstellungsmöglichkeiten.

Thessaloniki, Hagios Georgios, Mosaikausstattung

Die Mosaiken in *Hagios Georgios* sind nicht mehr vollständig erhalten, vermitteln aber den Eindruck eines neu entwickelten Programms, vor allem, wenn eine frühe Datierung in Betracht gezogen werden kann. Wie bereits im Kapitel über die Architektur ausgeführt, reichen die Datierungen vom Ende des 4. Jahrhunderts (um 380/90) bis ins 6. Jahrhundert. Würde das frühe Datum zutreffen, hätten wir es mit einer der frühesten Mosaikausstattungen überhaupt zu tun, bei der Glastesserae mit Steintesserae gemischt waren, wie es dann in Byzanz späterhin üblich wurde.

Die Mitte der Kuppel des Zentralbaus war früher mit einem schwebenden, ganzfigurigen Christus geschmückt, der mit der rechten Hand segnete und in der linken Hand das Kreuz hielt. Das lässt sich durch Mosaikreste und die vorhandenen Vorzeichnungen erkennen. Die Christusfigur war eingebunden in einen mehrfach gerahmten Clipeus. Einem blauen, mit weißen Sternen besetzten Streifen folgt ein wenig Gold, dann ein breiter Kranz aus Blumen, Ästen und Früchten, der wiederum von mehreren Streifen in Gold, Rot, Weiß, Grün und Schwarz gerahmt wird. Dieser Clipeus wird von vier Engeln getragen, von denen aber nur noch die Gesichter, Hände und Flügel auf Goldgrund zu erkennen sind. Die nächste Zone des Kuppelmosaiks ist von hier an zerstört. Zwischen den Engeln ist aber im Osten noch ein gerade auferstandener Phoenix im Strahlenkranz zu erkennen, der in den Wipfeln einer Palme saß, wie die Vorzeichnung zeigt. Die wenigen Strahlen im Norden zwischen den Engeln gehörten zu einem riesigen Kreuz, das die Kuppel geschmückt haben muss und in der Vorzeichnung auf dem Putz erhalten geblieben ist.

Die Zerstörung des Mosaiks beschränkt sich auf eine Zone. Am unteren Rand, also vor Beginn der untersten Zone, sieht man auf einem grünen Streifen etliche Füße in Sandalen. Da es sich um mehr als zwölf Fußpaare handelt, die genaue Zahl aber nicht bestimmt werden kann, ist unklar, ob es sich um die 24 Ältesten, eine Engelschar, Propheten oder Apostel handelt. Sie stehen auf (oder schweben über) dem Gesims, das mit Perl- und Eierstab (Astragal und Kyma) antike architektonische Formen ausbildet. Dieses (Mosaik-)Gesims wird getragen von acht Pfeilern, auf denen stilisierte Lebensbäume dargestellt sind und die die unterste Zone in acht Bildfelder einteilen (das östliche ist nicht erhalten). Diese Bildfelder mit prächtigen Architekturdarstellungen werden von Goldmosaiken dominiert. Vor den palastartigen Gebäuden, die in ihrem Zentrum mit Evangelienbüchern und liturgischem Gerät auf die christliche Kirche verweisen, stehen jeweils zwei bis drei Figuren in Orantenhaltung, bekleidet mit dem Chlamys, dem Soldatenmantel oder dem Phelonion, dem byzantinischen Messgewand. Inschriften nennen Namen, Beruf und Monat des Martyriums. Unter den Soldaten- und Priestermärtyrern sind auch die Zwillinge und Ärzte Kosmas und Damian zu finden.

Ausgehend von den Architekturen und den Märtyrern sind zahlreiche Interpretationen für das Gesamtprogramm angeboten worden. Die bislang schlüssigste ist die der Darstellung der *Parousie*, also der Wiederkunft Christi am Jüngsten Tag wie sie bei Matthäus (24,30/31) vorhergesagt wird: »Und alsdann wird erscheinen das Zeichen des Menschensohnes am Himmel. Und alsdann werden heulen alle Geschlechter auf Erden und werden kommen sehen des Menschen Sohn in den Wolken des Himmels mit großer Kraft und Herrlichkeit. Und er wird senden seine Engel mit hellen Posaunen und sie werden sammeln seine

Auserwählten von den vier Winden, von einem Ende des Himmels bis zum andern.«

Diese Interpretation geht davon aus, dass in der mittleren Zone Posaune blasende Engel dargestellt waren und dass es sich bei den Märtyrern um die Auserwählten handelt, die bereits Teil an der himmlischen Kirche haben. Dazu passen auch die Vögel, Blumen und Früchte, die über die Architekturen verteilt sind und das Paradies symbolisieren, den Ort der himmlischen Kirche. Der Phoenix würde sich als Symbol für die Auferstehung Christi einfügen.

Die erhaltenen Mosaiken in den Nischen unterhalb der Kuppel sind entweder ornamental oder als Kassetten ausgebildet, in denen sich wieder Tiere, Pflanzen und Früchte befinden. Auch sie verweisen wieder auf das Paradies und können so in das Gesamtprogramm mit eingebunden werden.

Ebenso wie bei den Ausstattungen in Ravenna ist hier ein hoch kompliziertes heilsgeschichtliches Programm dargestellt. Die These, hier wären die ersten Anklänge an das mittelbyzantinische Ausstattungssystem zu verzeichnen, muss verneint werden.

Sinai, Katharinenkloster, Marienkirche, Apsismosaik

Der Mosaikschmuck der *Marienkirche* des *Katharinenklosters* beschränkt sich auf den Chor. Apsis und Triumphbogen sind mit Mosaiken aus der Erbauungszeit geschmückt. Sie zeigen zeitgleich mit den Mosaiken in *S. Apollinare in Classe* und auf eine vollkommen andere Art die *Verklärung Christi*. Auf dem Goldgrund des Apsidenhalbrund schwebt Christus in einer blauen, nach innen hin immer dunkler werdenden Mandorla. Sein weißes Gewand ist an den Rändern golden abgesetzt. Dunkel sind nur Haare und das Kreuz im goldenen Nimbus, wodurch dieser noch strahlender glänzt. Von Christus gehen sieben Strahlen aus, die auf die ihn umgebenden Figuren und die Namen der Propheten fallen. Auf dem mehrfarbigen unteren Rand, der wohl eine Art Wiese darstellen soll, stehen groß und monumental die beiden Propheten Moses und Elias, die jeweils ihre rechte Hand zum Redegestus erhoben haben. Ihre Gewänder sind nicht ganz weiß, die Farbe erinnert an Marmor. Zu dieser Farbe passt ihre statuarische Wirkung. Relativ unbeweglich, scheinen sie aus Stein gehauen.

Unterhalb von ihnen und Christus sind die drei Jünger Johannes, Jakobus und Petrus, die Zeugen der Verklärung waren, auf die Knie gesunken. Der mittlere, als Petrus bezeichnete, liegt auf dem Bauch, hat die Beine weit von sich gestreckt und den Kopf in die Hand gestützt. Direkt unter den Füßen Christi wäre auch für eine kniende Gestalt kein Platz mehr gewesen. Johannes und Jakobus haben sich von der Lichtgestalt weggedreht, wenden ihr aber ihre Gesichter zu, so, als würden sie lieber wegschauen, könnten aber den Blick nicht lassen.

Das Mosaik wird von 31 Medaillons mit Köpfen gerahmt, auf denen die anderen Apostel, die Evangelisten, Propheten und zwei Kleriker (mit quadratischen Nimben) dargestellt sind. Über dem Kopf Christi erscheint das Kreuz, aus dem heraus sich die Hand Gottes zu ihm wendet.

Auf dem Triumphbogen sind ganz oben zwei Szenen aus dem Leben Moses gezeigt: der Sandalen lösende Prophet vor dem brennenden Dornbusch und der Empfang der Gesetzestafeln. Darunter fliegen zwei Nike-Engel und weisen mit ihren ausgestreckten Armen auf das Lamm im Medaillon direkt über dem Apsisscheitel. Unterhalb der Engelsfüße, in den Zwickeln, sind die Medaillons von Johannes dem Täufer und Maria zu sehen.

Das Programm ist komplex und auf mehreren Ebenen zu lesen, da es sich hier einerseits um den Bezug auf Moses handelt, da die Kirche ja direkt neben dem Dornbusch errichtet war. Andererseits wird durch die Verklärung, aber auch durch die Propheten und Apostel in den Medaillons an die Verbindung von Altem mit Neuem Bund erinnert, gleichzeitig aber auch mit Maria und Johannes die *Deesis* gezeigt, bei der die beiden als Fürsprecher für die Menschen beim Jüngsten Gericht auftreten.

Stilistisch weisen die inschriftlich auf 564/65 datierten Mosaiken nicht, wie lange behauptet, nach Konstantinopel, sondern eher nach Syrien, Palästina oder Ägypten.

Kiti (Zypern), Panhagia Angeloktistos, Apsismosaik

Das Apsismosaik der *Panhagia Angeloktistos* in Kiti auf Zypern gehört zu den wenigen frühen erhaltenen Apsisbildern mit der Muttergottes. In der zypriotischen Kirche ist die Gottesmutter in Purpur gekleidet. Über dem Kleid trägt sie noch den Schleier, ebenfalls aus kaiserlichem Purpur. Sie thront nicht, sie steht auf einem Kissen, blickt frontal auf den Betrachter und hält das Kind auf dem linken Arm. Mutter und Kind haben beide den goldenen Heiligenschein, das Jesuskind ist in etwas dunklere goldene Gewänder gehüllt und hat die rechte Hand im Segensgestus ausgestreckt.

Die beiden Figuren werden von den Erzengeln Gabriel und Michael begleitet, die beide silberweiße Tuniken und Pallien tragen, die mit goldenen Streifen besetzt sind. Ihre Nimben sind nicht golden, sondern silbern, die großen Flügel sind oben grün und bestehen dann aus den ›Augen‹ der Pfauenfedern, die sich kontrastreich gegen das Gold des Grundes absetzen. Die Engel tragen Zeremonienstäbe in der einen Hand und reichen mit der anderen dem Kind mit kleinen Kreuzen verzierte Globen.

Das aus sehr kleinen Steinen bestehende Mosaik besticht durch seine kontrastreichen Farben und die Licht-Schatten-Führung, die eine erstaunliche Modulation der Gewänder, aber auch der Gesichter erreicht.

Die Maria ist als *Hodegetria* dargestellt. Das ist der Marientypus, der auf das Bild zurückgeht, das der Apostel Lukas angeblich von der Gottesmutter gemalt haben soll. Das ›Original‹ befand sich im Blindenasyl der Wegführer (der *hodegoi*) und wurde deshalb *Hodegetria*, also *Wegführerin*, genannt. Dieses Bild ging bei der Eroberung Konstantinopels durch die Türken verloren, doch sind zahlreiche Kopien bekannt. Maria ist darauf halbfigurig dargestellt und hält ihr Kind auf dem linken Arm. Das Kind hat die rechte Hand zum Segen erhoben und trägt in der linken häufig eine Schriftrolle.

Dieses Bild entspricht dem Apsismosaik in Zypern. Die begleitenden Erzengel verweisen mit ihrer Kleidung und den Zeremonienstäben auf das höfische Zeremoniell, das hier nun in den Himmel verlegt wurde. Die Erzengel erfüllen hier also nicht ihre Aufgaben als Verkündigungsengel, Erwecker der Toten und Seelenwäger beim Jüngsten Gericht, sondern sie sind Wächterengel, die in Gestik und Habitus ihre dienende Funktion deutlich machen. Dass es sich um Gabriel und Michael handelt, ist nur durch die Beischriften zu bestimmen.

Konstantinopel, Fußbodenmosaik aus dem Kaiserpalast

Kurz vor Beginn des Zweiten Weltkrieges fand man in Istanbul bei Ausgrabungen in dem Bezirk, wo sich früher der Große Palast der byzantinischen Kaiser befunden hatte, ein fast zweitausend Quadratmeter großes Areal, das wohl vollständig mit Fußbodenmosaiken ausgelegt war. Von diesem Mosaik haben sich große Teile erhalten, die inzwischen in ein eigens dafür gebautes »Museum des großen Palastmosaiks« verbracht worden sind, nachdem sie sich in immer schlechterem Zustand befanden.

Dieses größte Landschaftsmosaik steht noch ganz in der

Tradition der römisch-hellenistischen Antike. In breite Rahmen aus Ranken sind große Masken integriert. Sie umschließen die unterschiedlichsten Szenen wie Jagdbilder, Tierkämpfe, Bukolik, Tiere auf freier Wildbahn, Feldarbeiter, spielende Kinder, aber auch mythologische Szenen und exotische Fabelwesen wie Löwengreifen. Insgesamt haben sich neunzig Bildthemen mit etwa hundertfünfzig Figuren erhalten, darunter der Kampf des Adlers mit der Schlange, dessen Symbolik (der Kaiser überwindet das Böse) eindeutig ist.

Die recht vorsichtige Datierung ins 4. Jahrhundert musste durch neue Fundstücke unterhalb des Mosaiks, die in eine spätere Zeit wiesen, immer wieder revidiert werden. Zwischenzeitlich war man sogar im 7. oder 8. Jahrhundert angekommen, also in der Zeit, als das Bilderverbot besonders diskutiert wurde. Doch inzwischen ist durch den Grabungsbefund erwiesen, dass das Mosaik aus der Regierungszeit von Kaiser Justinian I. stammt, also in der ersten Hälfte des 6. Jahrhunderts entstanden sein muss. In der selben Zeit, als die Mosaiken in Ravenna und die ersten, meist ornamentalen Mosaiken der *Hagia Sophia* ausgeführt wurden, lebten Technik und Stil der römischen Fußbodenmosaiken ungebrochen weiter.

Die Wandmosaiken, wie sie aus den Kirchen in Rom, Ravenna und im Osten bekannt sind, hoben sich recht bald von den römisch-hellenistischen Fußbodenmosaiken ab. Sie hatten die Funktion, den sakralen Raum zu schmücken und wurden auch im Islam verwendet. Sowohl der *Felsendom* in Jerusalem als auch die große Moschee in Damaskus sind von byzantinischen Mosaizisten ausgestattet worden – das Programm richtete sich jedoch nach den Auftraggebern und war nicht figürlich. Doch an den Architekturdarstellungen und Pflanzenmotiven sowie an der Technik sind die Byzantiner klar zu erkennen.

Andererseits wurden Paläste – wahrscheinlich auch von hochgestellten Familien – weiterhin mit Mosaikfußböden ausgestattet. Sie bestanden immer noch aus Marmor-, Terracotta- und Glastesserae, nicht jedoch aus den goldenen Glassteinchen der Wandmosaiken, die auf dem Fußboden fehl am Platz gewesen wären.

Konstantinopel, Hagia Sophia, Apsismosaik der Muttergottes

Wie bereits im Kapitel über die *Hagia Sophia* bemerkt, wurde direkt nach Ende des Ikonoklasmus in der Apsis dieser Kirche das Mosaik der *Muttergottes mit Kind* angebracht und 867 feierlich mit einer Rede (vgl. Materialien, Text 12) eingeweiht. Für diese Maria wählte man nicht den Typ der stehenden Gottesmutter, also der *Theotokos-Hodegetria*, sondern den der thronenden Gottesgebärerin, die das Kind auf ihrem Schoß hält. Genauso wie Maria thront, thront auch Jesus, nur, dass sein Thron der Schoß der Mutter ist, aus dem er stammt.

Maria ist hier in das für sie dann obligatorisch werdende Blau gekleidet, das Kind auf ihrem Schoß trägt ein goldenes Kleid, bei dem die Falten und Schatten in Purpur ausgebildet sind. Der Heiligenschein der Muttergottes ist ein purpurner Kreis auf dem goldenen Grund, auch der goldene Nimbus des Jesuskindes ist mit Purpur gerahmt, die drei sehr breiten Kreuzesbalken heben sich silbern ab. Für den weit unter ihr stehenden Betrachter wirkt die Maria nicht sehr groß, doch misst die voluminöse Figur auf dem riesigen, mit Edelsteinen besetzten Thron fünf Meter. Allerdings haben die Mosaizisten die Rundung der Apsis und die Höhe nicht richtig berechnet, wodurch ihr Kopf – von unten gesehen – viel zu klein geraten ist.

Maria hat das Kind mit beiden Händen liebevoll umfasst. Der relativ erwachsen wirkende Jesus hat die Rechte zum Segensgestus erhoben. Seinen linken Fuß, der in einer Sandale steckt, hat er so ausgestreckt, als erwarte er einen

Kuss. Diesen kann er nur von einem der beiden Erzengel bekommen, die wie auf Zypern die Muttergottes begleiten und bewachen. Doch stehen sie nicht in der Apsis, sondern auf dem Triumphbogen. (Es ist nur noch Gabriel zu sehen, von dem Mosaik mit dem Erzengel Michael sind lediglich die Flügelspitzen erhalten.)

Wie ein hoher kaiserlicher Beamter trägt Gabriel über der mit einer Goldborte besetzten Tunika die weiße Chlamys mit dem goldenen Tablion. Das Tablion war ein am Mantel angenähter Stoffstreifen, mit dem man seine Hände verhüllen konnte, wenn man dem Kaiser etwas darreichte. An das Apsismosaik auf Zypern erinnern auch der Zeremonienstab und die Weltkugel, die der Engel trägt. Die riesigen Flügel bestehen aus weißen Federn, die zu den Spitzen hin dunkel werden. Sie wirken sehr viel naturalistischer als die zypriotischen Engelsflügel aus Pfauenfedern.

Besonderen Eindruck macht das Gesicht des Engels mit den großen Augen und den hoch gewölbten Augenbrauen. Die Linie, die die rechte Augenbraue darstellt, setzt sich nahtlos als Schattierung der Nase fort. Die Haare sind kunstvoll aufgesteckt und halten ein ganz dünnes, silbernes Diadem fest.

Das Engelsmosaik gehört mit zu den qualitätvollsten Arbeiten, die sich aus dieser Zeit erhalten haben.

Thessaloniki, Hagia Sophia, Mosaikausstattung

Die *Hagia Sophia* in Thessaloniki kann als Kreuzkuppelbasilika bezeichnet werden. Im 8. Jahrhundert erbaut, greift der Bau auf früheres Formenrepertoire zurück und wirkt im Ganzen mit zu dicken Mauern etwas schwerfällig. Die Bauzeit lässt sich durch den erhaltenen Mosaikschmuck aus ikonoklastischer Zeit eingrenzen. Es handelt sich um die Monogramme der Kaiserin Eirene und des Bischofs Theophilus am östlichen Triumphbogen sowie um eine Inschrift in der Apsis, die wiederum die Kaiserin und den Kaiser Konstantin VI. erwähnen, denen es 783 gelang, die Slawen erfolgreich aus Griechenland zu vertreiben. Die *Sophienkirche* wurde wahrscheinlich im Anschluss daran gebaut. Das Monogramm des Bischofs grenzt die Entstehungszeit auf um 787 ein. Damals schmückte die Apsis ein großes Kreuz, das kurz nach Ende des Ikonoklasmus durch eine thronende Maria ersetzt wurde.

Die Mosaikausstattung der *Hagia Sophia* beschränkt sich auf die hohe, kleine Kuppel und die Apsis. Ähnlich wie die Architektur ist den Mosaiken eine gewisse Provinzialität nicht abzusprechen, Stil und Programm zeigen die Orientierung an frühere Ausstattungen. Die *Theotokos* in ihrem blauen Mantel sitzt zwar auf einem Thron, doch das Kind sitzt nicht auf ihrem Schoß, sondern vor ihrem Oberkörper. Es ist zwar in Sitzhaltung wiedergegeben, scheint aber dennoch zu stehen.

In der Kuppel ist eine *Himmelfahrt Christi* dargestellt. Im Zentrum schwebt der auf einem Regenbogen thronende Christus in einem Clipeus, der von zwei Engeln getragen wird. Im Kuppelrund stehen die Apostel, in weiße Gewänder gehüllt und verrenken sich die Köpfe, um nach oben schauen zu können. Sie werden von einer *Maria Orans* begleitet, die wiederum von zwei Engeln gerahmt wird. Über ihnen kann man in der Inschrift den Bibeltext zur Himmelfahrt lesen, wie er im ersten Kapitel der Apostelgeschichte beschrieben wird: »Und als sie ihm nachsahen, wie er gen Himmel fuhr, siehe da standen bei ihnen zwei Männer in weißen Kleidern, welche auch sagten: Ihr Männer von Galiläa, was steht ihr und sehet gen Himmel? Dieser Jesus, welcher von euch ist aufgenommen gen Himmel, wird so kommen, wie ihr ihn habt gen Himmel fahren sehen.« (10–11)

Die Figuren stehen alle zwischen eigentümlichen hohen Bögen, die als Steine gedeutet werden können. Zwischen ihnen wachsen sehr schematisch dargestellte Bäume. Der Christus ist für die Höhe der Kuppel und die Größe der Apostel viel zu klein. Maria, Engel und Apostel wirken steif, die Falten ihrer Gewänder fallen nicht, sondern sind erstarrt.

Den Mosaiken fehlt die Eleganz der nur wenig früheren Apsisausstattung der *Hagia Sophia.* Das Programm in der Kuppel erinnert an das der Kuppel in *Hagios Georgios*, das vielleicht als Vorbild gedient hat. Die Vermutung liegt nahe, dass nach Ende des Bilderstreits erst einmal eine Rückbesinnung auf die früheren Bilder stattgefunden hat, bevor sich das mittelbyzantinische Dekorationssystem entwickeln konnte. Aus diesem Grund sind die Mosaiken der *Hagia Sophia* in Thessaloniki trotz ihrer Provinzialität des Stils von Interesse.

Chios, Nea Moni und Phokis, Hosios Lukas, *Fußwaschung*

Vor der Westküste der Türkei, auf der Höhe von Ephesos, liegt die Insel Chios, die zum heutigen Griechenland gehört. Dort lebten im 11. Jahrhundert die beiden Mönche Niketas und Johannes, die für sich in Anspruch nahmen, in die Zukunft schauen zu können. Sie prophezeiten dem in der Verbannung lebenden Adligen Konstantin, dass er Kaiser werden würde, was sich dann 1042 durch dessen Heirat mit der Kaiserin Zoë auch bewahrheitete. Aus Dankbarkeit stiftete der Kaiser das Kloster *Nea Moni*, das 1045 vollendet war und ließ es mit Mosaiken ausstatten.

Die Hauptkirche des Klosters, das *Katholikon*, ist die einfache Form einer Kuppelkirche, bei der die Kuppel direkt von den Außenmauern getragen wird. Ein Nischenkranz, der als acht miteinander verbundene Pendentifs angesehen werden kann, leitet zum Viereck des Grundrisses über. Bei einem Erdbeben 1881 wurde das Kloster zerstört,

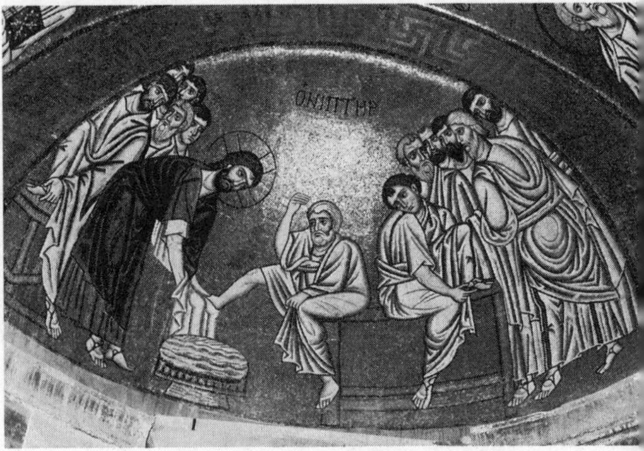

Phokis, Hosios Lukas
Fußwaschung (um 1020)

Foto: Susanna Partsch, München

die Kirche blieb nur zu Teilen erhalten, wodurch auch der Mosaikschmuck gelitten hat. Doch haben sich in einigen Nischen Festtagsbilder erhalten sowie die in der Vorhalle dargestellten Szenen der *Fußwaschung* und des *Judasverrat.*

Konstantin IX. Monomachos hat die Kirche nicht nur gestiftet, sondern auch Baumeister und Mosaizisten aus Konstantinopel nach Chios berufen, um Kirche und Kloster zu bauen und auszustatten. So liegen hier Mosaiken aus den Werkstätten der Hauptstadt vor, die relativ sicher in die Mitte des 11. Jahrhunderts datiert werden können.

Als Beispiel sei hier die *Fußwaschung* im Narthex herausgegriffen. Auf einer langen Marmorbank erwarten sechs Apostel, dass Jesus ihnen die Füße wäscht. Sie sitzen sich paarweise gegenüber und lösen jeweils eine Sandale. Ein Bein hängt von der Bank herab, das andere hat der Träger zu sich herangezogen. Der Lebendigkeit in den Bewegungen entspricht die unterschiedliche Farbigkeit der Kleidung. Diese Abwechslung setzt sich auch in den hinter den Paaren stehenden fünf weiteren Aposteln fort, die den Händen nach zu schließen ihre Kommentare abgeben. Die meisten von ihnen schauen nach links, wo auf der Stirnseite der Bank der zwölfte Apostel sitzt. Gesichtsform, Haar- und Barttracht lassen unschwer erkennen, dass es sich um Petrus handelt. Vor ihm steht Jesus in goldenem Gewand. Sein Kopf ist vom Kreuzesnimbus umgeben. Zwischen ihm und Petrus befindet sich ein Wasserbecken, über das Jesus den gerade gewaschenen Fuß von Petrus hält und ihn mit einer Art Schürze abtrocknet.

Stilistisch sind die Mosaiken häufig mit denen aus *Hosios Lukas* und den zerstörten Mosaiken in Iznik (Nikäa) verglichen worden. In *Hosios Lukas*, dessen Mosaikschmuck etwa 25 Jahre früher entstanden ist, bietet sich sogar der Vergleich mit derselben Szene an. Hier kann nicht nur von einer vergleichbaren Figurenauffassung und Gewandbehandlung gesprochen werden, auch die Gesichter – vor allem das des Christus – ähneln sich stärker als nur vom Typ her. Die Komposition hingegen ist anders. In *Hosios Lukas* findet die *Fußwaschung* in der Halbkuppel einer Nische statt, die Platzverhältnisse sind dadurch andere, die Bank, auf der Petrus sitzt, ist kürzer. Er befindet sich im Zentrum der Nische, hat die rechte Hand wie auf Chios zum Kopf geführt (der Topos des Erstaunens) und einen Fuß ausgestreckt, den Jesus gerade abtrocknet. Vor ihnen steht das mit Wasser gefüllte Becken.

Links hinter Jesus sitzt auf einer weiteren Bank ein Jünger und öffnet die Sandale, dahinter drängt sich eine Gruppe von weiteren vier Jüngern. Hinter Petrus sitzt ebenfalls ein Jünger auf der Bank, die anderen fünf schauen über ihn hinweg auf Petrus und Christus.

Die Mosaizisten in *Hosios Lukas* haben das Halbrund der Nische zu nutzen gewusst. Die beiden Apostelgruppen bilden einen Raum um Petrus und blicken seitlich stehend auf ihn. Diese räumliche Darstellung findet sich auch in den Pendentifs unter der Kuppel, wo Szenen wie die *Geburt* und die *Taufe Christi* entsprechend dargestellt sind.

Athen, Klosterkirche Daphni, *Anastasis*

In Daphni haben sich ebenso wie in *Hosios Lukas* und der *Nea Moni* auf Chios nur Teile der ursprünglich die gesamte Kirche ausfüllenden Mosaikausstattung erhalten. Um 1080 datiert, ist es die späteste dieser drei Ausstattungen und die einzige mit dem *Pantokrator* in der Kuppel (Abb. 5). Seine Augen verfolgen den Gläubigen (und heute die Besucher) suggestiv im ganzen Kirchenraum und beobachten ihn genau.

Unter den gut erhaltenen Szenen im Kircheninnenraum befindet sich auch die *Anastasis*, eine für Byzanz typische Darstellung, in der die *Höllenfahrt Christi* mit der *Auferstehung* zusammen gezeigt wird. Diese *Anastasis*, die im Westen nur selten dargestellt wurde, stammt aus dem nicht in die Bibel übernommenen Nikodemus-Evangelium. In Daphni ist sie im südlichen Kreuzarm auf der Ostwand dargestellt. Christus, mit dem Kreuzesstab in der Hand, hat die Höllentore zertreten. Neben und auf ihnen liegt Satan mit gefesselten Händen und Füßen. Die Schlüssel zur Hölle hat er verloren, sie liegen neben ihm, aber er kann sie mit den gebundenen Händen nicht greifen.

Christus, gefolgt von Propheten, stürmt mit großen Schritten über Satan und die Höllentore hinweg auf Adam und Eva zu. Er hat bereits den ausgestreckten Arm Adams ergriffen, um ihn aus seinem Sarg und der Hölle herauszuziehen. Hinter Eva, die die verhüllten Hände Christus entgegenstreckt, warten die Prophetenkönige David und Salomon auf ihre Rettung.

Nicht immer war die *Anastasis* derart bewegt dargestellt. Noch ein halbes Jahrhundert früher, in *Hosios Lukas*, wurde auf Bewegung verzichtet. Christus im Zentrum mit dem Kreuzesstab in der einen Hand, fasst Adam links am Handgelenk, während Eva – wieder mit verhüllten Händen – starr daneben steht. Auf der anderen Seite deuten David und Salomon auf Christus, der auf die Höllentore tritt. Von Satan fehlt jede Spur. Nur der Mantel Christi deutet auf Bewegung hin, denn ein langer Zipfel flattert hinter ihm her und bauscht sich nach oben. Da jedoch Christus und die anderen Figuren bewegungslos scheinen, wirkt dieser Mantelzipfel sehr stilisiert, wohingegen die bewegten Falten des Mantels in der Szene in Daphni durchaus glaubwürdig sind.

Wenig hat sich in einem halben Jahrhundert geändert. Die Darstellung bleibt weitestgehend gleich, nur der Stil variiert leicht, wirkt einmal starrer, einmal bewegter und kann durch Ergänzungen einen narrativeren Charakter erhalten.

Göreme, Karanlik Kilise, Fresko der Verklärung

Das Tal von Göreme und die umliegenden Täler in dem Teil der anatolischen Hochebene, der in der Antike Kappadokien genannt wurde, besteht aus Tuffgestein. Südlich der Stadt Kayseri erhebt sich der Erciyas Daği, ein Vulkan von 3916 Metern Höhe, dessen Ausbrüche in vorgeschichtlicher Zeit im Westen eine gewaltige Tuffebene entstehen ließ, deren Fruchtbarkeit noch dadurch erhöht wird, dass hier der Kısılırmak vorbeifließt, der größte Fluss Kleinasiens.

Wind, Wetter, aber auch die zahlreichen Bäche, die nach der Schneeschmelze zum Kısılırmak hin nach Norden flie-

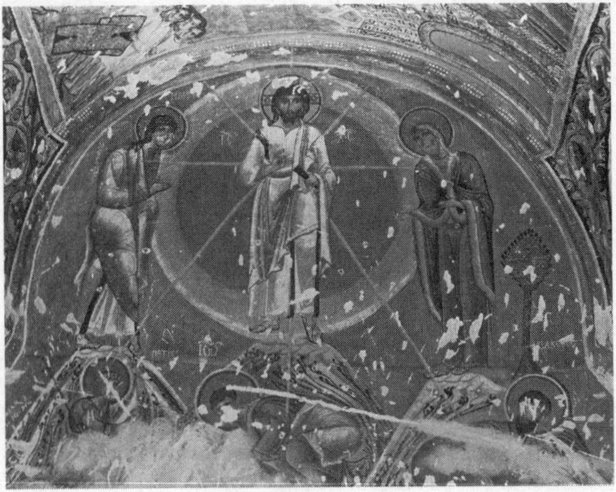

Göreme, Karanlik-Kilise
Verklärung (12. Jh.)

Foto: Susanna Partsch, München

ßen, haben aus der Ebene eine Landschaft modelliert, die aus Faltungen und Verwerfungen, aus Spitzen und Tälern, aus Türmen und Brücken besteht. Die Menschen haben in dieser Tufflandschaft ihre Häuser und Kirchen errichtet. Dabei haben sie vertraute Architekturelemente verwendet. So finden sich auch im Göreme-Tal zahlreiche Kreuzkuppelkirchen. Doch ihre Säulen tragen die Kuppeln nur scheinbar.

Ähnlich wie bei den römischen Katakomben halten sich auch in Kappadokien bis heute die Gerüchte, dass die Christen sich vor den Arabern in die Tuffsteinhöhlen geflüchtet haben, nicht zuletzt, weil es dort riesige unterirdische Anlagen gibt, deren Bedeutung bis heute nicht geklärt ist. Tatsächlich aber wurden die Christen in Kappadokien nicht nur toleriert, sie hatten sogar hohe Ämter inne wie verschiedene Stifterbilder von türkischen Beamten zeigen.

Die *Karanlik Kilise*, die dunkle Kirche (die heutigen Namen der Kirchen sind türkisch), gehört zu den prominenten Kirchen im Göreme-Tal. Die hervorragend erhaltenen Fresken sind so über die Kreuzkuppelkirche verteilt wie es das mittelbyzantinische Dekorationssystem vorschreibt. Interessant ist dabei, welche Szenen in den Vordergrund rücken. Sie sind auf den Giebelwänden der Kreuzarme dargestellt. *Geburt* und *Kreuzigung* stehen einander im nördlichen und südlichen Kreuzarm gegenüber, im westlichen Arm ist die *Verklärung* zu sehen. Damit werden wieder die zwei Naturen Christi betont: seine Menschwerdung und das Dasein als Mensch durch *Geburt* und Tod (*Kreuzigung*), aber auch der Beweis seiner göttlichen Natur schon zu Lebzeiten durch die *Verklärung*.

Bei der *Verklärung* ist gut zu erkennen, wie ähnlich die Kompositionen über die Jahrhunderte geblieben sind. Dieselbe Szene in der Apsis der Marienkirche des *Katharinenklosters* auf dem Sinai unterscheidet sich nur in den Details. Das Bild in Göreme ist stärker zweigeteilt, die Apostel befinden sich auf einer Ebene, Christus und die Propheten Elias und Jeremias auf der anderen. Die Apostel ducken sich alle drei zu Füßen der oberen. Die Propheten wenden sich außerdem stärker Christus zu, der hier von einer kreisrunden Glorie hinterfangen wird und nicht von einer Mandorla.

Über die Datierung der Fresken ist sich die Forschung uneins. Sie schwankt zwischen Mitte des 11. Jahrhunderts und um 1200, also um 150 Jahre. Die einen möchten der Kirche und ihren Malereien eine Vorreiterrolle zuerkennen, die sie wohl kaum gehabt haben dürfte, die anderen sehen sie als sehr späte Reminiszenz an den späten Komnenenstil, dessen Hauptcharakteristikum die Bewegtheit der Figuren und vor allem ihrer Gewänder ist. Vermutlich sind beide Datierungsvorschläge zu extrem und die Fresken entstanden im Lauf des 12. Jahrhunderts.

Kurbinovo (Makedonien), Kirche des hl. Georg, *Verkündigung*

Kurbinovo ist heute ein kleiner unbedeutender Ort am Prespasee in Makedonien. Hier steht aber eine dem hl. Georg geweihte Kirche (*Sveti Djordje*), deren Freskenausstattung im April 1191 begonnen wurde, wie es der erst 1958/59 bei Reinigung und Konservierung der Fresken auf der Altarmensa entdeckten Inschrift zu entnehmen ist. Die Fresken gehören damit der so genannten spätkomnenischen Zeit an. Charakteristisch war damals eine ›manieristische‹ Auffassung der Gewänder, die häufig in eine ›barocke‹ Expressivität gesteigert wurde. Erstaunlicherweise findet sich in der Provinz, eben in Kurbinovo, eine besondere Übersteigerung dieser Art der Malerei.

Die erst 1942 veröffentlichten und korrekt datierten Fresken (früher datierte man sie ins 16. Jahrhundert) sind nicht nur sehr gut erhalten, sondern auch von hervorragender Qualität. Obwohl die Kirche keine Kuppel besitzt, arbeiteten die Maler nach dem mittelbyzantinischen Dekorationssystem. Einer Prophetenzone ganz oben folgt die ausführlich erzählte Geschichte Jesu von der *Verkündigung an Maria* bis hin zur *Himmelfahrt Christi* am Ostgiebel und dem *Marientod* (Koimesis) sowie dem *Jüngsten Gericht* an der Westwand. Die Apsis wird mit der thronenden Muttergottes ausgefüllt, gerahmt von der *Verkündigung* auf dem Triumphbogen neben der Apsis. In dieser Szene tritt der verschämten Maria ein selbstbewusster Erzengel entgegen. Die im Segensgestus ausgestreckte Hand soll vor allem beruhigend wirken. In großen Schritten eilt der Engel auf Maria zu, sein Gewand wirft starke Falten, der Zipfel des Mantels flattert gebauscht hinter ihm her. Körperhaltung, Gewand und Gestik führen zu der Dynamik, die es Maria schwer macht, das Angebot abzulehnen.

Die Fresken von Kurbinovo gehören zu den hervorragendsten Beispielen der spätkomnenischen Zeit und sind möglicherweise von Malern geschaffen, die aus der Hauptstadt nach Makedonien kamen. Der Dialog zwischen Maria und dem Engel gehörte zum Bestandteil byzantinischer Liturgie, war in Homilien der Kirchenväter und Marienhymnen verankert. Dieser Dialog wurde auch bildlich immer wieder dargestellt, aber wahrscheinlich nie so überzeugend wie zu der Zeit des ausgehenden 12. Jahrhunderts, kurz vor dem ersten Zusammenbruch des byzantinischen Reichs. Der damalige Manierismus kam der gewünschten Bildsprache entgegen.

Konstantinopel, Hagia Sophia, *Deesis*

Die *Deesis*, die große Fürbitte, wurde aus der Szene des Weltgerichts isoliert. Christus, der Weltenherrscher, steht im Zentrum dieser Darstellung. Er wird von Johannes dem Täufer und Maria begleitet, die als Fürbitter für die Menschen auftreten und dabei den Alten und den Neuen Bund symbolisieren. Diese Darstellung wurde meist auf Ikonen gezeigt, bildete das Zentrum der *Ikonostas*, der Altarschranke, die im Osten aus Ikonen bestand. Doch die wohl prominenteste *Deesis* befindet sich auf der Südempore der *Hagia Sophia* in Konstantinopel und ist als großes Mosaik direkt mit der Wand verbunden.

Von den drei Figuren sind fast nur noch die Köpfe und Teile der Oberkörper erhalten, zwei Drittel des Mosaiks sind zerstört, was aber die wirkungsvolle Intensität der Figuren nicht schmälert. Vermutlich nach der Rückeroberung von Konstantinopel ausgeführt, ist der Manierismus der späten Komnenenzeit einer Spiritualität gewichen, die nur mit dem Bewusstsein für eine nicht mehr lange Zeit des Durchhaltens zu erklären ist – und wenn, dann nur mit Gottes Hilfe.

Der segnende Christus, dessen Kopf leicht aus der Körperachse gedreht ist, ist nicht mehr der alles beherrschende, alles kontrollierende Gott aus Daphni, sondern ein Wissender, der den Gläubigen in ihrer Not Trost spendet. Das zeigen sein Blick und die ruhige Art wie er die Hand zum Segen erhebt. Maria und Johannes sind seitlich von Christus im Dreiviertelprofil angeordnet. Sie blicken zu Boden, ein wenig aus dem Bild heraus, wodurch der Betrachter Kontakt mit ihnen aufnehmen kann. Nun bedarf es keines Mittelsmanns, keines Heiligen, mehr, um den beiden Fürbittern die eigenen Gebete, Wünsche und Hoffnungen mitzuteilen. In einer Mischung aus Demut und Güte wenden sie sich dem Gläubigen so zu, dass er Vertrauen fassen kann.

Die Ruhe, die von den Figuren ausgeht, ist einerseits durch Mimik und Gestik, andererseits durch die reduzierte Farbigkeit zu erklären. Außer dem Gold des Hintergrunds und des Unterkleides Christi sind die vorherrschenden Farben lediglich Blau und Purpur sowie das weißlich-beige Inkarnat der Gesichter.

Konstantinopel, Chora-Kirche, *Koimesis*

Die *Koimesis* (Marientod) gehört zu den wichtigen Festtagsbildern des byzantinischen Ausstattungsprogramms. Um 600 war die Himmelfahrt Mariens als verbindliches Fest im gesamten Imperium Romanum eingeführt worden und noch heute gehört der 15. August in den romanischen Ländern und in Griechenland zu den allerhöchsten Feiertagen.

In der *Chora-Kirche* ist die *Koimesis* das einzige erhaltene Festtagsbild im Kircheninnenraum. Die reiche Ausstattung beschränkt sich auf die beiden Vorhallen und das *Parekklesion*, allerdings sind dort keine Mosaiken, sondern Fresken an den Wänden. In den Vorhallen werden das Leben Mariens, die Kindheit Christi, sein öffentliches Wirken und die Wunder ausführlich dargestellt. In den beiden Kuppeln des inneren Narthex kommen die Genealogien von Christus und Maria hinzu. Die Fresken in der Grabkapelle, dem *Parekklesion*, sind der Endzeit vorbehalten. Es fehlen die wichtigsten Festtagsbilder, die sich zusammen mit einem *Pantokrator* in der zentralen Kuppel und einer *Maria-Theotokos* in der Apsis im Naos der Kirche befunden haben. Wichtig für das Gesamtprogramm sind die Darstellungen in den zentralen Lünetten der äußeren Vorhalle. Über dem Eingang zur inneren Vorhalle ist bereits ein *Pantokrator* dargestellt, in der Beischrift stehen die Worte »chora ton zonton«, das Land der Lebenden. In der gegenüberliegenden Lünette, also über dem Ausgang, ist die Muttergottes mit der Beischrift »chora tu achoritu«, Land des Unermesslichen, dargestellt. Der Name der Kirche, *Chora* (Land, Erde), bezieht sich einmal auf Christus als dem Ort der Lebenden und dann auf Maria als die die Erde umfassende Gottesträgerin, die *Platytera*. Zum einen wird mit diesen Darstellungen und Inschriften deutlich gemacht, dass die Neugründung Maria und Christus geweiht ist, zum anderen, dass sich das Bildprogramm mit der Inkarnation, der Menschwerdung Christi, befasst. Die *Koimesis*, die Tod und Himmelfahrt Mariens verbindet, spielt dabei eine große Rolle.

Die *Koimesis* besaß – wie die anderen Festtagsbilder auch – ein festgelegtes Schema der Darstellung, das nur in Details variiert werden durfte. Am vorderen Bildrand liegt Maria auf der purpurnen Decke eines Betts. Sie trägt ihr blaues Kleid, dazu das Maphorion (Kopftuch), das vom goldenen Heiligenschein umfasst wird. Ihre Augen sind geschlossen, die Hände ineinander verschränkt. Das Bettgestell ist mit einem schweren, dunklen Samt verhängt, der mit goldenen Borten besetzt ist. Rechts und links im Vordergrund stehen Petrus mit einem Weihrauchgefäß und der auf Maria weisende Paulus. Sie vollziehen offensichtlich den Sterberitus. Die anderen Apostel hinter ihnen wenden sich verneigend und mit Trauergebärden der Toten zu. Es sind nur elf Apostel. Thomas, der die Himmelfahrt Mariens miterleben und ihren Gürtel erhalten wird, fehlt hier. Außerdem sind noch drei Bischöfe und einige Frauen zugegen.

Die Bischöfe werden in einem Text des Pseudo-Dionysos Areopagita genannt, der sich und andere Bischöfe als Augenzeugen beim Marientod nennt (vgl. Materialien, Text 14). Dadurch war eine Legitimation gegeben, Vertreter der Kirche darzustellen, die – wie an dem einen Bischof mit dem geöffneten Buch zu erkennen ist – den Sterberitus bereits damals selbst gelesen haben, so wie sie ihn beim Gottesdienst in der Liturgie wiederholen. Das Gebäude hinter den beiden Bücher tragenden Bischöfen auf der linken Seite symbolisiert dann die Kirche allgemein, ist aber gleichzeitig auch Grabeskirche der Muttergottes in Gethsemane. Das Haus auf der rechten Seite beherbergte Maria und ihre Gefährtinnen.

Die Gemeinde der Trauernden gruppiert sich um den ganz in Gold gekleideten Christus, der zentral im Bild, hinter dem Sterbelager der toten Mutter steht. Mit verhüllten Händen trägt er ein in weiße Windeln gewickeltes Kind mit einem Heiligenschein – die Seele Mariens. Er ist hinterfangen von einer doppelten Mandorla innerhalb deren äußerer Begrenzung vier Engel stehen. Der Seraph darüber dringt in das Gold des Himmels vor und scheint die Mandorla mit Christus und den Engeln wieder hochtragen zu wollen. Engel und Mandorla sind weiß in weiß gehalten, als würden sie wie der goldene Christus von den Menschen nicht wahrgenommen.

Die *Koimesis* hatte ihren traditionellen Platz an der Westwand der Kirche, genau über dem Ausgang. Damit wurden die Gläubigen, die die Kirche verließen, an die eigene Vergänglichkeit erinnert, aber auch daran, dass sie nach dem Tod das Heil erwartete. Ein weiterer Sinngehalt befindet sich in der Zusammenschau mit der direkt gegenüberliegenden Apsis, in der üblicherweise die *Theotokos* dargestellt ist, so hier wohl auch, jedoch nicht mehr erhalten. In der Apsis trägt Maria das Kind auf dem Arm, durch das die Welt erlöst wird. Und nur dadurch, dass Maria die Gottesgebärerin ist, wird sie später von ebendiesem Sohn in den Himmel geleitet, indem er ihre Seele am Totenbett in Empfang nimmt. Beide Darstellungen entsprechen sich also, eine ist ohne die andere nicht möglich.

Die Darstellung der *Koimesis* gehört seit dem 10. Jahrhundert zu den kanonischen Festtagsbildern. Vergleicht man die Darstellung in der Chora-Kirche mit früheren Bildern, so fällt auf, wie viel räumlicher die Komposition angelegt ist, wie viel bewegter die Figuren sind, ohne die Manieriertheit des spätkomnenischen Stils zu besitzen. Der byzantinische Spätstil des 14. Jahrhunderts (die Mosaiken können aufgrund der Stiftung ziemlich genau in die Jahre 1315–20 datiert werden) erhielt zur Bezeichnung den Namen des damals regierenden Herrscherhauses, also der Paläologen. Ob man allerdings von einer paläologischen Renaissance sprechen kann, ist in der Forschung umstritten, weil das Wort ›Renaissance‹ im Zusammenhang mit Byzanz, wo die antike Tradition nie derart verloren gegangen ist wie im Abendland, eigentlich unangemessen ist. Richtig ist in jedem Fall, dass die Figuren wieder viel stärker dem antiken Formenvokabular verpflichtet sind als in der mittelbyzantinischen Periode. Das zeigt sich nicht nur bei den Mosaiken der *Chora-Kirche*, sondern auch beim Fresko der *Anastasis* in der Apsis des *Parekklesion*, bei dem sich der Maler noch stärker als die Mosaizisten von der traditionellen Darstellung gelöst hat.

Christus steht auf den Höllentoren, quasi über dem Abgrund und hat beide Arme ausgestreckt, mit denen er Adam und Eva aus ihren Gräbern zieht. Unterstützt durch das Apsisrund bilden die drei Figuren einen Raum, der durch die weiteren Personengruppen vervollständigt wird. Doch trotz aller zu beobachtenden Freiheiten im spätbyzantinischen Stil hat sich die Kunst hier nie in dem Ausmaß verändert wie im Westen beim Übergang von Mittelalter zu Renaissance.

Cefalù (Sizilien), Kathedrale, Apsismosaik

Süditalien gehörte noch relativ lange zum byzantinischen Reich, Sizilien hingegen war im 9. Jahrhundert von den Sarazenen eingenommen worden. Insofern waren die normannischen Eroberungen im südlichen Italien 1071 durchaus eine Bedrohung für Byzanz. Kurz darauf dehnten die Normannen ihren Machtbereich auch auf Sizilien aus, was man aus christlicher Sicht auch eine Befreiung nennen kann.

Nachdem sich die Normannen in Sizilien konsolidiert hatten, sollten Kirchengründungen und prächtige Paläste ihre Macht auch nach außen hin demonstrieren. Und so gründete der 1130 in Palermo zum »König von Sizilien, Apulien und Kalabrien« gekrönte Roger II. die Kirche in Cefalù, östlich von Palermo.

Hier zeigte sich nun die Mischung westlicher und östlicher Einflüsse deutlich, denn die große Basilika westlicher Prägung wurde von Mosaizisten aus dem Osten ausgestattet. Diesen waren aber inzwischen nur noch die relativ kleinen Kreuzkuppelkirchen vertraut, in denen die Orte für Christus- und Mariendarstellungen, szenische Darstellungen und Heiligenbilder genau festgelegt waren. Die Kathedrale in Cefalù war jedoch nicht nur viel größer als die Kirchen von *Hosios Lukas*, *Chios* und *Daphni*, der

Kathedrale fehlte auch die Kuppel. Und so wurde der *Pantokrator* an die nächst wichtige Stelle, in die Apsis, gesetzt. Die *Maria orans* wurde ein Register tiefer angebracht. Dort steht sie, betet zu ihrem Sohn und wird von den vier Erzengeln begleitet. Im unteren Register folgen dann die Apostel.

Doch mussten die byzantinischen Mosaizisten nicht nur das Programm verändern, die Größe der Kirche verlangte auch andere Darstellungsweisen, damit die Figuren überhaupt erkennbar waren. So vereinfachten sie die Formen, vergrößerten die Figuren und intensivierten die Farben. Ein Nebeneffekt war, dass dem *Pantokrator* die Strenge genommen wurde, die er in Daphni so deutlich ausstrahlt. Stilistisch werden die Mosaiken von Cefalù mit denen von Daphni durchaus verglichen, auch wenn die sizilianischen erheblich später sind. Doch gelingt es dem *Pantokrator* schon durch die andere Position nicht, den Gläubigen in der ganzen Kirche mit den Augen zu verfolgen. Er kann gar nicht der alles Sehende und damit alles Wissende Gott sein. Das erlaubt ihm, freundlicher, weicher dargestellt zu werden. Zu diesem weniger strengen Christus passen auch die Worte aus dem Johannesevangelium, die in dem aufgeschlagenen Buch in seiner Hand auf griechisch und lateinisch zu lesen sind: »Ich bin das Licht der Welt.« (8,12)

Inschriftlich auf 1148 datiert sind die Mosaiken in der Apsis von Cefalù offensichtlich erheblich früher als diejenigen im übrigen Chorbereich. Dort waren vermutlich auch keine Byzantiner, sondern vor allem einheimische Mosaizisten tätig.

Venedig, S. Marco, Mosaiken

Die Venezianer, die schon in der Architektur ihrer Hauptkirche auf byzantinische Formen zurückgegriffen hatten, ließen *S. Marco* mit Mosaiken ausstatten. Zu Beginn beschränkte sich die Dekoration auf den Haupteingang und die Apsis, setzte sich aber in den nächsten Jahrhunderten fort und überzieht heute die gesamte Kirche. Über und über mit Goldmosaiken bedeckt, leuchtet der Innenraum auch bei spärlichem Licht. Dadurch ist es kaum möglich, sich der Mystik zu entziehen, die unweigerlich von dem Betrachter Besitz ergreift.

Mehrere Ausstattungsphasen lassen kein einheitliches Programm zu und auch keine stilistische Einheit, zumal nicht immer byzantinische Mosaizisten die Leitung innehatten und sich westlicher Stil und westliche Auffassung in späteren Jahren immer mehr durchsetzten. Dennoch ist das Mosaikenprogramm von *S. Marco* so sehr byzantinisch geprägt, dass es in einer Übersicht wie dieser nicht fehlen darf.

Der erwähnten ersten Phase Anfang des 12. Jahrhunderts folgte in den siebziger Jahren der Beginn der eigentlichen Ausstattung des Innenraums, die sich etwa sechzig Jahre hinzog. Sie konzentriert sich vor allem auf die Kuppeln und die dazwischen liegenden Tragebögen. Ihr Programm ist, vergleichbar denen auf Sizilien, gegenüber den östlichen Kreuzkuppelkirchen modifiziert. So befand sich der *Pantokrator* bereits in der Hauptapsis (heute durch einen 1509 erneuerten *Pantokrator* ersetzt) und konnte deshalb nicht noch einmal in der zentralen Kuppel dargestellt werden. In der östlichen Kuppel befindet sich in einem Medaillon in der Mitte der *Christus Emmanuel*, also der jugendliche Christus wie er von Jesaja (7,14) prophezeit wurde, zumindest so, wie dessen Prophezeiung dann von Matthäus (1,23) ausgelegt wurde. Er ist umgeben von Propheten und der *Maria Orans*, der betenden Maria aus den Apsiden der östlichen Kirchen, und auch in Sizilien, dargestellt unter dem *Pantokrator* in der Apsis. Hier ist sie zwar im Osten, nicht in der Apsis, sondern in der Kuppel zu sehen, dennoch in engem Bezug zu ihrem Sohn.

In der Mittelkuppel prangt die *Himmelfahrt Christi*. Der ganzfigurige Christus thront, wie in Thessaloniki auf dem Regenbogen, allerdings ist die Aureole mit Sternen besetzt und wird von vier Engeln getragen. Darunter stehen, zwischen Bäumen, die Apostel, begleitet von Maria und zwei Erzengeln. Diese betende Muttergottes hat ihre Arme nicht erhoben, sondern hält die Hände vor der Brust. Zwischen den Fenstern ergänzen 16 Tugenden das Bild. In den Pendentifs sind die Evangelisten dargestellt, begleitet von den vier Paradiesflüssen. Tugenden und Flüsse sind westlichem Einfluss zuzuschreiben.

Die westliche Kuppel ist dem Pfingstfest vorbehalten mit der *Hetoimasie*, dem leeren Thron, der für Christus bereitsteht und den vom Heiligen Geist erfüllten Aposteln. In *S. Marco* sind nur acht Apostel gezeigt und die vier Evangelisten, die immer wieder prominentere Plätze als in anderen Programmen erhalten. Das mag daran liegen, dass die Kirche nicht nur einem der vier Evangelisten geweiht war, sondern auch Reliquien der anderen drei besaß. Für die beiden anderen Kuppeln hatte man keine vorgeschriebenen Szenen mehr, hier ist im Norden das Leben von *Johannes Evangelista*, im Süden von mehreren Heiligen ausgebreitet.

Auf den Gurtbögen, die die zentrale Kuppel umgeben, ist der Festtagszyklus dargestellt, wenn sich auch nicht immer die mittelalterlichen, byzantinischen Mosaiken erhalten haben und teilweise durch spätere ersetzt worden sind. Auf den restlichen Bögen und Wänden finden sich Heilige und ihre Legenden sowie besonders ausführlich das Leben des hl. Markus und die Überführung seiner Reliquien nach Venedig.

Die byzantinischen Mosaizisten haben die Italiener in ihrer Kunst unterwiesen, die dann wiederum ein westliches Formenrepertoire mit in die Ausstattung brachten. Außerdem werden neben dem byzantinischen Szenenkanon Darstellungen westlicher Prägung gewünscht. Und so bildet sich hier ein ›Schmelztiegel‹ heraus, der die Verbindung zwischen Byzanz und dem Westen herstellt, eine Aufgabe, die Venedig auch politisch erfüllte und die sich deshalb auch so selbstverständlich in der Hauptkirche der Venezianer wiederholen konnte, so wie *S. Marco* als Staatskirche ohnehin in die politischen Belange der Seemacht eingebunden war.

In eine dritte Ausstattungsphase, die fast das gesamte 13. Jahrhundert währt, fallen auch die Mosaiken der Vorhalle mit einem ausführlichen alttestamentarischen Zyklus, der mit der Erschaffung der Welt beginnt und sich bis zum Tod des Moses fortsetzt, also die ersten beiden Bücher der Bibel, *Genesis* und *Exodus* illustriert. Vorbild für diesen Zyklus ist die so genannte Cotton-Genesis aus dem 6. Jahrhundert (London, British Library, Cotton MS Otho B. VI.), die aus Alexandria stammte. Nach einem Brand im 18. Jahrhundert nur noch in Fragmenten erhalten, befand sie sich im 13. Jahrhundert in Venedig. Sie zeigt den bewussten Rückgriff auf alte Traditionen, die in *S. Marco* aus Legitimitätsgründen sowohl in der Architektur als auch in den Mosaiken zu beobachten ist. Auch hier spielen politische Beweggründe eine große Rolle.

Sinai, Katharinenkloster, *Petrusikone* und *Christusikone*

Eine der frühesten erhaltenen Ikonen überhaupt ist die *Petrusikone* im *Katharinenkloster* auf dem Sinai. Vor einer architektonisch ausgebildeten Nische ist die Halbfigur des Heiligen wiedergegeben. Seine grauen Haare und der kurze graue Bart stehen im Gegensatz zu einem relativ ju-

Sinai, Katharinenkloster
Christusikone (6./7. Jh.)

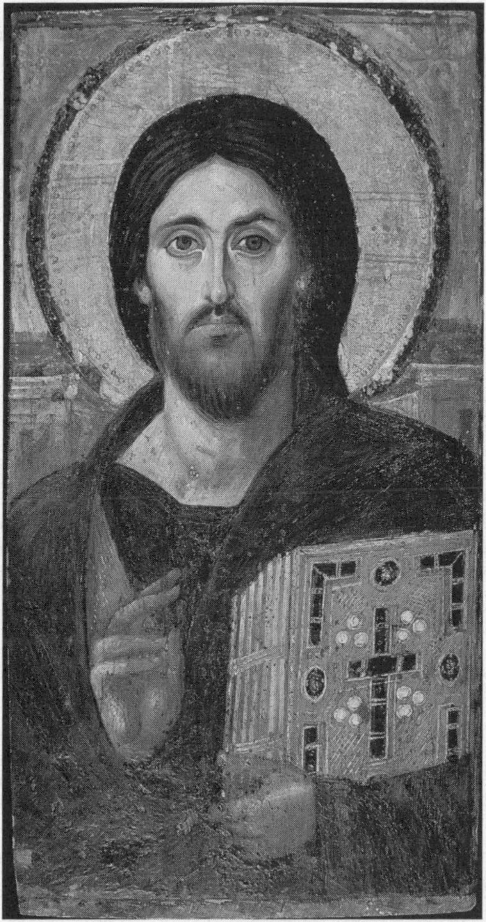

gendlichen Gesicht, das mit feinen Pinselstrichen ausgeführt ist und von einem goldenen Nimbus hinterfangen wird. Gewand und Hände sind sehr viel flüchtiger gemalt. Die Schlüssel in seiner rechten Hand sind das Zeichen für Petrus als Stellvertreter Gottes auf Erden, das Kreuz in seiner Linken verweist auf seinen Kreuzestod.

Über der Nische schweben drei goldene Medaillons mit den Köpfen von Christus in der Mitte, Maria auf der rechten Seite und einem jugendlichen Mann, wahrscheinlich Johannes dem Evangelisten, auf der linken. Sie erinnern an die Medaillons mit Christus, flankiert vom Kaiserpaar auf den Konsulardiptychen. Dieser Vergleich macht aus dem Petrusbild auch ein offizielles Porträt. Hier ist aber nicht der Diener des Kaisers, also der Jahreskonsul gezeigt, sondern der Diener Christi. Dennoch wird hier deutlich, wie stark sich die Bilder der Heiligen an der offiziellen römischen Kunst orientierten.

Bei der Christusfigur handelt es sich vermutlich wieder um die ›Replik‹ des unbekannten Kultbildes wie es sich auch in einer weiteren berühmten Sinai-Ikone darstellt, die ebenso wie die *Petrusikone* ins 6. oder 7. Jahrhundert datiert wird. Diese *Christusikone* wurde offensichtlich nach dem berühmten Vorbild für den Sinai geschaffen und zeigt die hervorragende Qualität der Malerei. Der langhaarige, bärtige Christus verdeckt die obligatorische Nische hinter sich fast vollkommen. Gesicht und Oberkörper füllen die Tafel derart aus, dass die Schultern überschnitten sind. In der linken Hand hält er das Buch, dessen Einband mit Edelsteinen besetzt ist, die rechte ist nur leicht zum Segensgestus erhoben. Der Oberkörper ist ein wenig schräg ins Bild gesetzt, das Gesicht blickt frontal aus dem Bild heraus, wirkt aber so, als würde es sich dem Betrachter zuwenden. Die nicht ganz symmetrischen Augen, die hochgezogene linke Augenbraue, die Schatten in der linken Gesichtshälfte und der leicht verzogene Mund geben dem Gesicht eine große Lebendigkeit.

Von diesem Christustypus sind, auch in Rom, frühere Kopien bekannt, die alle den einen verlorenen Prototyp wiederholen. Diese Typenbildung fand nicht nur bei der Christusdarstellung statt. Bei den verschiedenen Marienbildern gab es das eine Vorbild, das ›Original‹. Bei der *Maria Hodegedria* sind Ursprung und Geschichte bekannt, auch wenn das Original verloren ist. Doch bei den meisten anderen »Porträts« von Maria und den Heiligen weiß man lediglich, dass es dieses eine Kultbild gegeben haben muss, das nach Ende des Ikonoklasmus verbindlich wurde. Nun waren die wichtigsten Heiligen wie Petrus, Paulus oder Johannes der Täufer ohne Namenbeigabe oder Attribute an ihrer Physiognomie zu erkennen.

Sinai, Katharinenkloster, *Johannes der Täufer*

Aus dem 13. Jahrhundert stammt eine Ikone, die das Heiligenbild um die Erzählung seiner Biographie, seiner Vita, erweitert. Sie befindet sich auch auf dem Sinai im Katharinenkloster (70 × 49 cm). In der Mitte steht Johannes der Täufer frontal im Bild. Nur in einen Mantel gekleidet ist er der große Einsiedler. Mit der rechten Hand deutet er auf die Szene der Begegnung zwischen ihm und Christus, während die linke den Kreuzesstab und eine Inschriftentafel hält, die nach Johannes 1,29 auf das *Lamm Gottes* hinweist. Darunter, zu Füßen des Heiligen und kaum größer als dieser, kniet der Stifter der Tafel. Auf der anderen Seite lehnt eine Axt an einem Baum. Das weist den Täufer als den *Prediger in der Wüste* aus, der nach Lukas 3,9 sagt: »Es ist schon die Axt den Bäumen an die Wurzel gelegt; welcher Baum nicht gute Frucht bringt, wird abgehauen und in das Feuer geworfen.«

Johannes ist an den langen, wild wachsenden Haaren, dem vollen Bart, dem ausgemergelten Gesicht und der spärlichen Bekleidung nur mit einem Mantel zu erkennen.

Wenig später, um 1300, begegnet dieselbe Figur auf einer Ikone (London, British Museum, National Icon Collection No 15, 25,1 × 20,2 cm), wahrscheinlich aus Konstantinopel. Haare und Bart sind noch wilder, noch länger, noch ungekämmter. Die lange, leicht gebogene Nase besitzt denselben ganz dünnen Grat. Die lang herunterhängenden Schnurrbarthaare erwecken den Eindruck von heruntergezogenen Mundwinkeln, obwohl die Lippen des ziemlich kleinen Mundes gerade bleiben. Dieser Johannes trägt allerdings ein Untergewand. Der Segensgestus der rechten Hand und die Schriftrolle in seiner linken erinnern an Christusbilder.

Die Sinai-Ikone ist von 14 kleinen Bildern umgeben, die, ergänzt durch Beschreibungen, das Leben des Täufers erzählen. Links oben ist die *Verkündigung an Zacharias* dargestellt. Ihr folgen die Szenen der *Heimsuchung*, also der Begegnung von Elisabeth mit der ebenfalls schwangeren Maria, der Geburt und der Niederschrift des Namens, da Zacharias, nachdem er nicht glauben wollte, in dem Alter noch Vater zu werden, verstummte. Die Bilder rechts und links vom Mittelteil zeigen Johannes hauptsächlich als Täufer und Prediger. Im unteren Register folgen dann Martyrium, Präsentation des Kopfes durch Salome und die spätere wundersame Auffindung des abgeschlagenen Kopfes.

Biographische Ikonen sind erst seit dem 12. Jahrhundert bekannt. Ebenso wie die Wandmalereien waren sie an die Texte der Heiligenlegenden gebunden. Durch die Biographie wurde die einstmals irdische Präsenz der Heiligen bewusst gemacht. Sie waren Teil der Gesellschaft, in der die Gläubigen immer noch lebten und deshalb besonders verehrungswürdig. Die Sonderform der biographischen Ikone gehörte dennoch zu den Heiligenporträts, die innerhalb eines Kalenderjahres ihr Datum (oder mehrere Daten) hatten, an denen ihnen ganz besonders gehuldigt wurde. Bei Johannes dem Täufer war dies außer dem

24. Juni auch noch der 25. Februar, festgelegt durch die Auffindung des Kopfes.

Die Feiern der einzelnen Tage, die Namenstage der Heiligen, wurden bildlich auch durch die so genannten Kalenderikonen dargestellt, die erst durch die Funde auf dem Sinai bekannt wurden. Auf ihnen wurden die Heiligen des Tages abgebildet. Allein eine Februarikone (97 × 67 cm) zeigt in sechs Reihen einen Heiligen neben dem oder der anderen. Lediglich zwei Feste sind hervorgehoben: Die Epiphanie am 2. Februar und die Auffindung des Kopfes von Johannes dem Täufer am 25. Februar. Diese Ikonen hingen (und hängen noch) in der Kirche und lassen so bildlich das Kirchenjahr vorüberziehen.

Moskau, *Gottesmutter von Wladimir*

In Byzanz gab es zahlreiche mit Namen belegte Marienbilder wie die *Blacherniotissa*, bei der sich das Urbild im kaiserlichen Bad des Konstantinopler Blachernenkloster befand, die *Eleousa*, die Barmherzige, die ihr Kind ähnlich herzt wie die *Glykophilousa*, die süß Küssende, eine Bezeichnung, die erst in nachbyzantinischer Zeit entstanden ist. Die *Hodegetria* hat ihren Namen, ›die Wegweiserin‹, ebenfalls von dem Ort, an dem sich das ›Original‹ befand, das zudem noch als vom Evangelisten Lukas gemalt angesehen wurde und deshalb als authentisch galt. Die *Nicopoia* sitzt und trägt das Kind vor der Brust, wohingegen die *Platytera*, ›die mehr als den Himmel Umfassende‹, steht und das Kind als Medaillon ›trägt‹. Die *Theotokos*, die Gottesgebärerin ist jedoch *die* Gottesmutter. Fast all die eben erwähnten Namen und andere mehr sind lediglich Beinamen zur *Theotokos*.

Doch so einfach wie sich die Typenbildung in zahlreichen Ikonenkatalogen dargestellt hat, ist sie nach neueren Erkenntnissen nicht. Die einen Namen sind Titel, die anderen Typen. Und so heißt die *Eleousa* zwar die ›Barmherzige‹, aber wie sie aussieht, ist nicht genau festgelegt. Das heißt, *Eleousa* ist der Titel oder anders ausgedrückt, »der Begriff bezeichnet eine theologische Rolle« (Belting). Von der zärtlichen Mutter gab es offensichtlich zwei Prototypen, die sich in Konstantinopel befanden, aber erst an anderen Orten und in Kopien berühmt wurden. Die eine von ihnen gelangte nach 1080 in einer Kopie nach Zypern und wurde dort Titelikone des Kykkosklosters. Seither heißt dieser Typus, bei dem die Mutter zwar versucht, das Kind zu herzen, dieses sich aber aus ihren Armen winden möchte, die *Gottesmutter von Kykkos*.

Die andere Spielart der *Eleousa* aus Konstantinopel gelangte 1136 nach Wladimir, in die Residenz des russischen Großfürsten. Von der dortigen Himmelfahrtskirche kam sie im 14. Jahrhundert nach Moskau in die gleichnamige Kirche und befindet sich seit Anfang des 20. Jahrhunderts in der Tretjakow-Galerie in Moskau (78 × 54,6 cm; später erweitert auf 103,6 × 68,5 cm). Sie trägt den Titel der *Gottesmutter von Wladimir* und wurde in Russland häufig kopiert. Doch das Exemplar, das sich heute in der Tretjakow-Galerie befindet, wurde wohl in Konstantinopel nach dem verlorenen Prototyp gemalt und dann nach Russland geschickt. Hier wurden die Figuren dann später stark übermalt. Nur die Gesichter befinden sich noch im ursprünglichen Zustand, die Haare Jesu und die Kopfbedeckung Mariens stammen aus späterer Zeit.

Es wird davon ausgegangen, dass die Haltung der Figuren nicht verändert wurde. Auf goldenem Grund und früher wahrscheinlich kostbar gerahmt, ist die Halbfigur Mariens gezeigt, wie sie, den Kopf leicht geneigt, ihre Wange an die des Kindes schmiegt, das diese Umarmung erwidert und seine Arme um ihren Hals gelegt hat. Das Kind sitzt auf der stützenden rechten Hand Marias, mit den Fingerspitzen der linken berührt die Gottesmutter ganz leicht den Oberkörper des Kindes dort, wo später einmal die

Seitenwunde sein wird. Der Blick Mariens ist nicht auf das Kind gerichtet. Er schweift in die Ferne, als würde dort bereits das zukünftige Schicksal zu erkennen sein. Denn so, wie sich die Mutter zärtlich zu ihrem Kind neigt, so wird sie später den toten Sohn herzen, ihre Wange an seine schmiegen.

Diese Interpretation wird einmal gestützt durch eine sakramentale Interpretation des Kreuzesopfers auf der Rückseite der Ikone, die zwar erst aus dem 14. Jahrhundert stammt, aber wohl eine spätere Übermalung desselben Themas ist. Außerdem beschreibt eine Homilie des Symeon Metaphrastes die süßen Erinnerungen, durch die die Marienklage noch verstärkt wird: »Damals tauchte ich meine Lippen in deine honigsüßen und taufrischen Lippen. Oft hast du an meiner Brust als Kind geschlafen und jetzt liegst du in meinen Armen als Toter.«

An dieser berühmten Ikone, die in Russland immer wieder kopiert wurde, zeigt sich die Ausbildung bestimmter Typen, die sich, solange Byzanz Bestand hatte, entwickeln konnten oder – wie bei der *Eleous* – Varianten ausbildeten, die dann wieder zu Prototypen wurden. Doch spätestens mit dem Fall Konstantinopels wurden die vorhandenen Typen und Topoi zu verbindlichen Formulierungen, die nicht mehr geändert werden durften. Deshalb fehlt den späteren Ikonen die Lebendigkeit des Ausdrucks, die Beseeltheit, die nicht nur die damaligen Gläubigen, sondern auch die heutigen Betrachter so fasziniert.

Die *Muttergottes von Wladimir* ist eine der berühmtesten russischen Ikonen, auch wenn sie aus Konstantinopel stammt. Die Tradition wirkte fort, der byzantinische Stil in Russland ist eine Spielart, wie sie auch aus anderen Ländern bekannt ist, die den orthodoxen Glauben übernommen haben. Die *Russische Ikone* ist nur deshalb zu einem eigenständigen Begriff geworden, weil sie nach 1453 noch Bestand hatte, ebenso wie die Ikonen, die auf Kreta geschaffen wurden.

Andrej Rublev, *Dreifaltigkeit*

Die wohl berühmteste Ikone stammt von dem Russen Andrej Rublev (Rubljow), Mönch im Dreifaltigkeitskloster von Moskau. Ursprünglich für die Grabkirche des hl. Sergios um 1411 geschaffen, wurde sie später in der Moskauer Kathedrale der *Heiligen Dreifaltigkeit* aufbewahrt und befindet sich heute in der Tretjakow-Galerie in Moskau (142 × 114 cm).

In der *Hagia Sophia* soll eine Ikone mit dem Thema der *Dreieinigkeit* genau über dem Tisch gehangen haben, an dem Abraham einst im Hain Mambre die drei Engel bewirtete, in denen sich die drei Gottespersonen zeigten. Diese Ikone dürfte häufig kopiert worden sein und war vermutlich auch Ausgangspunkt für das Bild, das Rublev gemalt hat. Auf ihm sieht man die drei Engel um einen Tisch versammelt, auf dem einzig ein Kelch steht, wobei Rublev eine erstaunlich räumliche Darstellung gelungen ist. Der linke Engel (Gottvater) hält mit beiden Händen den Stab umfangen. Er blickt zwar in die Ferne, doch wirkt er eher in sich gekehrt. Der mittlere Engel (Jesus), der im Zentrum des Bildes hinter dem Tisch platziert ist, schaut auf den linken Engel, als wolle er von ihm eine Bestätigung für sein Tun. Mit seiner rechten Hand segnet er fast beiläufig den Kelch, der vor ihm steht, um seine Bereitschaft anzuzeigen, sich für die Menschheit aufzuopfern. Der dritte Engel (Heiliger Geist) verkörpert den Trostspender und die ewige Jugend. Er blickt zu Boden, wiederholt dabei aber exakt die Kopfbewegung und Blickrichtung des mittleren Engels.

Das ist *eine* Interpretation der drei Figuren. Auf anderer Ebene ist die Darstellung auch Zeichen der Freundschaft, der allumfassenden Liebe, angedeutet durch die Kreisform, in der die drei dasitzen und so eine Geschlossenheit bilden, die so leicht nicht aufzubrechen ist.

Die Schönheit der Figuren, die Ruhe, die von ihnen

ausgeht, macht diese Ikone zu einem Meisterwerk und zeigt gleichzeitig die sehr viel menschlichere Komponente, die sich in der Malerei Russlands allmählich durchsetzte. Rublev veränderte die strenge byzantinische Ordnung, die sich in der Ikonenmalerei spiegelte, hin zu einer größeren Menschlichkeit. Das zeigt sich auch in dem Bild des *Pantokrator* (Moskau, Tretjakow-Galerie, 158×106 cm, um 1410–15), dessen Gesichtsausdruck nicht die Strenge besitzt, die dem *Pantokrator* von Daphni (Abb. 5) eigen ist, sondern Güte ausstrahlt. Dieser *Pantokrator* war Teil eines Ikonenbalkens mit einer *Deesis*, von der außer dem *Erlöser* noch die Figuren des Erzengels Michael und des Apostels Paulus übrig geblieben sind. Die *Deesis-Gruppe*, die im Prinzip lediglich Maria und Johannes den Täufer zu Seiten des *Pantokrator*, des Weltenherrschers, zulässt, ist auf der Ikonostas meist um die *Große Fürbitte* (oder *Große Deesis*) erweitert, wobei die Anzahl der Figuren sowie die dargestellten Heiligen variieren. Aus dem 13. Jahrhundert hat sich auf dem Sinai ein einziger ganzer Balken von 1,70 Meter Länge erhalten, auf dem neben den drei Figuren der *Deesis* noch weitere zehn Apostel und Heilige zu sehen sind. In Russland wurde die um die Erzengel Gabriel und Michael sowie die Apostelfürsten Petrus und Paulus auf sieben Figuren vergrößerte *Deesis* als *Ordnung* bezeichnet. Sie hat sich beispielsweise um 1500 in Nowgorod erhalten (heute Privatsammlung, USA). Aus diesen aneinandergereihten Figuren und aus den biographischen Ikonen gleichermaßen entwickelte sich ab dem 13. Jahrhundert das italienische Altarbild.

Wien, *Wiener Genesis*

Die so genannte *Wiener Genesis* gehört zu den frühesten erhaltenen Prachthandschriften aus östlichem Gebiet. Die Reste der ursprünglich wahrscheinlich vierfach so umfangreichen Handschrift gelangte 1664 in den Besitz der Österreichischen Nationalbibliothek, wo sie unter der Signatur *Codex theol. gr. 31* bis heute aufbewahrt wird. Die 24 Pergamentblätter sind mit Purpur eingefärbt. Auf der oberen Blatthälfte ist der Text der *Genesis* (1. Buch Moses) in silbernen Buchstaben wiedergegeben. Darunter befinden sich die 48 Miniaturen, die ohne Rahmen fortlaufend insgesamt 125 Einzelszenen zeigen. Rechnet man die fehlenden Seiten hinzu, sind das bei 192 Miniaturen wahrscheinlich 500 Einzelszenen gewesen. Die *Cotton-Genesis* hatte einen Umfang von 88 Blättern mit 250 Miniaturen, die allerdings meist nur eine Szene wiedergaben. Sie besaß also insgesamt zwar mehr Miniaturen, aber nur halb so viele Einzelszenen.

Die *Wiener Genesis* wird übereinstimmend ins 6. Jahrhundert datiert, favorisiert wird als Auftraggeber Kaiser Justinian I., da das aus der Purpurschnecke gewonnene Rot, mit dem die Pergamentblätter eingefärbt sind, nicht nur die teuerste Farbe überhaupt, sondern auch die dem Kaiser Vorbehaltene war. Der Entstehungsort ist ungewiss, heute wird der syrisch-palästinensische Raum mit den Zentren Jerusalem und Antiochia angenommen und nicht mehr Konstantinopel.

Die einzelnen Darstellungen geben den Kunsthistorikern bis heute Rätsel auf. Denn die Illustrationen halten sich nicht an den gekürzten Bibeltext, sondern zeigen andere schwer zu deutende Szenen, die lange für rein bukolische Situationen gehalten wurden, bis durch die Ausgrabung der Synagoge in Dura Europos mit ihren Wandmalereien jüdische Bibeldarstellungen der Spätantike bekannt wurden. Das hatte zur Folge, dass die Bilder der *Wiener Genesis* mit der hellenistisch-jüdischen Bibeltradition in Zusammenhang gebracht wurden. Die *Versuchung des Joseph durch Potiphars Frau* auf fol. 16r ist dafür das prominenteste Beispiel, da es die meisten Interpretationen erfuhr. Der eigentlichen Szene, bei der Joseph vor den Versuchungen flieht, sind mehrere Darstellungen mit kleinen Kindern beigegeben, die lange als »Kindergarten« bezeichnet wurden, jedoch nicht erklärt werden konnten. Durch die Kenntnis der jüdischen Legenden wurde das erste Kind mit Asenat (Aseneth) identifiziert. Diese Ziehtochter Potiphars wurde später die Frau Josephs. Das nächste Kind sollte bereits das Erstgeborene von Joseph sein. Man sah in der Darstellung also hoch komplizierte Vor- und Rückblenden.

Eine Neudeutung bietet Rachel Dipper (2002). Jedem der drei Kinder ist eine spinnende Frau beigegeben, die als Schicksalsgöttin, als Moira, angesehen werden kann, berücksichtigt man antike Vorstellungen. Sie spinnen den Lebensfaden. Wenn sich Josephs Schicksal erfüllen soll, muss er vor Potiphars Frau fliehen. Das haben die Göttinnen so bestimmt, die jeweils mit einer der drei Protagonisten als Kinder gezeigt werden. Damit wäre im oberen Register Potiphars Frau als Kind mit der ersten Moira dargestellt, im unteren Register Asenat und Joseph, deren Fäden sich später verbinden werden.

Doch auch wenn alle Szenen einer Geschichte aus der Bibel vertraut sind wie bei der Darstellung *Jakob führt seine Familie über den Fluss und kämpft mit dem Engel* (fol. 12v) gibt es erstaunlich viele Lesarten, da die Figuren mehrfach auftreten (was an sich nicht ungewöhnlich ist), dabei aber miteinander in Blickkontakt treten. Manchmal ist auch nicht klar, ob die Figur jetzt als Anführer oder Zurückgebliebener angesehen werden soll oder gar beide Möglichkeiten in sich vereint.

Stilistisch sind die Figuren noch stark in die spätantike Tradition eingebettet, ganz anders als die zeitgleichen Mosaiken von Ravenna, die schon viel mehr der christlichen Spiritualität verpflichtet sind.

Paris, *Pariser Psalter*

Der *Pariser Psalter* in der Bibliothèque National (Cod. gr. 139) besteht aus 449 Blättern mit 14 ganzseitigen Miniaturen. Sieben von ihnen sind vorangestellt und zeigen Geschichten aus dem Leben Davids in chronologischer Reihenfolge. Die anderen sieben sind in den Text eingebunden und geben verschiedene Szenen aus dem Alten Testament wider. Dieser erste erhaltene höfische Psalter ist vermutlich die Kopie eines Vorbildes aus Alexandria mit bewussten Rückgriffen auf die Antike.

Die einzelnen Miniaturen sind mit prächtigen breiten Rahmen aus Blattgold versehen, deren Ornamentik ebenso wie die Farbigkeit abwechslungsreich ist. Die einzelnen Bilder können eine oder mehrere Szenen beinhalten. So zeigt das Bild *David und seine Herde* (fol. 1v) den musizierenden (psallierenden) David im Zentrum des Bildes. Begleitet von der Personifikation der Melodie sitzt er vor einem großen Busch und hält eine Lyra auf den Knien. Rechts verbirgt sich die Nymphe Echo hinter einer Säule, um die ein Tuch gebunden ist und auf der ein Opfergefäß steht. Im Vordergrund lagert, nur spärlich mit einem Tuch bedeckt, der Berggott des Sinai. Zwischen diesen Figuren in einer Felslandschaft tummeln sich etliche Tiere. Schafe und Ziegen weiden gemeinsam, liegen auf der Wiese oder trinken am Bach im Vordergrund. Direkt unterhalb von David sitzt ein Hund mit riesigen Tatzen. Im Hintergrund links stehen ein paar Häuser, rechts ist hingegen eine Berglandschaft zu sehen. Häuser und Berge sind nur skizzenhaft angedeutet.

Im Unterschied zu dieser sehr bukolisch-antik anmutenden Szene vermischen sich im *Kampf zwischen David und Goliath* (fol. 4v) antike mit mittelalterlich-byzantinischen Elementen, denn hier sind, ähnlich wie in der *Wiener Genesis*, mehrere Szenen in einem Bild vereint. Im Hintergrund zielt der voll gerüstete Riese Goliath mit

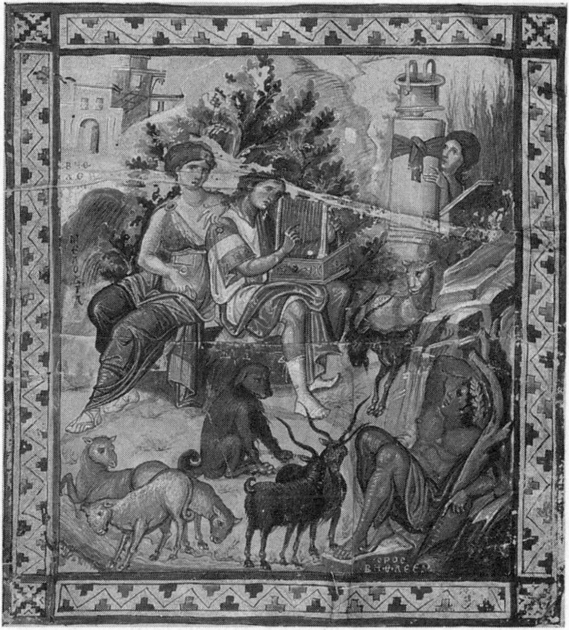

Paris Psalter (Mitte 10. Jh.)
Der psallierende David
Paris, Bibliothèque Nationale, Cod. gr. 139, fol. 1v

dem Speer auf David, der bereits mit der Steinschleuder ausholt. Er wird dabei von der geflügelten Allegorie der Kraft (Dynamis) unterstützt, die ihm mit ihrer Hand auf seinem rechten Arm tatkräftige Unterstützung bietet, während sie der Anmaßung hinterherschaut, die sich entsetzt von Goliath abwendet. Im Vordergrund liegt der besiegte Goliath auf dem Boden, den Helm hat ihm David abgenommen, der mit der einen Hand den Riesen an den Haaren gepackt hat und mit der anderen Hand dabei ist, ihm mit dem Schwert den Kopf abzuschlagen, wobei er allerdings eher eine Schnittbewegung macht. Rechts und links am Bildrand stehen die Heere der Israeliten und Philister einander gegenüber. Sie scheinen von dem Geschehen in der Mitte völlig unberührt.

In den Figuren, besonders von David und den beiden Allegorien, zeigt sich das Bemühen um die Wiederaufnahme antiker Formensprache. In dem Bild des psallierenden David kommt die antike Motivik noch stärker zur Geltung. Doch die gebauschten Faltenwürfe, die das Flattern der Mäntel und damit eine dynamische Bewegung der Figuren ausdrücken, gehören eher zu den Stilmitteln der Zeit. Hinzu kommt die Darstellung mehrerer Szenen, in diesem Fall drei, denn die beiden Heere sind hier nicht als Begleitung von David und Goliath dargestellt, sondern in ihrer Bereitschaft, gegeneinander im Kampf anzutreten, noch bevor sich David dem Riesen stellte.

Der so genannte *Pariser Psalter* wurde im 13. Jahrhundert mehrfach kopiert, wobei nicht immer die ganzen Szenen übernommen, sondern auch einzelne Figuren in einen anderen Zusammenhang gestellt wurden, so wie bei einem Musterbuch. Prominentes Beispiel einer Kopie sind die Miniaturen im *Palatina-Psalter* (Rom, Biblioteca Vaticana, Cod. Pal. Gr. 381), die Bilder wie das des *psallierenden David* übernehmen, andere aber aus einzelnen Figuren verschiedener Bilder des Vorbildes zusammensetzen.

Rom, *Josua-Rotulus*

Obwohl der so genannte *Josua-Rotulus* (Rom, Bibliotheca Vaticana, Col. Pal. Gr. 431) wahrscheinlich aus derselben Zeit stammt wie der *Pariser Psalter*, sollen doch beide

Werke hier vorgestellt werden, weil sie unterschiedlicher kaum sein könnten. Den einzelnen ganzseitigen, in kräftigen Farben gemalten und mit Gold und Purpur gerahmten Miniaturen des Psalters steht ein fortlaufendes Band von Illustrationen gegenüber. Die ursprüngliche Ton-in-Ton-Malerei in Ockertönen mit Weißhöhungen mit einem transparenten Pinselstrich wurde zwar später zu Teilen farbig übermalt und die Kontur der Figuren mit kräftigem Strich nachgezogen, doch ist die ursprüngliche Malweise an den Hintergründen und Nebenszenen noch nachzuvollziehen.

Die heute auseinander genommene Pergamentrolle besteht aus 15 Segmenten, die zusammen eine Länge von 10,64 Metern ergeben. Sie beinhalten Illustrationen und Texte zum Buch Josua des Alten Testaments in der griechischen Übersetzung, wobei Anfang und Ende fehlen. Heute beginnt der Rotulus bei Josua 2,15 und endet bei 10,27, also fehlt über die Hälfte des Buches, wobei nicht bekannt ist, ob der Rotulus wirklich das ganze Buch enthielt. Vermutlich beschränkte er sich auf die ersten zwölf Kapitel, die die siegreiche Landnahme beschreiben. Die anschließende Landverteilung, die in den weiteren Kapiteln genau aufgelistet ist, war vermutlich kein Thema, das zu illustrieren sich lohnte. Hinzu kommt, dass Josua als siegreicher Führer und Retter eine Symbolfigur war, die gerne mit dem Kaiser gleichgesetzt wurde. Dann wäre die Auswahl der ersten zwölf Kapitel nachvollziehbar.

Zu fragen ist auch, warum im 10. Jahrhundert, lange nach dem Siegeszug des Codex, plötzlich wieder ein Rotulus angefertigt wurde. Könnte es die Kopie einer frühchristlichen Bilderrolle sein oder greift die Darstellung direkt zurück auf die Reliefs römischer Triumphbögen? Eine dritte Möglichkeit wäre die Kopie einer nur 200 Jahre älteren Rolle.

Diese Fragen lassen sich nicht mehr beantworten. Sicher ist, dass es sich um ein Hauptwerk der so genannten

Makedonischen Renaissance mit ihrer antikisierenden Formensprache handelt. So ist beispielsweise auf dem vierten Segment wiedergegeben, wie Josua dem Erzengel Michael begegnet (Josua 5,13). Durch zwei Bäume abgeteilt stehen sich der »Heerführer des Herrn« und Josua gegenüber. Zwischen ihnen befindet sich der leicht gekürzte Bibeltext der Septuaginta. Beide sind gerüstet, der Erzengel trägt das Schwert in der Hand, Josua einen Speer. Nachdem sich ihm der Engel zu erkennen gegeben hat, wirft sich Josua vor ihm zu Boden. Dafür benötigt es hier keine weitere Szene, Josua ist einmal stehend und einmal liegend dargestellt. Hinter ihnen sieht man die Stadt Jericho in der ursprünglichen zarten Ton-in-Ton-Malerei. Doch auch die Figuren sind nur sparsam mit Blau und Purpur koloriert, allerdings stören besonders im Gesicht des stehenden Josua die nachgezogenen scharfen Konturlinien, die im starken Kontrast zu der feinen Pinselzeichnung stehen.

Rechts unter einem Baum sitzt die Personifikation von Jericho mit der Mauerkrone auf dem Haupt und beobachtet den Erzengel und Josua, da es ja um ihr Schicksal geht. Damit leitet sie über zur nächsten Szene, in der der Fall der Mauern von Jericho vorbereitet wird. Das zeigt, dass die Rolle offensichtlich erst bemalt wurde, nachdem die einzelnen Pergamentblätter zusammengefügt worden waren. Doch schon bald wurde die Rolle wieder in ihre Segmente zerlegt, denn Kopien der einzelnen Szenen aus dem 12. und 13. Jahrhundert hielten sich an die Segmente, nicht an die Szenen, wodurch Figuren der vorhergehenden oder nachfolgenden Szene dort, wo sie sich auf dem anderen Segment befinden, falsch integriert wurden.

Die hervorragende Malerei der Josua-Rolle zeigt sich in der Figurenbehandlung. So ist der Erzengel Michael in seiner Körperlichkeit antiken Statuen vergleichbar. Durch den Kontrapost von Stand- und Spielbein erhält er Standfestigkeit und suggeriert einen Boden, obwohl keiner vorhanden ist. Er blickt den stehenden Josua an, die Scheide des Schwerts deutet auf den vor ihm liegenden Josua, während er die Schwertklinge so nach hinten hält, dass ihre Spitze auf die Stadt zeigt.

Insgesamt zeigt der *Josua-Rotulus* ebenso wie der *Pariser Psalter* die Fähigkeit der Byzantiner, antikes Formengut und Motivik in ihrer Bildsprache bestehen zu lassen und dabei dennoch zu eigenständigen Erzählstrukturen zu gelangen. Die hierbei geläufige Bezeichnung der ›Renaissance‹ ist dabei allerdings – wie bereits erwähnt – mit Vorsicht zu verwenden, weil hier eine Tradition fortgesetzt wurde, die niemals den Bruch erfahren hatte wie im westlichen Mittelalter. Der immer wiederkehrende Rückgriff auf die Antike war der bewusste Akt der Erhaltung des Imperium Romanum.

London, *Theodor-Psalter*

Der heute in der Londoner British Library aufbewahrte Psalter (Additional MS 19352) wurde 1066 im Auftrag des Abtes Michael des Studios-Klosters in Konstantinopel von dem Protopresbyter Theodoros aus Caesarea gefertigt. Außer einem griechischen Psalter enthält das Manuskript ein als Dialog geschriebenes Leben Davids in Versen (vermutlich von Abt Michael selbst gedichtet), Hymnen und geistliche Lieder. Der Theodoros aus Caesarea war wohl nicht nur der Schreiber, sondern hat das Manuskript auch konzipiert und illustriert.

Die Illustrationen in den Marginalen oder zwischen den Textzeilen sind ungerahmt auf das Pergament gesetzt, besitzen also keine Hintergrundfarben. Auf fol. 189v beginnen die Verse zum Leben Davids in großen goldenen Lettern. Darüber thront Christus, der einen seiner Engel zu David schickt. In fünf weiteren Registern wird nun die Geschichte des Hirtenjungen, der seine Herden hütet und dabei auf der Flöte spielt, bis hin zur Salbung durch Samuel in Bildern erzählt, die zwischen die Zeilen gesetzt sind und denen noch kleine Beischriften in Minuskeln (aber ebenfalls in Gold) beigegeben sind.

Im Vergleich mit den über hundert Jahre älteren Malereien der *Josua-Rolle* und des *Pariser Psalter* ist hier die antike Tradition stark zurückgenommen. Trotz des (in der *Josua-Rolle* fehlenden) Bodens, angedeutet durch eine wellige grüne Linie, besitzen die Figuren weder die Körperlichkeit noch die Standfestigkeit. Obwohl man sich die *Josua-Rolle* ursprünglich als eine kontinuierliche Geschichte vorstellen muss, wirken die Szenen sehr viel abgeschlossener als in diesem Psalter, bei dem der erzählende Charakter (und damit der Comic-Strip-Effekt) sehr viel stärker zum Tragen kommt. Der *Theodor-Psalter* steht damit in der Tradition der ungerahmten Marginalillustrationen wie sie seit dem 10. Jahrhundert bekannt sind und die eine weitere Form der Illustration bilden, bei der die Illustratoren in ihren Darstellungen oft weit über die Bibel-Exegeten hinausgehen.

Rom, *Marienhomilien des Jakobos von Kokkinobaphos*

In dem im Nordwesten Anatoliens gelegenen Bithynien schrieb der Mönch Jakobus (Jakobos) im Kloster Kokkinobaphos die sechs Marienhomilien. Auftraggeberin war vermutlich die Schwägerin des Kaisers Manuel I. Komnenos, Irene Sebastokratorissa, eine der größten Förderinnen literarischer Werke. Diese Homilien haben sich in zwei wohl gleichzeitig in Konstantinopel entstandenen Prachthandschriften erhalten. Die eine befindet sich heute in Rom (Biblioteca Apostolica Vaticana, Cod. gr. 1162), die andere in Paris (Bibliothèque National, Ms. gr. 1208). Die römische Handschrift umfasst nur 196 Pergamentblätter, ist dafür aber 32,9 × 23,3 cm groß. Die Pariser Handschrift

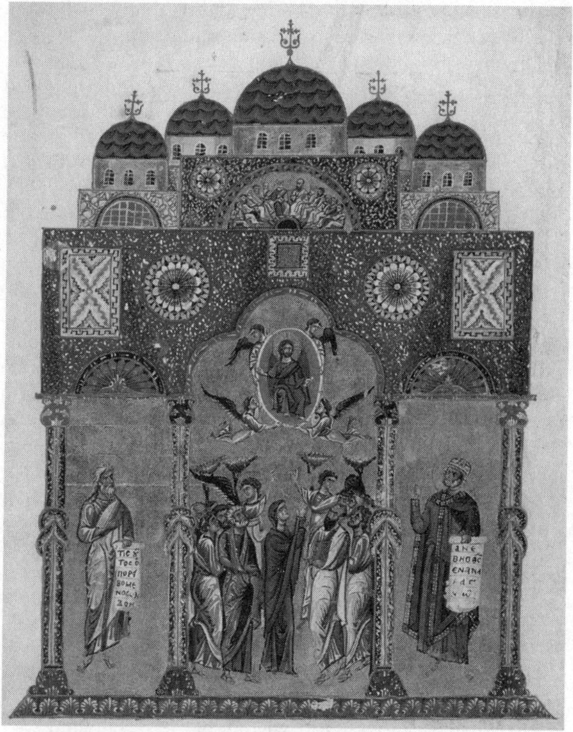

Marienhomilien (12. Jh.)
Himmelfahrt Christi
Rom, Biblioteca Apostolica Vaticana, Vat. gr. 1162, fol. 2v

ist kleiner (23 × 16,5 cm), besitzt dafür aber 260 Blätter. Die illustrierenden Miniaturen sind identisch.

Die erste Homilie beginnt mit dem Kinderwunsch von Anna und Joachim, ihrem Gebet, der Verkündigung und schließlich der Begegnung an der Goldenen Pforte, also der Empfängnis Mariens. Vor dieser ersten Predigt, die man, begreift man den Text als Roman, auch als Kapitel ansehen kann, ist die ganzseitige Miniatur mit der *Himmelfahrt Christi* gesetzt (in Rom auf fol. 2v; in Paris auf fol. 3v), allerdings in einer völlig neuartigen Ikonographie.

Den Rahmen für das Geschehen bildet eine fünfkuppelige Kirche in verschiedenen Ansichten. Der untere Teil, der als Rahmen mit vier Säulen ausgebildet und mit Goldgrund hinterlegt ist, wirkt völlig flächig. Im mittleren Feld, zwischen zwei Säulen, steht Maria, umgeben von den Aposteln und den zwei Wächterengeln, und blickt nach oben zu Christus, der in der von vier Engeln getragenen Mandorla nach oben schwebt. Rechts und links davon, isoliert zwischen zwei Säulen, stehen der Prophet Jesaja und König David. Sie halten in der einen Hand ein Schriftband und deuten mit der anderen auf Maria (Jesaja), beziehungsweise Christus (David). Die vier Säulen wirken so, als wären es Girlanden. Dennoch tragen sie auf bunten, aus Akanthusblättern bestehenden Kapitellen ein sehr breites blaues Band mit weißen Einsprengseln, Rosetten und Rechtecken. Die Dreipassaussparung in der Mitte suggeriert eine Kuppel, in der Christus in den Himmel steigt. Doch der Rest wirkt wie ein in die Fläche und nach oben geklappter Fußboden. Darüber befinden sich drei Vierecke mit eingeschriebenen Halbkreisen. Die beiden äußeren sind rein ornamental, in der Mitte jedoch sitzen die zwölf Apostel im Halbkreis vor goldenem Grund, also eine Darstellung des *Pfingstfestes*. Darüber – oder dahinter – ragen fünf Kuppeln auf. Ihre blauen Dächer tragen goldene Kreuze.

Hier ist ohne Zweifel die heute nicht mehr erhaltene Apostelkirche dargestellt, deren berühmteste Mosaiken die *Himmelfahrt Christi* und *Pfingsten* in zwei der Kuppeln waren. Sie werden hier einmal als ›Realität‹ und einmal als Kuppelmosaik dargestellt, wenn auch auf sehr verschlüsselte Art. Dem Bild fehlt fast alle Räumlichkeit (sieht man von der leichten Staffelung der Kuppeln ab). Im unteren Teil hat man das Gefühl, dass sich die Figuren zwischen gemalten Rahmen befinden, die keinen Anspruch auf einen realen Ort erheben. Erst bei Betrachtung des oberen Teils wird deutlich, dass es sich hier um Architektur handelt und dazu noch um die neben der *Hagia Sophia* wichtigste Kirche Konstantinopels.

Die Miniaturen in Rom und Paris unterscheiden sich nur durch ihre Größe. Das Pariser Bild ist dadurch etwas gestauchter, die Säulen sind proportional zur sich darüber erhebenden Architektur sehr viel kürzer als in Rom, der Dreipass in der Mitte fehlt, die Mandorla ist deshalb nicht ganz so oval und die oberen Engel stoßen mit ihren Köpfen fast an die obere Rahmung. Auch wirken die Figuren nicht ganz so sorgfältig ausgearbeitet wie in Rom. Erstaunlich ist jedoch, dass Farbgebung, Figurenbehandlung, Mimik und Gestik fast identisch sind.

Aufgrund der qualitätvollen Miniaturen wurde von der Forschung ein Kokkinobaphos-Meister kreiert, der erst die Pariser Handschrift fertigte, ein Jahrzehnt später dann die Römische. Vermutlich sind jedoch die beiden Handschriften gleichzeitig entstanden, möglich, dass zwei Schreiber und Buchmaler parallel daran gearbeitet haben. Erstaunlich ist die Vielfalt der Miniaturen, denn neben wenigen ganzseitigen finden sich andere, die in mehreren Registern gemalt sind, oder bei denen eine Geschichte in kleinen Schritten geschildert wird wie bei der *Verkündigung an Maria*, die in den vier Phasen dargestellt ist, die im Lukasevangelium (1,28–38) beschrieben sind.

Es ist durchaus denkbar, dass die beiden Handschriften

in einer Konstantinopler Werkstatt entstanden, in der auch andere Manuskripte für die kaiserliche Familie gefertigt wurden, so der *Codex Ebnerianus*, benannt nach seinem früheren Besitzer, dem Nürnberger Hieronymus Wilhelm Ebner von Eschenbach (heute Oxford, Bodleian Library, Ms. Auct. T. inf. 1. 10). Doch dass sie alle von einem Meister geschaffen wurden, widerspricht der Organisation von Buchmalereiwerkstätten. Der ominöse Kokkinobaphos-Meister ist das Produkt der Vorstellung vom künstlerischen Genie, das der byzantinischen Gesellschaft ebenso fremd war wie der mittelalterlichen.

MATERIALIEN

1

Tacitus über Nero und den Brand der Stadt Rom

In dem Bericht des Tacitus (um 55) wird deutlich, dass die Christen bereits Anfang des 2. Jahrhunderts als eigenständige Religionsgemeinschaft angesehen wurden, wenn auch nur als Minderheit, die geeignet schien, als Sündenbock zu fungieren.

Um dem Gerücht ein Ende zu machen [nämlich die Stadt Rom selbst angezündet zu haben], schob Nero die Schuld auf andere und bestrafte mit den ausgesuchtesten Martern diejenigen, die wegen ihrer Verbrechen (flagitia) verhaßt waren und die das Volk Christen nannte. Der Name geht zurück auf den Stifter Christus, der unter Kaiser Tiberius durch den Prokurator [richtig müsste es »Präfekt« heißen] Pontius Pilatus hingerichtet worden war. Für den Augenblick wurde der verderbliche Aberglaube unterdrückt, brach dann aber wiederum hervor, und zwar nicht nur in Judäa, wo dieses Übel seinen Ursprung hatte, sondern auch in Rom, wo ja alles Schlechte und Verabscheuungswürdige von überall her zusammenkommt und Anhänger findet.

Tacitus, Annalen 15,44. Zit. nach: Katalog der Ausstellung: »Spätantike und frühes Christentum«. Liebighaus Museum alter Plastik. Frankfurt a. M. 1983. S. 7 f.; Übersetzung Karl Leo Noethlichs.

2

Tertullians Ratschläge an getaufte Künstler

Der Kirchenschriftsteller Q. Septimus Florens Tertullianus, der von etwa 160 bis nach 220 in Karthago lebte, hat in seiner Schrift De Idololatria *Vorschläge formuliert, was ein Künstler, der zum Christentum übergetreten ist, arbeiten kann, ohne sich zu versündigen. Diese Schrift zeigt deutlich die anfängliche Bilderfeindlichkeit der Christen.*

Es versteht der Stuckaturarbeiter auch Dächer auszubessern, Tüncherarbeiten zu fertigen, Zisternen glatt zu machen, Hohlkehlen und Gesimse anzulegen und mit Weglassung der Götzenbilder die Wände mit vielen andern Zierraten zu verschnörkeln. Auch die Maler, Marmor- und Bronzearbeiter sowie die Graveure wissen recht gut, ihren Kunstfertigkeiten noch viel ausgedehntere Verwendung zu geben. Wer ein Götterbild zeichnet, kann noch viel leichter einen Rechentisch anstreichen. Wer aus Lindenholz einen Mars schnitzt, der wird noch viel leichter einen Schrank zusammensetzen. Es gibt keine Kunstfertigkeit, die nicht wiederum Mutter oder Schwester einer andern wäre. Nichts steht ohne Verbindung mit irgend etwas anderem da. Die künstlerischen Erwerbsquellen sind so zahlreich, als es die Gelüste der Menschen sind. Nur hinsichtlich des Preises und des Lohnes für die Handarbeit ist ein Unterschied. Demzufolge besteht auch ein Unterschied hinsichtlich der Mühe. Bei geringerem Verdienst aber wird der Ausfall durch das häufigere Vorkommen wieder eingebracht. Wie selten werden Götterfiguren auf den Wänden gewünscht oder Tempel und Bethäuser für Idole erbaut! Wie oft dagegen Häuser, Amtsgebäude, Bäder und Mietswohnungen! Pantoffeln und Sandalen werden alle Tage vergoldet, Merkur- und Serapisbilder aber nicht. So viel genüge inbetreff des Erwerbes der Künstler!

Sie werden durch den Luxus und die Großtuerei immer häufiger in Anspruch genommen werden, als durch den Aberglauben. Schüsseln und Becher verlangt der Luxus und die Großtuerei öfter, als der religiöse Aberglaube. Auch Kränze fordert häufiger der Luxus, als die Götterfeste. Wenn wir also zu den Kunstgattungen raten, welche mit Idolen und was dazu gehört, nichts zu schaffen haben, so gibt es doch viele Fälle, wo Menschen und Idole derselben Dinge bedürfen.

De Idololatria, Kap. 8. Zit. nach: Katalog der Ausstellung: »Spätantike und frühes Christentum«. Liebighaus Museum alter Plastik. Frankfurt a. M. 1983. S. 233.

3

Klemens von Alexandria *Der Erzieher*

In der nach 203 verfassten Schrift mit dem Titel Der Erzieher *gibt der Theologe Klemens von Alexandria (gest. vor 215) den Christen Ratschläge über ihr Verhalten in Bezug auf Kleidung, Haartracht, Ernährung und das allgemeine Benehmen. Da ein Siegelring in damaliger Zeit unentbehrlich war, machte er sich auch Gedanken über die Frage, welche Symbole für Christen auf den Siegelringen unverfänglich seien. Diese Vorschläge lassen sich unschwer auch auf die Sepulkralskulptur übertragen.*

Unsere Siegelbilder aber sollen sein eine Taube oder ein Fisch oder ein Schiff mit geschwellten Segeln oder eine Leier, das Musikinstrument, das Polykrates auf seinem Siegelring hatte, oder ein Schiffsanker, wie ihn Seleukos auf sein Siegel einschneiden ließ; und wenn es ein Fischer ist, kann man an den Apostel denken und an die aus dem Wasser (der Taufe) emporgezogenen Kinder. Denn Gestalten von Göttern dürfen die mit ihren Siegeln nicht abdrücken, denen es auch verboten ist, sie zu verehren, und ebensowenig ein Schwert oder einen Bogen die nach Frieden Strebenden oder Trinkpokale die Enthaltsamen.

Zit. nach: Arne Effenberger: Frühchristliche Kunst und Kultur. Von den Anfängen bis zum 7. Jahrhundert. Leipzig 1986. S. 22.

4

Das *Mailänder Toleranzedikt* des Konstantinus und Licinius (313 n. Chr.)

Trotz des Toleranzedikts von 311 wurde erst dieses von 313 wirklich maßgebend für den Erfolg des christlichen Glaubens, da Konstantin es nicht bei dem Edikt beließ, sondern das Christentum durch seine Kirchenstiftungen und die Gründung der ersten christlichen Stadt, Konstantinopel, förderte.

Da wir, ich, Konstantinus Augustus, und ich, Licinius Augustus, durch glückliche Fügung nach Mailand gekommen und all das, was dem Volke zu Nutz und Vorteil gereiche, erwogen, so haben wir unter den übrigen Verfügungen, die dem Interesse der Allgemeinheit dienen sollten, oder vielmehr zuvörderst, den Erlaß jener Verordnungen beschlossen, die sich auf die Achtung und Ehrung des Göttlichen beziehen, um den Christen und allen Menschen freie Wahl zu geben, der Religion zu folgen, welcher immer sie wollten. Es geschah dies in der Absicht, dass jede Gottheit und jede himmlische Macht, die es je gibt, uns und allen, die unter unserer Herrschaft leben, gnädig sein möge. […]
Bezüglich der Christen bestimmen wir weiterhin, dass jene Stätten, an denen sie ehedem zusammenzukommen pflegten und über die ehedem in dem früheren Schreiben an deine Ergebenheit schon eine Verfügung getroffen ward, (dass jene Stätten) von denen, die sie nachweislich

von unserer Kammer oder von anderer Seite käuflich erworben, unentgeltlich und ohne Rückforderung des Kaufpreises, ohne Zögern und Zaudern, an die Christen zurückerstattet werden. Auch wer solche Stätten geschenkweise erhalten, soll sie so schnell als möglich denselben Christen zurückgeben. Jene aber, die von unserer Hochherzigkeit irgendeine Vergütung hierfür erbitten, mögen sich, ob sie nun auf dem Wege des Kaufes oder der Schenkung Eigentümer geworden, an den am Ort rechtsprechenden Statthalter wenden, damit auch sie die Fürsorge unserer Milde erfahren.

Zit. nach: Eusebius von Caesarea: Kirchengeschichte. Hrsg. u. eingel. v. Heinrich Kraft. Übers. v. Philipp Haeuser. (Kempten 1932.) Neu durchgesehen von Hans Achim Gärtner. München 1967.

5

Kaiser Konstantin an Bischof Makarios

Im Jahr 326 schrieb Kaiser Konstantin der Große an den Bischof von Jerusalem, Makarios, folgenden Brief mit Anweisungen über die geplante Grabeskirche.

Wir wünschen, daß diese Kirche die schönste der Welt wird. Dem *Vicarius Orientis* und dem Gouverneur von Palästina haben wir in diesem Sinne Anweisung gegeben. Diese Beamten werden, nachdem sie sich mit Euch beraten haben, die notwendigen Arbeitskräfte und Materialien beschaffen und die Kosten bestreiten. Über folgende zwei Punkte jedoch sollt Ihr unmittelbar an mich berichten: 1. Art und Menge des benötigten Marmors; 2. ob die Decke kassettiert werden soll; denn in diesem Falle sollte sie auch vergoldet werden.

Zit. nach: Cyril Mango: Byzanz (Weltgeschichte der Architektur). Stuttgart 1986. S. 15.

6

Die Basilica Nova

Beschreibung der durch Paulinus von Nola errichteten Basilica Nova. *Paulinus selbst erklärt in einem Brief an einen gallischen Freund die Gründe für einzelne Baumaßnahmen.*

Die Fassade der Basilika schaut aber nicht, wie es gebräuchlichere Sitte ist, nach Osten, sondern sie ist auf die Basilika meines Herrn, des seligen Felix, hin ausgerichtet und blickt auf seine Grabstätte; der weite Umfang der gebogenen Apsis aber wird zur Rechten und zur Linken durch zwei kleine Apsiden erweitert, von denen die eine dem Bischof für die Vorbereitung der Opferfeier offen steht, die andere in ihrem geräumigen Rund nimmt hinter dem Priester die Betenden auf. Mit sehr frohstimmendem Ausblick aber öffnet sich zugleich diese ganze Basilika zur Basilika des erwähnten Confessors durch je drei gleiche Bögen mit einem lichtdurchlässigen Zwischenraum, durch den wechselseitig Dächer und Räume beider Basiliken verbunden werden.
Denn weil eine in die Quere gebaute, mit dazwischengesetzter Apsis versehene Wand eines gewissen Monumentes die neue [Basilika] von der alten [Basilika] trennte, ist sie [die (Apsis)wand] mit ebenso vielen Türen auf der Seite des Confessors geöffnet worden, wie die neue [Basilika] durch Türen an ihrer Eingangsseite geöffnet wurde. Und sie [die Wand] bietet den Betrachtern gleichsam jeweils ein durchlöchertes Aussehen von einer zur anderen [Basilika], wie es durch die Inschriften (*tituli*) angezeigt wird, die zwischen den Eingängen auf beiden Seiten angebracht sind.

Paulinus von Nola, Epist. 32. Zit. nach: Tomas Lehmann: Die Kirchenbauten in Cimitile/Nola. Ergebnisse der Forschungen der letzten 15 Jahre. In: Hugo Brandenburger, Letizia Ermini Pani: Cimitile e Paolino di Nola. La tomba di S. Felice e il centro di pelegrinaggio. Trent'anni di ricerche (Atti delle giornata tematica dei Seminari di Archeologia Cristiana. École Française de Rome – 9.3.2000). Città del Vaticano 2003. S. 119–120.

7
Kunst als Didaktik

Der um 430 geborene Asket Neilos, ein Schüler des Johannes Chrysostomos, verfasste mehrere Schriften über das Mönchsleben, führte aber auch eine umfangreiche Korrespondenz, deren Echtheit allerdings umstritten ist. In einem Brief an einen Eparchen Olympiodoros beantwortete er Fragen zur Ausstattung einer Kirche. Nachdem er sich strikt gegen profane Darstellungen ausgesprochen hatte, fuhr er fort:

Einem festen und mannhaften Sinn entspräche es, in dem Heiligtum im Osten des Allerheiligsten ein einziges Kreuz bilden zu lassen. Denn durch ein heilbringendes Kreuz wird das ganze Menschengeschlecht errettet und den Hoffnungslosen allenthalben Hoffnung verkündigt. (Angemessen wäre es), mit Geschichten des Alten und des Neuen Testamentes von der Hand des besten Malers den heiligen Tempel zur Rechten und zur Linken anzufüllen, damit die, die der Buchstaben unkundig und nicht in der Lage sind, die heiligen Schriften zu lesen, sich durch die Betrachtung des Gemäldes die Rechtschaffenheit und Tapferkeit der wahrhaftigen Diener des wahren Gottes einprägen und zum Wettstreit aufgerufen werden mit ihren ruhmvollen und preiswürdigen Taten, durch die sie die Erde gegen den Himmel eintauschten, das Unsichtbare höher schätzend als das Sichtbare. In dem allen gemeinsamen Hause, das in viele kleine Kapellen unterteilt ist, genügt es, wenn in jeder Kapelle ein kostbares Kreuz angebracht ist; alles, was darüber hinausgeht, muß man, so meine ich, lassen.

Epistel IV 41. In: J. P. Migne: Patrologiae cursus completus. Series graeca. Bd. 79 (Neudruck Paris 1977). S. 578. Zit. nach: Katalog der Ausstellung: »Spätantike und frühes Christentum«. Liebighaus Museum alter Plastik. Frankfurt a. M. 1983. S. 238 f.

8

Commendatio animae (Empfehlung der Seele)

Dieses Sterbegebet ist in lateinischer Version erst aus dem 5. Jahrhundert überliefert, muss jedoch sehr viel älter sein. In ihm werden Vergleiche zu Figuren aus dem Alten Testament gezogen, die in der Sepulkralskulptur dargestellt werden wie am Junius Bassus-Sarkophag nachvollzogen werden kann.

… Errette, Herr, die Seele deines Dieners
wie du errettet hast den Noah aus der Sintflut,
den Abraham aus Ur im Chaldäerland,
den Job [Hiob] aus seinem Leide,
den Isaak vor der Opferung und der Hand seines Vaters Abraham …
den Daniel aus der Löwengrube,
die drei Knaben aus dem brennenden Ofen und der Hand des bösen Königs,
Susanna vor der falschen Anklage …

Zit. nach: Katalog der Ausstellung: »Spätantike und frühes Christentum«. Liebighaus Museum alter Plastik. Frankfurt a. M. 1983. S. 325; in der Übersetzung von W. Neuss: Die Kunst der Alten Christen. Augsburg 1930.

9
Prokops Beschreibungen der *Hagia Sophia*

Der Geschichtsschreiber Prokop hat nicht nur als Kriegsberichterstatter für Kaiser Justianian I. gewirkt oder die gehässige Biographie über die Kaiserin Theodora geschrieben, sondern auch die Entstehungsgeschichte und das Aussehen von Bauten, die unter Justinian entstanden, aufgezeichnet. Dass er dabei mit der Hagia Sophia *beginnt und ihr auch den größten Platz einräumt, ist verständlich. Der Kaiser wird dabei nicht nur als Auftraggeber hervorgehoben, sondern auch als derjenige, der sich besser auskennt als die besten der Architekten.*

Der Kaiser nun scheute keine Ausgaben, er machte sich mit allem Eifer ans Werk und berief sämtliche Fachleute aus der ganzen Welt. Anthemios von Tralles, mit Abstand der glänzendste Ingenieur nicht nur der Gegenwart, sondern auch der Vergangenheit, unterstützte den kaiserlichen Eifer, indem er den Bauleuten ihre Aufgaben zuwies und die Pläne für die neuen Schöpfungen entwarf; mit ihm arbeitete zusammen ein weiterer Ingenieur namens Isidoros aus Milet, auch sonst ein kluger Kopf und wert, einem Kaiser Justinian zu dienen. Es war aber auch dies ein Zeichen der Gnade Gottes für unseren Kaiser, daß er ihm die zu seinen Unternehmungen geeignetsten Männer an die Hand gab. Und auch die Klugheit des Kaisers selbst dürfte natürlich Bewunderung finden, deshalb, weil er aus der ganzen Menschenschar die passendsten Helfer für die wichtigsten Werke auszuwählen verstand. [Buch I,1 (24–26)]
[...]
In unaussprechlicher Schönheit bietet sie [die *Hagia Sophia*] sich dar. Denn Glanz und Harmonie der Maße schmücken sie, kein Zuviel und kein Zuwenig ist an ihr

festzustellen, da sie prunkvoller als das Gewohnte und zuchtvoller als das Maßlose ist; an Licht und Sonnengefunkel aber hat sie Überfluß. Man könnte nämlich meinen, der Platz werde nicht von außen her durch die Sonne erleuchtet, sondern empfange seine Helligkeit von sich aus, eine solche Lichtfülle ist über das Heiligtum ausgegossen. [ebd. (29–31)]
[…]
Über den Bogen erhebt sich ein kreisförmiges Gebilde, eine Kuppel, von wo jederzeit der Tag zuerst hereinlacht. Überragt doch diese, wie ich glaube, die ganze Erde und zeigt in kurzen Abständen Unterbrechungen, gerade so weit, daß die Stellen, wo ein solcher Mauerdurchbruch ist, genügend Licht hereinlassen. [ebd. (42–43)]
[…]
Sie [die Kuppel] scheint nicht auf dem festen Bau zu ruhen, sondern als goldene Kugel am Himmel zu hängen und so den ganzen Raum zu bedecken. Alle die Bauglieder, die sich da – es ist kaum zu glauben – hoch droben ineinander gefügt gegenseitig in Schwebe halten und nur auf ihre nächste Umgebung stützen, leihen dem Werk eine einzigartige, ganz ausgezeichnete Harmonie, lassen aber das Auge des Betrachters nicht lange an einer Stelle, sondern jeder Einzelteil zieht den Blick ab, um ihn schnellstens auf sich zu lenken. [ebd. (47–48)]
[…]
Wer könnte die Emporen für die Frauen genugsam preisen oder die zahlreichen Hallen und säulenumgebenen Höfe, mit denen das Heiligtum umgeben ist, entsprechend beschreiben? Wer die Pracht der Säulen und Steine aufzählen, mit denen die Kirche geschmückt ist? Man könnte sich in eine Blumenwiese zur Frühlingszeit versetzt fühlen. Denn was die Steine anlangt, so möchte mit Recht der Betrachter an diesem den Purpur, an jenem das Grün, hier das aufblühende Rot und dort das blitzende Weiß bewundern, dazu noch jene Stücke, welche die Natur einem Ma-

ler vergleichbar in den buntesten Farben erstrahlen läßt. [ebd. (58–60)]

[...]

Doch nicht allein unter Einsatz von Geldmitteln errichtete sie der Kaiser, er förderte sie auch durch mühsames Planen und sonstige Seelenstärke, wie ich sogleich darlegen will: Einer der eben erwähnten Bogen – die Ingenieure sprechen von Loroi – und zwar der östlichste war auf beiden Seiten schon emporgewachsen, in der Mitte aber noch nicht ganz ausgeführt, sondern unvollendet. Da konnten die Pfeiler, auf denen das Bauwerk ruhte, die Größe der Last nicht mehr tragen, bekamen ganz plötzlich Sprünge und drohten bald einzustürzen. Anthemios und Isidoros und ihre Leute, über den bösen Zwischenfall tief beunruhigt, berichteten an den Kaiser und fühlten sich mit ihrer Kunst am Ende. Justinian aber befahl auf der Stelle, den Bogen fertig zu wölben; wer ihm diesen Gedanken eingegeben, weiß ich nicht, doch da er kein Ingenieur ist, war es vermutlich Gott. »Der Bogen«, sprach der Kaiser, »wird ja, wenn er auf sich selber ruht, der Pfeiler darunter nicht mehr bedürfen.« Wäre dieser Ausspruch unbezeugt, so müsste er bestimmt einen schmeichlerischen und ganz unglaubwürdigen Eindruck hinterlassen, doch da mir viele Gewährsmänner für die damaligen Vorgänge zur Verfügung stehen, so brauche ich, was weiter geschah, zu berichten kein Bedenken zu haben. Die Bauleute führten also den Befehl aus, der gesamte Bogen ward sicher gewölbt und besiegelte durch den praktischen Beweis die Richtigkeit des Gedankens. [ebd. (67–74)]

Procopius Caesariensis: Werke. Griechisch-deutsche Edition von Otto Veh. 5 Bde. München 1961–78. S. 23–33.

10
Die Apostelkirche

Aus Prokops genauen Beschreibungen können viele der Justinianischen Bauten nicht nur dann rekonstruiert werden, wenn sie in ihrer Bausubstanz später verändert wurden, sondern auch, wenn sie gar nicht mehr existieren, wie die Apostelkirche.

Kaiser Justinian riß sie [die alte Apostelkirche] nun ab und ließ sich nicht nur ihren vollständigen Neubau, sondern auch eine angemessene Vergrößerung und Verschönerung angelegen sein. Seinen Plan führte er folgendermaßen aus: Zwei gerade Bautrakte sind in Kreuzesform mitten verbunden, wobei das Hauptschiff nach Sonnenauf- und Sonnenuntergang, das Querschiff aber nach Norden und Süden ausgerichtet ist. Von außen her sind die beiden Baukörper ringsum mit Mauern abgeschlossen, im Innern von Säulen, die vorn und rückwärts stehen, eingefaßt. An ihrer Schnittstelle – es könnte etwa in deren Mitte sein – befindet sich ein Platz, den nur die Priester betreten dürfen und man dementsprechend Allerheiligstes nennt. Die beiden Flügel des Querschiffes sind einander gleich, während der Westflügel des Hauptschiffes um so viel länger als der Ostflügel ist, daß die Form des Kreuzes entsteht. Die Dachkonstruktion über dem sog. Allerheiligsten ist ähnlich wie bei der Sophienkirche in der Mitte ausgeführt, nur kleiner als dort. Denn in gleicher Art sind die vier Bogen gewölbt und fügen sich ineinander, und der Kreis darüber ist an den Fenstern unterbrochen; die alles überspannende Kuppel erweckt den Eindruck, als schwebe sie irgendwie in der Höhe und ruhe nicht auf dem massiven Mauerwerk auf; dabei ist sie aber ganz fest. So ist die Dachkonstruktion in der Mitte angelegt. Was die, wie gesagt, vier Flügel anlangt, sind sie ebenso hoch wie die Mitte und nur das eine fehlt, daß das Mauerwerk unter dem kuppelförmigen Teil von keinen Fenstern durchbrochen ist.

Buch I, 4 (10–16) aus: Procopius Caesariensis: Werke. Griechisch-deutsche Edition von Otto Veh. 5 Bde. München 1961–78. S. 45.

11

Die Zisternen

Prokop beschränkte sich nicht auf die Kirchenbauten, sondern beschrieb auch den Kaiserpalast und Nutzbauten wie die Zisternen oder Fremdenasyle. Bei der Beschreibung der Entstehung der Zisternen vermittelt der Geschichtsschreiber wieder das Gefühl, dass sich der Kaiser um alles selbst kümmert und außerdem das beste technische Können besitzt:

Jetzt will ich aber gleich berichten, was von diesem Kaiser hier für die Wasserversorgung getan worden ist. Im Sommer litt die Kaiserstadt, obschon in den anderen Jahreszeiten hinreichend beliefert, größten Wassermangel. Die Tage sind nämlich dann glühend heiß, so daß die Quellen weniger Wasser als sonst förderten und in die Stadt lieferten. Daher ersann der Herrscher folgende Abhilfe: In der kaiserlichen Säulenhalle, wo die Rhetoren, die Admissionales und die sonstigen Rechtsbeflissenen die Streitfälle behandeln, dehnt sich ein riesengroßer Hof, sehr lang und ziemlich breit und auf vier Seiten von Säulen umstanden. Seine Erbauer haben ihn nicht auf Erdreich, sondern auf Felsgrund angelegt. Diesen Hof umgeben vier Säulenhallen, auf jeder Seite eine. Kaiser Justinian nun ließ den genannten Hof und die südliche Säulenhalle sehr tief ausheben und legte mit den Wassermengen, die zu anderen Jahreszeiten als überschüssig ungenutzt bleiben, einen entsprechenden Vorrat für den Sommer an. Denn diese Zisternen nehmen den Überschuß des übervollen Aquädukts auf, geben so zunächst den beengten Wassern Raum und schaffen, wenn später Bedarf eintritt, im rechten Augenblick den Notleidenden Hilfe. Auf diese Weise erreichte es Kaiser Justinian, daß die Byzantiner keinen Wassermangel spüren.

Buch I, 11 (10–15) aus: Procopius Caesariensis: Werke. Griechisch-deutsche Edition von Otto Veh. 5 Bde. München 1961–78. S. 75.

12

Über die Darstellung der Muttergottes in der Apsis der *Hagia Sophia* in Konstantinopel

Als das Apsismosaik in der Hagia Sophia *am 29. März 867 eingeweiht wurde, hielt der Patriarch Photios eine Rede, in der er vor allem auf das Bild in der Apsis einging. Der Termin war nicht zufällig gewählt. Es war der Tag des Festes der Orthodoxie, an dem 24 Jahre zuvor die Bilder wieder Eingang in die sakralen Räume gefunden hatten.*

Eine jungfräuliche Mutter trägt für die allgemeine Erlösung in ihren reinen Armen den Weltenschöpfer als ein Kleinkind – das großartige und unsagbare Mysterium des Glaubens! Eine jungfräuliche Mutter mit dem Blick einer Jungfrau und dem einer Mutter verteilt in ihrer unteilbaren Form ihr Temperament auf beide Fähigkeiten, ohne durch irgendeine Unvollkommenheit geschmälert zu werden. Mit solch einer Genauigkeit hat die Kunst der Malerei hier ein lebensechtes Abbild geschaffen, das ihre Inspiration von oben [d. h. von Gott] offenbar wird. […] Du magst glauben, daß sie in der Lage ist zu sprechen, selbst wenn jemand sie fragt, wie konntest du gebären und den-

noch Jungfrau bleiben. Zu einem solchen Ausmaß sind ihre Lippen durch die Farben dem Fleisch angeglichen, daß es scheint als würde sie sie zusammenpressen und ruhig stellen wie in den Mysterien, doch ihr Schweigen ist keineswegs träge noch ist die Schönheit ihrer Form abgeleitet, sondern sie ist vielmehr der wirkliche Archetyp. [...]
Vor unseren eigenen Augen sitzt bewegungslos die Jungfrau, die den Schöpfer in ihren Armen als kleines Kind trägt. In den Bildern ist sie genauso dargestellt wie in den Schriften und Visionen, ein Fürsprecher unserer Erlösung und ein Lehrer für die Verehrung von Gott, eine Gnade für die Augen und eine Gnade für den Geist durch die die göttliche Liebe in uns emporgehoben wird zur übersinnlichen Schönheit der Wahrheit.

Photios: Homilien XVII, 2 ff. Edition: B. Laourdeas, Thessaloniki 1959. S. 166 ff. Zit. nach: Dieter Blume: Byzantinische Kirchenräume und ihr Bilderschmuck. Quellentexte. In: Kunsthistorische Arbeitsblätter, Heft 5. 2002. S. 47 f.

13
Der Pantokrator

Bei der Einweihung einer Klosterkirche, die der Patriarch hatte bauen lassen, hielt Kaiser Leo VI., der von 886–912 regierte, eine Rede, in der er besonders auf den Pantokrator in der Kuppel und das Gold der Mosaiken hinwies.

Im Zentrum der Halbkugel [der Kuppel], die den schönen Fußboden überwölbt, ist ein Bild dessen dargestellt, dem der Künstler den Bau gewidmet hat [Christus Pantokrator]. Man möchte glauben, nicht ein Kunstwerk, sondern Denjenigen selbst zu sehen, der, gekleidet in die Natur der Sterblichen, alles überwacht und lenkt. Er hörte, so scheint es, eben gerade auf, zu mahnen, und hat seinen Lippen das Siegel des Schweigens aufgedrückt. Daneben finden sich im Schiff der Kirche und auf den Gewölben, die die Decke tragen, Bilder von verschiedenen, Gott vertrauten Dienern, alle in goldenen Mosaiken ausgeführt. Der Künstler war sich klar über den Nutzen, den das Gold hier darstellte, und bediente sich seiner, um die Schönheit auszudrücken, der es zukommt, in des Kaisers Nähe geschmückt zu sein. Auch verstand er, daß die Blässe des Goldes sich eignete, um die Vertreter der Tugend zu malen. An einem bestimmten Ort unter den Personen [der Apsis] ist die ganz reine Mutter [Gottes] dargestellt. Sie hält in ihren Armen das Kind und richtet auf es einen Blick, in dem sich Jungfräulichkeit und mütterliche Zuneigung vereinigen. Man möchte glauben, ihre Lippen öffneten sich und richteten das Wort an das Kind, so sehr scheinen die Bilder lebendig zu sein ...

Zit. nach: Hans Belting: Bild und Kult. München 2000. S. 567. Übersetzung des Textes durch H. B. nach der Edition Akakios: Leontos tou Sophou panegyrikoi logoi. Athen 1868. S. 274 ff.

14
Der Tod Mariens

In der orthodoxen Liturgie wurde zum Tod Mariens eine komprimierte Zusammenfassung mehrerer literarischer Werke verlesen, darunter auch die des Pseudo-Dionysos-Areopagita, die auch grundlegend für die bildliche Umsetzung waren wie sie uns in den Koimesis-Darstellungen begegnen, beispielsweise in der Chora-Kirche in Istanbul.

Als es Christus unserem Gott gefiel, seine Mutter zu sich zu nehmen, tat er ihr drei Tage zuvor ihren Weggang von der Erde durch einen Engel kund. [...] Nach dem Gebet kehrte sie in ihr Haus zurück, das zu beben begann. Nachdem sie alle Lichter angezündet und Gott gedankt hatte, rief sie alle Verwandten und Nachbarn herbei. Sie kehrte das Haus und bereitete das Bett und alles, was zum Begräbnis notwendig geworden war. […] Während sie diese Anordnungen traf, kam ein gewaltiger Donner vom Himmel, und viele Wolken waren zu sehen, die die Jünger Christi aus aller Welt zum Hause der Gottesmutter trugen. Unter ihnen befanden sich auch die von göttlicher Gnade erfüllten Bischöfe Dionysios Areopagites, Hierotheos und Timotheos. […] Maria begegnete ihnen: Geliebte Jünger meines Sohnes und Gottes, wendet meine Freude nicht in Trauer. Bestattet meinen Leib so, wie ich ihn auf das Lager bette. […] Dann segnete sie die Anwesenden und übergab ihren Geist den Händen ihres Sohnes und Gottes.

August-Menaion aus: Menaion. 12 Monatsbände, Athen o. J. [1960]. Zit. nach: Peter Weiss: Die Mosaiken des Chora-Klosters in Istanbul. Stuttgart/Zürich 1997. S. 164.

15

Das Malerbuch vom Berg Athos mit einem Vorwort von Adolphe Napoléon Didron

Als der Franzose Adolphe Napoléon Didron (1806–67) 1839 auf den Berg Athos reiste und die sich wiederholenden Typen von Ikonen beobachtete sowie Maler, die ohne Vorlage immer wieder dasselbe malten, erhielt er auf Nachfrage ein Lehrbuch für religiöse Malerei, das er als Malerbuch vom Berg Athos *publizierte. Im Glauben, es handele sich um ein byzantinisches Werk (tatsächlich stammt es aus dem 18. Jahrhundert und wurde von dem Mönch Dionysios ek Furna oder von Phurna um 1728–33 kompiliert), gingen Didron und andere davon aus, den*

Schlüssel für das Verständnis byzantinischer Kunst gefunden zu haben, was sich bereits in seinem Vorwort niederschlägt.

Der griechische Maler ist der Sklave des Theologen. Sein Werk ist Vorlage seiner Nachfolger, wie es Kopie nach den Werken seiner Vorgänger ist. Der Maler ist an die Tradition gebunden wie das Tier an seinen Instinkt. Er führt eine Figur aus wie eine Schwalbe ihr Nest, eine Biene ihre Wabe. Nur die Ausführung des Bildes ist ihm vorbehalten, während Erfindung und Idee Sache der Väter, der Theologen, der katholischen Kirche ist.

Zit. nach: Hans Belting: Bild und Kult. München 2000. S. 29.

KÜNSTLER

Die Künstler und ihre Auftraggeber

Über die Stellung der byzantinischen Künstler ist wenig bekannt. Je nach Berufszweig galten sie als Wissenschaftler oder Handwerker. Zu einzelnen Künstlern, ihren Biographien, ihren Werken fehlt meist jede Spur. Selten sind Namen und die ungefähren Lebensdaten greifbar.

Kenntnis haben wir über die Auftraggeber, vor allem, wenn es sich um hohe Würdenträger handelt. So sind sogar die Anweisungen Kaiser Konstantins I. an den Bischof Makarios über den Bau der Grabeskirche in Jerusalem (vgl. Materialien, Text 5) bekannt. Aus ihnen geht hervor, dass es den Kaiser nicht interessierte, welche Form die Kirche haben würde, also ob eine Basilika oder ein Zentralbau errichtet wird, sondern dass es ihm allein auf die Wirkung ankam: Sie sollte die schönste Kirche der ganzen Welt werden und über die wertvollsten Materialien, Marmor und Mosaik, sollte der Bischof dem Kaiser direkt berichten.

In einer anderen, etwas späteren Quelle über den Bau der Bischofskirche in Gaza, die zwischen 402 und 407 errichtet wurde, erfahren wir, wie sehr die Kaiserin Eudoxia involviert war. Sie schickte aus Konstantinopel einen Grundriss, den der Baumeister auszuführen hatte, ebenso wie er ein Jahr später 32 Säulen aus Karystosmarmor erhielt, die er integrieren musste. Hier wurden von kaiserlicher Seite klare Vorgaben gemacht.

Es haben sich jedoch nicht nur Quellen erhalten, die einen Herrscher oder hohen Adligen als Auftraggeber nennen, sondern auch Korrespondenzen zwischen Bischöfen, die sich gegenseitig um Hilfe baten bei dem Bau einer Kirche, sei es mit Ratschlägen oder auch mit tätiger Unterstützung bei der Suche nach geeigneten Handwerkern. Die Briefe sind allein schon deshalb interessant, weil sie das technische Wissen der Bischöfe belegen. Der eine Briefpartner musste nur wenige Angaben machen, damit der andere verstand, um welche Probleme es sich handelte und wie er helfen könne.

Ein Bischof, der zunächst eine politische Laufbahn eingeschlagen hatte und aus einem vermögenden Haus stammte, war Paulinus von Nola. Meropius Pontius Paulinus wurde wahrscheinlich 353 in Bordeaux geboren und stammte aus einer der reichsten Senatorenfamilien in Aquitanien. 378 wurde er Senator, drei Jahre später Statthalter von Kampanien. Nach der Ermordung Kaiser Gratians kehrte er 383 nach Bordeaux zurück, wo er die Spanierin Therasia heiratete und sich taufen ließ, wahrscheinlich beeinflusst von Martin von Tours und dem Kirchenvater Ambrosius in Mailand. Paulinus wandte sich einer monastisch-asketischen Lebensweise zu, lebte ab 389 in Spanien und zog 395 mit seiner Frau nach Cimitile in die Nähe von Nola zum Pilgerheiligtum des hl. Felix. Hier widmete er sich der Verehrung des Heiligen, auch indem er die alte Basilika erweitern und eine neue bauen ließ. Beide wurden in seinem Auftrag mit Fresken ausgeschmückt. Zwischen 409 und 413 zum Bischof von Nola ernannt, hatte er dieses Amt bis zu seinem Tod 431 inne. Unter den zahlreichen schriftlichen Zeugnissen des Paulinus (unter anderem Briefe an die Kirchenväter Augustinus und Hieronymus) finden sich auch Beschreibungen der Kirchen.

Andere Stifter und Geldgeber entstammten weder dem Kaiserhaus oder dem hohen Adel, noch waren sie kirchliche Würdenträger. Einer von ihnen ist der Bankier Julianus in Ravenna, der *S. Michele in Africisco, S. Vitale* und *S. Apollinare* in Classe finanzierte. Über sein Leben ist nichts überliefert. Der Beiname *Argentarius* lässt auf den Beruf des Bankiers schließen. Die Quellen berichten nur über die gespendeten Summen und darüber, dass Julianus in *S. Vitale* beerdigt wurde. Es gibt Vermutungen, dass Julianus aus dem Orient, vielleicht aus Konstantinopel, stammte und von Kaiser Justinian nach Ravenna geschickt wurde.

Anders verhält es sich mit dem Stifter der Chora-Kirche in Konstantinopel, dem Politiker und Humanisten Theodoros Metochites. Über ihn liegen zahlreiche Zeugnisse vor, wenn auch sehr widersprüchliche. 1270, kurz nach der Vertreibung der Venezianer in Konstantinopel geboren, fiel der Vater, Diplomat am päpstlichen Hof in Rom, mit einer papstfreundlichen Politik in Ungnade und wurde 1283 nach Nikäa verbannt. Dort erhielt Metochites eine fundierte philosophische und rhetorische Ausbildung und es gelang ihm 1290, bei einem Besuch des Kaisers, mit einem Lobgedicht so nachhaltig auf sich aufmerksam zu machen, dass er an den kaiserlichen Hof berufen wurde, wo er sich unter Andronikos II. unentbehrlich zu machen wusste. Mit diplomatischem Geschick fädelte er die Hochzeit zwischen dem serbischen König und der Tochter des byzantinischen Kaisers ein, wurde Vermittler zwischen Kaiser und Volk, sorgte für eine Hochzeit seiner Tochter mit dem Neffen des Kaisers, um seine eigene Stellung zu festigen, betrieb daneben wissenschaftliche Studien und ließ ab 1315 das *Chora-Kloster* renovieren. Vom Kaiser bereits mit Privilegien ausgestattet, führte das Kloster ein Krankenhaus, ein Altersheim und verschiedene Armenküchen. Nun kam noch eine hervorragend ausgestattete Bibliothek hinzu.

1321 waren die Umbauten vollendet, Metochites besaß als Großlogothet, als Stellvertreter des Kaisers, die höchste Macht im Staat. Doch das Glück wendete sich, als kurz darauf ein Bürgerkrieg ausbrach, der 1328 mit dem Sieg des Kaisersohnes, Andronikos III., endete. Metochites ging ein zweites Mal in seinem Leben in die Verbannung, wurde aber zwei Jahre später begnadigt und kehrte nach

Konstantinopel zurück – allerdings als Mönch Theoleptos, der noch zwei Jahre in seiner Stiftung, dem *Chora-Kloster*, lebte. Anschließend wurde er im *Parekkleision* begraben, wahrscheinlich im nördlichen Nischengrab unter der Marienkuppel.

Von seinen Freunden wurden ihm alle positiven Charaktereigenschaften eines Staatsmannes bescheinigt, er sei gerecht, liberal, warmherzig, verantwortungsbewusst, seine Widersacher hingegen bezichtigten ihn der Selbstliebe, Habgier und Ruhmsucht. Sicher ist, dass Metochites, ebenso wie seine Zeitgenossen, um das Heil seiner Seele besorgt war. Und da dieses Heil nur in der Kontemplation zu erreichen war, verbrachte er seine letzten Jahre als Mönch in einem Kloster. Es ist davon auszugehen, dass Metochites ein typischer Stifter der spätbyzantinischen Zeit war.

Architekten

In frühbyzantinischer Zeit unterschied man zwischen dem ›mechanikos‹ und dem ›architekton‹, wobei – entgegen unserem Sprachgefühl – der ›mechanikos‹ der Angesehenere war, der Baumeister mit mathematischen Kenntnissen. Der ›architekton‹ hingegen war ein einfacher Baumeister. Er durfte sein Fach zwar auch unterrichten, erhielt dafür aber sehr viel weniger Gehalt als beispielsweise ein Lehrer für Literatur oder ein Landvermesser. Doch stand der Baumeister, von dem eine gewisse Allgemeinbildung verlangt wurde, im Rang weit über den Handwerkern, zu denen die Figurenmaler, die Anstreicher, die Mosaikarbeiter, die Maurer und Zimmerleute gehörten. Die genannte Reihenfolge entspricht auch der finanziellen Bewertung, ein Anstreicher verdiente mehr als ein Mosaikarbeiter.

Von den Baumeistern, den ›mechanikoi‹ der *Hagia Sophia*, sind die Namen überliefert, ein wenig Biographisches ist bekannt. So war Anthemios aus Tralles der Sohn eines Arztes. Als Mathematiker hat er eine Schrift über Brennspiegel verfasst, die nur noch rudimentär erhalten ist. Er starb 534, zwei Jahre nachdem der Neubau der *Hagia Sophia* begonnen worden war.

Auch Isidoros aus Milet, der zweite Architekt (mechanikos) der *Hagia Sophia*, war Mathematiker. Er gab die Schriften des Archimedes heraus, die bis heute die Grundlagen unserer Archimedes-Forschung darstellen und kommentierte die von Heron wahrscheinlich um die Wende des 1. Jahrhunderts n. Chr. verfassten Schriften über den Gewölbebau, die in der *Hagia Sophia* ihre praktische Anwendung fanden. Nach dem Tod von Anthemios trug Isidoros allein die Verantwortung für den 537 fertig gestellten Bau. Isidoros hatte einen Neffen gleichen Namens, der die 558 eingestürzte Kuppel der *Hagia Sophia* wieder aufbaute.

Etwa vierhundert Jahre später begegnet uns in Armenien der Name Manuel. Er ist für den Architekten und Mönch überliefert, der für den armenischen König Gagik I. von Vaspurakan von 904 bis 938 den Palast und dann später von 915 bis 921 die Kirche auf der Insel Aght'amar im Vansee (Osttürkei) gebaut haben soll, wenn man den zeitgenössischen Berichten des Chronisten Thomas Artsruni Glauben schenken kann. Artsruni lieferte eine ausführliche Beschreibung des heute zerstörten Palastes. Ob Manuel ›mechanikon‹ oder ›architekton‹ war, wissen wir nicht. Er ist nicht der Einzige, den wir mit Namen kennen, doch einer der Wenigen, mit denen sich Fakten verbinden lassen.

Bildhauer

In Rom hat es wahrscheinlich in vorkonstantinischer Zeit eine große Werkstatt für Sarkophage gegeben. Für die paganen Themen gab es natürlich Vorlagen, Muster oder Schablonen. Diese betrachteten sich die Christen, suchten entweder die unverfänglichsten aus (dazu gab es Anweisungen, zum Beispiel Anfang des 3. Jahrhunderts von Klemens von Alexandrien in seinem *Der Erzieher* genannten Leitfaden für die christliche Lebensgestaltung [vgl. Materialien, Text 3]) oder konzipierten eigene Vorstellungen. So finden sich oft Darstellungen, die der antiken Motivik entstammen, aber christlich umgedeutet werden konnten.

Erst in der Zeit des Konstantin wurden die Sarkophage in Serie produziert, häufig ein bis zwei Köpfe in der Bosse stehen gelassen, um dann später die Gesichter der Käufer noch einmeißeln zu können. Die Kürze der Zeit, in der ein solcher Sarkophag hergestellt werden konnte, erstaunt: wenn vier bis sechs Arbeiter an einem Stück arbeiteten, konnte ein solches Werk vom Marmorrohling bis zum fertigen Fries einschließlich Polierung und Bemalung in einer Woche fertig sein.

Die bekannteste Werkstatt in Rom, die römische Friessarkophage herstellte, arbeitete gleichzeitig am Konstantinsbogen, dem großen Triumphbogen, der nach der erfolgreichen Schlacht an der Milvischen Brücke errichtet wurde.

Die Namen einiger Bildhauer sind bekannt, so der des Römers Eutropos aus dem 4. Jahrhundert. Auf seinem Grabstein, der in den römischen Katakomben gefunden wurde und der sich heute in Urbino im Museo Arcivescovile befindet, ist eine Bildhauerwerkstatt gezeigt, in der gerade zwei Sarkophage gefertigt werden. Der Bildhauer setzt gerade den Bohrer an, um einen Löwenkopf auszuarbeiten. Der Gehilfe muss gleichzeitig mithilfe der Bänder den Bohrer in Bewegung halten. Wahrscheinlich handelt es sich bei dieser lebendigen Darstellung einer Werkstatt um die des Verstorbenen.

Aus sehr viel späterer Zeit ist der Name Giovanni Paolo Bonesegna überliefert, der 1342 seine Signatur in den Holzkern des Rahmens der *Pala d'Oro* von *S. Marco* in Venedig ritzte. Ohne weitere Belege zu besitzen, wird er allgemein als Goldschmied bezeichnet, es könnte sich aber ebenso gut um den Schreiner des Holzkerns handeln.

Maler

Ähnliches wie über die Bildhauer lässt sich über die Maler sagen. Neuere Forschungen bemühen sich um das Aufzeigen von Werkstattgruppen, was in Bezug auf die römische Katakombenmalerei zum Beispiel Norbert Zimmermann 2002 gelungen ist. Der berechtigten Annahme, es habe verschiedene Buchmalereiwerkstätten gegeben, die in Zentren wie Alexandria oder Konstantinopel gearbeitet haben, steht die Meisterfrage entgegen. Für die beiden Prachthandschriften mit den *Marienhomilien des Jakobos von Kokkinobaphos* in Rom und Paris wird der Kokkinobaphos-Meister, dem weitere Prachthandschriften zugeschrieben wurden, genannt. Dieser Wunsch, Künstlerpersönlichkeiten auszumachen, der in der Künstlerbiographik des 19. Jahrhunderts wurzelt, entspricht jedoch nicht der Realität, die eher in großen Werkstätten zu suchen ist, die oft arbeitsteilig vorgingen. Ebenso müssen wir uns vorstellen, dass Ikonenmaler, Wandmaler oder Mosaizisten in Werkstattzusammenhängen arbeiteten, dass die Wandmaler und Mosaizisten an bestimmte Orte gerufen wurden, um dort hauptstädtische Qualität zu liefern, sei es nach Chios, Sizilien oder Venedig.

Doch natürlich sind auch hier einige Namen bekannt, wie Eugenikos, der im 14. Jahrhundert in Konstantinopel ausgebildet wurde und später nach Georgien ging, um dort die Erlöserkirche von Calendzicha auszumalen, wie zwei Inschriften belegen. Doch welche der Malereien nun von ihm stammen und welche von einer vermutlich lokalen Werkstatt, konnte bislang nicht überzeugend geklärt werden.

Besser informiert sind wir über zwei Ikonenmaler. Der eine kam aus Konstantinopel nach Nowgorod und hieß dort Theophanes der Grieche. Der andere war vielleicht sein Schüler und ist wohl der berühmteste russische Ikonenmaler überhaupt: Andrej Rublev oder Rubljow, von dem sich nicht nur die schönsten russischen Ikonen erhalten haben, sondern um den sich auch viele Geschichten und Legenden ranken. Andrej Tarkowski, der große russische Regisseur, drehte 1966–69 einen Film über Rublev, in dem er sich mit dem Problem der Zusammenhänge von Kreativität und Spiritualität auseinander setzt.

Theophanes wurde wahrscheinlich um 1330/40 geboren und arbeitete in Konstantinopel und an verschiedenen anderen Orten bis er über Südrussland nach Nowgorod kam und dort 1378 die Erlöserkirche ausmalte. Wahrscheinlich malte er auch noch in anderen Kirchen, bevor er nach Moskau ging, wo er wohl Andrej Rublev kennen lernte und mit ihm in einer Werkstatt arbeitete. Inwieweit es sich dabei um ein Lehrer-Schüler-Verhältnis handelte, ist nicht geklärt.

1399 malte Theophanes, der in Russland den Beinamen »der Grieche« erhielt, mit Rublev die Moskauer Erzengelkathedrale aus, 1405 folgte die Ausmalung der Verkündigungskathedrale, beide haben sich nicht erhalten. Einige Ikonen der nicht mehr vollständigen Ikonostas in der Verkündigungskathedrale im Kreml stammen wohl von Theophanes, sind ihm aber nur aufgrund stilkritischer Untersuchungen zugeschrieben worden. Das macht es schwierig, den Einschätzungen zu folgen, die ihm, der zu Beginn seiner russischen Karriere durch kühne Kompositionen ohne Vorzeichnungen, Dynamik der Formen und ungewöhnlich lebhaften Gesichtsausdruck seiner Figuren auffiel, eine Wandlung in der Auseinandersetzung mit dem altrussischen Erbe zu attestieren. Ebenso problematisch sind die aufgrund der Moskauer Ikonen getroffenen Zuschreibungen wie diejenige der *Gottesmutter vom Don*, die heute in der Tretjakow-Galerie in Moskau aufbewahrt wird und bei der es sich wahrscheinlich um eine Werkstatt- oder Schülerarbeit handelt.

Sicher ist jedoch, dass Theophanes großen Einfluss auf die russische Malerei hatte, insbesondere auf Andrej Rublev (Rubljow), von dem auch nicht sehr viele biographische Daten bekannt sind. Der um 1360/70 geborene Rublev trat in das Dreifaltigkeitskloster in Zagorsk ein und erhielt wohl bereits als Mönch seine erste Ausbildung als Ikonenmaler. Ob sein Lehrer damals tatsächlich Daniil (auch als Danila Tschorny oder Daniil Cherny bekannt) war, der mit ihm später die größten Werke gemeinsam schuf, ist nicht geklärt. Rublev wechselte in das Erlöser-Andronikov-Kloster nach Moskau (heute Rublev-Museum) und schuf sowohl in Moskau als auch in Zagorsk zahlreiche Ausmalungen und Ikonen zusammen mit verschiedenen Malern wie Theophanes dem Griechen, Daniil und Prochor aus Gorodec.

Rublev, der später in den Quellen als »Starcen« bezeichnet wird, was »altehrwürdiger Greis« bedeutet und in der monastischen Rangordnung auf ein langes Mönchsleben und eine höhere Position im Kloster schließen lässt, starb wohl zwischen 1427 und 1430 in dem Erlöserkloster in Moskau, das heute als Museum seinen Namen trägt. Die wenigen gesicherten Fakten wurden nicht nur mit zahlreichen Geschichten und Legenden angereichert, die unterschiedlichen russischen Bezeichnungen für einen Ort oder Menschen stiften darüber hinaus Verwirrung. Wichtig in diesem Zusammenhang ist, dass Rublev Mönch war, wie viele der anderen Maler, die damals die qualitativ höchsten Werke schufen. Das war in Byzanz wahrscheinlich nicht anders und erklärt auch, weshalb so wenige Namen und noch weniger Biographien überliefert sind, denn die Mönche arbeiteten in ihren Klostergemeinschaften noch weniger individuell als die Handwerker-Künstler der damaligen Zeit.

Anhang

Literaturhinweise

Angiolini Martinelli, Patrizia (Hrsg.): La Basilica di San Vitale a Ravenna. Modena 1997.

Arbeiter, Achim: Alt-Sankt Peter in Geschichte und Wissenschaft. Berlin 1988.

Bandmann, Günter: Mittelalterliche Architektur als Bedeutungsträger. Berlin 1951.

Beck, Hans-Georg: Kaiserin Theodora und Prokop. Der Historiker und sein Opfer. München 1986.

Belting, Hans: Bild und Kult. Eine Geschichte des Bildes vor dem Zeitalter der Kunst. München 1990.

Blume, Dieter: Byzantinische Kirchenräume und ihr Bilderschmuck. In: Kunsthistorische Arbeitsblätter 5 (2002) S. 47–50.

Brandenburg, Hugo / Pál, József: Santo Stefano Rotondo in Roma. Akten der Internationalen Tagung Rom 1996. Wiesbaden 2000.

Brenk, Beat: Spätantike und frühes Christentum. Propyläen Kunstgeschichte Band 15. Frankfurt a.M. u.a. 1985.

– (Hrsg.): Innovation in der Spätantike. Kolloquium Basel 1994. Wiesbaden 1996.

Clausberg, Karl: Die Wiener Genesis. Eine kunstwissenschaftliche Bilderbuchgeschichte. Frankfurt a. M. 1984.

Cormack, Robin: Interpreting the Mosaics of S. Sophia at Istanbul. In: Art History 4 (1981) S. 131–149.

Demus, Otto: Byzantine Mosaic Decoration. London 1947 (2. Aufl. 1976).

– The Church of San Marco in Venice. Washington 1960.

– The Mosaics of San Marco in Venice. 4 Bde. Chicago 1984.

Dipper, Rachel: Genreszenen, jüdische Legenden, klassische Antike? – Eine komplizierte Deutungsgeschichte von fol. 16r der Wiener Genesis mit Josef und Potifars Frau. In: Das Münster 55 (2002) S. 98–107.

Ducellier, Alain: Byzanz. Das Reich und die Stadt. Frankfurt a. M. / New York 1990.

Duriæ, Vojislav J.: Byzantinische Fresken in Jugoslawien. München 1976.

Effenberger, Arne: Frühchristliche Kunst und Kultur. Von den Anfängen bis zum 7. Jahrhundert. Leipzig 1986.

Engemann, Josef: Deutung und Bedeutung frühchristlicher Bildwerke. Darmstadt 1997.

Forsyth, George H.: The Monastery of St. Catherine at Mount Sinai: The Church and Fortress of Justinian. Dumbarton Oaks Papers 22 (1968).

Gregorovius, Ferdinand: Wanderjahre in Italien (Auswahl). München 1966.

Grozdanov, Cvetan / Hadermann Misguich, Lydie: Kurbinovo. Skopje 1992.

Gulowsen, Kirsti: Liturgical illustrations or sacred images? The imperial panels in S. Vitale, Ravenna. In: Acta ad Archaeologiam et artium historiam pertinentia 11 (1999) S. 115–146.

Henze, Anton u. a.: Reclams Kunstführer Rom. Stuttgart 1994.

Ihm, Christa: Die Programme der christlichen Apsismalerei vom 4. Jahrhundert bis zur Mitte des 8. Jahrhunderts, Stuttgart 1992 (2. erweiterte Aufl.).

Kähler, Heinz: Die Stiftermosaiken in der konstantinischen Svedkirche von Aquileia. Köln 1962.

Kemp, Wolfgang: Christliche Kunst. Ihre Anfänge. Ihre Struktur. München 1994.

Kitzinger, Ernst: Byzantinische Kunst im Werden. Köln 1984.

Krautheimer, Richard: Rom. Schicksal einer Stadt 312–1308. München 1987.

Laag, Heinrich: Kleines Wörterbuch der frühchristlichen Kunst und Archäologie. Stuttgart 1990 (2. Aufl. 2001).

Lange, Ulrike / Sörries, Reiner (Hrsg.): Vom Orient bis an den Rhein. Begegnungen mit der christlichen Archäologie. Peter Poscharsky zum 65. Geburtstag, Dettelbach 1997.

Lehmann, Tomas: Die Kirchenbauten in Cimitile/Nola. Ergebnisse der Forschungen der letzten 15 Jahre. In: Brandenburger, Hugo / Pani, Letizia Ermini: Cimitile e Paolino di Nola. La tomba di S.Felice e il centro di pelegrinaggio. Trent'anni di ricerche (Atti delle giornata tematica dei Seminari di Archeologia Cristiana. École Française de Rome – 9.3.2000). Città del Vaticano 2003. S. 95–127.

– Paulinus Nolanuns und die Basilica Nova in Cimitile/Nola. Wiesbaden 2003.

Lilie, Ralph-Johannes: Byzanz. Geschichte des oströmischen Reiches 326–1453. München 2001.

Malzal, Otto: Kommentar zur Wiener Genesis. Frankfurt a. M. 1980.

– Handbuch der Byzantinistik. Graz 1989.

Mango, Cyril: The Art of the Byzantine Empire 312–1453. Sources and documents in the history of art. Engelwood Cliffs / New York 1972.
– Byzanz (Weltgeschichte der Architektur). Stuttgart 1986.
Mark, Robert (Hrsg.): Vom Fundament zum Deckengewölbe. Großbauten und ihre Konstruktion von der Antike bis zur Renaissance. Basel, Berlin, Boston 1995.
Menis, Gian Carlo: Nuovi studi ikonologici sui mosaici Teodoriani di Aquleia. Udine 1971.
Mislin, Miron: Geschichte der Baukonstruktion und der Bautechnik. Bd. 1: Antike bis Renaissance. Düsseldorf 1997.
Odenthal, Johannes: Istanbul, Bursa und Edirne. Köln 1990.
Polacco, Renato: La Pala d'oro di San Marco dalla sua Edizione Bizantina a quella gotica. In: Storia dell' arte marciana, Bd. 3: Sculture, tesoro, arazzi. Atti del Convegno internazionale di studi Venezia, 11. –14.10.1994, Venedig 1997.
Procopius Caesariensis: Werke. Griechisch-deutsche Edition von Otto Veh. 5 Bde. München 1961–78.
Reallexikon zur Byzantinischen Kunst. Bd.1–5. Stuttgart 1966–1995 (wird fortgesetzt).
Restle, Marcel: Die byzantinische Wandmalerei in Kleinasien. Recklinghausen 1967.
– Istanbul, Bursa, Edirne, Iznik. (Reclams Kunstführer). Stuttgart 1976.
Ristow, Sebastian: Zur Problematik der spätrömischen Reste auf dem Gelände der Domkirche in Aquileia. In: Jahrbuch für Antike und Christentum 37 (1994) S. 97–109.
Rizzardi, Clementina (Hrsg.): Il Mausoleo di Galla Placidia a Ravenna. Modena 1986.
Schreiner, Peter: Der byzantinische Bilderstreit. Kritische Analyse der zeitgenössischen Meinungen und das Urteil der Nachwelt bis heute. In: Bisanzio, Roma e l'Italia nell'alto medioevo (Settimane di studi del centro italiano sull'alto medioevo). Spoleto 1988. S. 319–407.
Steen, Olaf: The proclamation of the world. A study of the apse mosaic in S. Pudenziana, Rome. In: Acta ad archaeologicam et artium historiam pertinentia 11 (1999) S. 85–113.
Telesko, Werner: Studien zu den Bildquellen des sogenannten Barberini-Diptychons (Paris, Musée du Louvre). In: Römische Historische Mitteilungen. Bd: 41. 1999.

Theologische Realienenzyklopädie (TRE). Berlin / New York 1977 ff. (wird fortgesetzt).
Tönnesmann, Andreas: Kleine Kunstgeschichte Roms. München 2002.
Underwood, Paul A.: The Kariye Dyami. 4 Bde. New York 1966.
Vio, Ettore (Hrsg.): San Marco. Geschichte, Kunst und Kultur. München 2001.
Volbach, Wolfgang F. / Lafontaine-Dosogne, Jacqueline: Byzanz und der christliche Osten. Propyläen Kunstgeschichte Band 3. Frankfurt a. M. u. a. 1985.
Weiss, Peter: Die Mosaiken des Chora-Klosters in Istanbul. Stuttgart/Zürich 1997.
Wisskirchen, Rotraud: Zum Gerichtsaspekt im Apsismosaik von S. Pudenziana, Rom. In: Jahrbuch für Antike und Christentum 41 (1998) S. 178–192.
Zimmermann, Norbert: Werkstattgruppen römischer Katakombenmalerei (Jahrbuch für Antike und Christentum, Ergänzungsband 35), Münster 2002.
Zito, Salvatore: I Mosaici del Duomo di Cefalù. Palermo 1983.

Ausstellungskataloge

Biblioteca Apostolica Vaticana. Liturgie und Andacht im Mittelalter. Diözesan-Museum Köln. Stuttgart 1992.
Buckton, David (Hrsg.): Byzantium. Treasures of Byzantine Art and Culture from British Collections. London 1994.
Byzanz – Das Licht aus dem Osten. Kult und Alltag im Byzantinischen Reich vom 4. bis 15. Jahrhundert. Erzbischöfliches Diözesanmuseum Paderborn. 2001.
Byzanz. Die Macht der Bilder. Dom-Museum Hildesheim. 1998.
Evans, Helen C. / Wixom, William D. (Hrsg.): The Glory of Byzantium. Art and Culture of the Middel Byzantine Era A. D. 843–1261. The Metropolitan Museum of Art. New York 1997.
Die Hagia Sophia in Istanbul. Bilder aus sechs Jahrhunderten. Bern 1999.
Konstantinopel. Ausstellungs-Katalog. Museo Nazionale di Ravenna. Ravenna 2000.
Mittler, Elmar u. a. (Hrsg.): Bibliotheca Palatina. Heidelberg 1986.

Das Museum für Spätantike und Byzantinische Kunst. Staatliche Museen zu Berlin. Sammlungs-Katalog. Mainz 1992.
Spätantike und frühes Christentum. Liebighaus Museum alter Plastik. Frankfurt a. M. 1983.

Personen- und Ortsregister

Die Daten in Klammern beziehen sich bei Künstlern auf Lebensjahre, bei Kaisern, Päpsten usw. auf Tätigkeitsjahre, kursive Seitenzahlen auf Abbildungen

Zur Autorin

SUSANNA PARTSCH, geb. 1952 in Bonn-Bad Godesberg; Studium der Kunstgeschichte, Ethnologie und Pädagogik in Heidelberg. 1980 Promotion (Dissertation über *Profane Buchmalerei der bürgerlichen Gesellschaft im spätmittelalterlichen Florenz*), 1981 Volontariat im Wilhelm-Hack-Museum Ludwigshafen, dort 1982–85 Kustodin für Öffentlichkeitsarbeit und Museumspädagogik. Lebt seit 1985 als freiberufliche Autorin in München; 1998 Deutscher Jugendliteraturpreis für das Buch *Haus der Kunst. Ein Gang durch die Kunstgeschichte von der Höhlenmalerei bis zum Graffiti* (München 1997), 2000 nominiert für den Deutschen Jugendliteraturpreis mit dem Buch *Wie die Häuser in den Himmel wuchsen. Die Geschichte des Bauens* (München 1999). Zahlreiche Publikationen (u. a. zu Gustav Klimt, Franz Marc, Paul Klee sowie 2003 *Sternstunden der Kunst*) und Ausstellungsbesprechungen.
Im Reclam Verlag erschien 2002 Band 11 der *Kunst-Epochen. 20. Jahrhundert I* von derselben Autorin.

Kunst und Architektur bei Reclam

Kunst und Architektur in Reclams Universal-Bibliothek

Bol, Peter C., Wolf-Dietrich Niemeier und Robert Strasser: *Griechenland. Ein Führer zu den antiken Stätten.* 568 Seiten. Mit 100 Abbildungen und Plänen sowie 7 Karten. UB 9627

Brinke Margit / Peter Kränzle: *Rom. Ein archäologischer Führer.* 283 Seiten. Mit 27 Abbildungen und 15 Plänen. UB 18194

Burckhardt, Jacob: *Die Kultur der Renaissance in Italien.* Ein Versuch. Hrsg. und mit einer Einführung von Walther Rehm. 632 Seiten. UB 6827

Kleines Wörterbuch der Architektur. 144 Seiten. Mit 113 Abbildungen. UB 9360

Kleines Wörterbuch der europäischen Gartenkunst. Von Gabriele Uerscheln und Michaela Kalusok. 287 Seiten. Mit 20 Abbildungen. UB 18115

Kleines Wörterbuch der frühchristlichen Kunst und Archäologie. Von Heinrich Laag. 277 Seiten. Mit einem Anhang altgriechischer Fachwörter und 100 Abbildungen. UB 8633

Künstler-Porträts. Bilder und Daten. Von Angela Beeskow. 446 Seiten. Mit 204 Abbildungen. UB 9451

Die Kunstliteratur der italienischen Renaissance. Eine Geschichte in Quellen. Hrsg. von Ulrich Pfisterer. 364 Seiten. Mit 5 Abbildungen. UB 18236

Kunst-Epochen. 12-bändige Reihe mit grundlegenden Informationen (Einführungen, Betrachtungen exemplarischer Werke, Materialien und Künstlerbiografien) zum Verständnis der Kunst vom Frühchristentum bis zu Gegenwart. UB 18168–18179

Lessing, Gotthold Ephraim: *Laokoon oder über die Grenzen der Malerei und Poesie.* Nachwort von Ingrid Kreuzer. 232 Seiten. UB 271

Meisterwerke der Architektur. Bilder und Daten. Von Günter Baumann. 335 Seiten. Mit 153 Abbildungen und 41 Risszeichnungen. UB 18118

Rebel, Ernst: *Druckgrafik. Geschichte, Fachbegriffe.* 280 Seiten. Mit 55 Abbildungen. UB 18237

Vasari, Giorgio: *Das Leben von Lionardo da Vinci, Raffael von Urbino und Michelagnolo Buonarroti.* Hrsg. von Roland Kanz. 357 Seiten. UB 9467

Winckelmann, Johann Joachim: *Gedanken über die Nachahmung der griechischen Werke in der Malerei und Bildhauerkunst.* Hrsg. von Ludwig Uhlig. 157 Seiten. UB 8338

Kleines Wörterbuch des Kostüms und der Mode. Von Claudia Wisniewski. 202 Seiten. Mit 150 Abbildungen. UB 4224

Philipp Reclam jun. Stuttgart